教師の声を聴く

教職のジェンダー研究からフェミニズム教育学へ

浅井　幸子・黒田　友紀
杉山　二季・玉城久美子
柴田万里子・望月　一枝
【編著】

学文社

序文

佐藤　学

教職において教師であり女性であることは何を意味しているのか。本書はこの根本的な問いに対峙し、教職におけるジェンダーの所在とそのポリティクスを探究した最初の本格的な研究成果である。

教職生活におけるジェンダーは、教師の日常生活、教職の専門家文化、そして教育実践に多大な影響を与えている。この主題に関してフェミニズム教育学は、いくつもの問題群を提示してきた。たとえば、近代以降、教職は教養を身につけた女性の最も魅力的な社会進出の道として機能してきたが、それによって小学校はフェミナイズ（女性化）され、家庭（私的領域）と学校（公的領域）の関係において、男性教師とは異質の内的関連を生み出してきた。そのことの功罪はどこにあるのか。あるいは、教職の領域は男女平等がどの職業領域よりも逸早く確立されてきたが、その建前のもとで女性教師はどのように差別されてきたのか。「中性化」された教職において、女性の性的アイデンティティと専門家としてのアイデンティティはどのように疎外されてきたのか。これらの問題群は、教職生活における表層的な現象のみならず、深層で機能している複雑なジェンダー・ポリティクスを開示する必要を提起している。本書は、この難題に挑戦した好著である。

本書の「終章」でも述べられているように、本書の研究は約一〇年前、東京大学大学院教育学研究科学校教育学コースのゼミナール「教師文化研究」において、私が三つの文献でフェミニズム教育学を紹介したことに端を発している。その三つの文献とは、ケアの倫理学を創発したネル・ノディングズの教育学、女性が学校で成功することにって「ケア（care）」「関心（concern）」と「つながり（connection）」の三つのCが喪失されると分析したジェーン・ローランド・マーティンのフェミニズム教育学、そして女性が教師になる「私的領域」から「公的領域」への移行における性的な葛藤と妥協にするどく切り込んだ『苦い乳』の著者マデライン・グルメットのフェミニズム教育学である。この三つの文献による啓発によってゼミナールの参加者たちによる「ジェンダー班」が形成され、その一〇年にわたる研究として本書が結実した。今、私が提示した三つの文献が本書の根底に横たわっていることを喜ぶとともに、そこを出発点として日本の教職におけるジェンダーの現実に深く切り込んだ本書の研究の素晴らしさを絶賛せずにはいられない。

教職に関するジェンダー研究の射程は深い。学校において、教職のジェンダーは隠蔽されている。そもそも近代の学校はセクシズムと密接なつながりを持って登場していた。近代の学校は、国民国家と家父長制家族という二つの権力装置の結節点に成立したと言ってよい。学校は、セクシュアリティを剥奪した均質空間においてジェンダーを生産し再生産してきたのである。他方、近代の啓蒙思想も「普遍的人間」としての「市民」の概念によってジェンダーを隠蔽し再生産してきた。この学校というジェンダーの生産と再生産の装置の中で、女性教師は、どのようにしてジェンダー差別を克服し、ジェンダーにまつわる教職アイデンティティの危機を克服することが可能なのだろうか。本書は、学校の日常的現象を精緻に解剖しつつ、この難題の所在とその解決の方途へと私たちを導いてくれる。

—目　次—

凡例

インタビューデータにおける「……」は中略を、「（括弧）」内は筆者による補足を表している。

引用文中の旧漢字・旧仮名遣いは現代表記に改めた。

序章　教職におけるジェンダーへの問い

1　小学校における女性教師と男性教師の経験

佳代先生と真一先生の経験

本書は素朴な問いからはじまる。なぜ小学校低学年（一、二年生）の担任は女性教師が多く、中学年（三、四年生）、高学年（五、六年生）と男性教師が増えていくのだろうか。

小学校の学級担任は、毎年行われる学年配置によって決定される。その過程は、性別によって特徴づけられた教師のキャリアを形成するとともに、小学校における教師の仕事のジェンダーを再生産している。佳代先生と真一先生の経験から、その具体的な様相を確認しよう。[1] 二人は一九七二年四月に小学校教師となり、民間教育運動の研究会で出会って、翌年の夏に結婚した。その教職歴の前半において、佳代先生は低学年、真一先生は高学年を中心に担当している。二人の配置の経験の違いは、女性教師と男性教師のキャリアがどのようにして異なったものとなりうるかを鮮明に表している。

佳代先生は新採時に二年生の担任となった。同時に着任した新任教師は、もう一人の女性が一年生に、三名の男性は三年生、四年生、五年生にそれぞれ配置された。佳代先生は翌年三年生の担任となり、さらに四年生への持ち上がりを希望する。しかし担任することになったのは一年生だった。校長はその理由を語らなかったが、佳代先生は同期の三人の男性を高学年に置くためではなかったかと推測している。彼らが常に中学年と高学年を担当していたのに対して、彼女ともう一人の女性は低学年を繰り返していた。

佳代先生は教職三年目に子どもを出産し、復帰後は四年続けて低学年を担任した。子どもが小さく手がかかること、二人目を考えていたことから、学校の中での責任が大きくなる高学年は避けていたという。佳代先生が五年生の担任になることを強く希望したのは、下の子どもが保育園に入園するタイミングだった。下の子は丈夫で病気も少なく、高学年担任の仕事もこなせると思われたからである。ところが校長に「小さいお子さんがいるんだから無理です」と言われ、一年生に配置されてしまう。結局、佳代先生が普通学級を担任していた一二年の間、高学年を担当することは一度もなかった。

それに対して真一先生は、教職歴の前半で一度も低学年を担任していない。初めて二年生を担当したのは教職一八年目、一年生は実に二七年目である。彼は新任教師として赴任した最初の学校で、三年生、四年生、五年生、六年生と持ち上がりで担任した。この間に佳代先生と結婚し子どもが生まれている。次の学校でも、四年生、五年生、六年生と高学年を中心に担任した。ところが六年生を担任している時に、真一先生は身体を壊して一か月間の入院を余儀なくされる。佳代先生も体調を崩しがちだったため、真一先生は比較的負担の軽い専科教員となることを選んだ。今までとは違うことをしてみたいという気持ちもあった。

次に異動した学校で、真一先生はようやく低学年を担任する機会に恵まれる。三年生と四年生の持ち上がりを二度繰り返した後、二年生の担任になった。一年生の時に先生が何度も交替し持ち手がないほど荒れてしまったクラスを、校長から依頼されて引き受けたのだった。確かにさまざまな問題が起きる大変さはあったが、個性的な子どものたくさんいる楽しいクラスだった。初めて一年生を担当するのは、さらに九年後のことになる。真一先生は「こんな面白いのを、なぜ早くやらなかったんだ」と感じたという。

二人の学年配置の経験は対照的である。改めて教職一〇年目までの担当学年を確認すると、佳代先生の低学年七回、中学年三回、高学年〇回に対して、真一先生は低学年〇回、中学年三回、高学年四回、専科三回となっている。その違いが単なる偶然や個性によるものではなく、佳代先生が女性であり真一先生が男性であるという性別によって規定されている事実は明白である。佳代先生の初任校における男女五名の新任教師の配置は、女性教師は低学年担任、男性教師は高学年担任にふさわしいという固定観念の存在を示唆している。小さい子どもをもつ女性教師が高学年を担当することは難しいという考えは、低学年担任を希望した佳代先生自身のものでも、五年生という本人の希望を退けて一年生に配置した校長のものでもある。それに対して真一先生の経験においては、小さい子どもがいるという条件は、なんら高学年への配置の妨げにはなっていない。真一先生にとってはむしろ低学年を担任する機会の方が遠くにあった。

学年配置のジェンダー不均衡

女性を低学年、男性を高学年に多く配置する傾向は、学校教員統計調査の結果にも表れている。平成二五年度のデータによれば、女性教師の一四・五%が一年生、一一・四%が二年生を担任しているのに対して、男性教師に占める一年生の担任の比率は三・五%、二年生でも五・七%にすぎない（表1）。各学年の

表1　公立小学校における男女教師の担当学年（%）

		担任せず	第1学年	第2学年	第3学年	第4学年	第5学年	第6学年	複式学級	特別支援学級
平成25年度	男	39.3	3.5	5.7	7.8	9.2	12.6	14.0	1.6	6.3
378,434人	女	29.7	14.5	11.4	9.2	8.9	7.7	7.6	1.1	10.0
昭和52年度	男	35.7	3.8	5.4	9.8	11.8	14.2	16.3	3.0	—
418,683人	女	17.4	20.3	18.0	15.0	10.6	7.8	7.3	2.0	—

出典：文部省（1977），文部科学省（2013）

表2　公立小学校の各学年担任における男女比率（%）

		第1学年	第2学年	第3学年	第4学年	第5学年	第6学年
平成25（2013）年度	男	10.6	19.7	29.3	33.6	44.5	47.4
	女	89.4	80.3	70.7	66.4	55.5	52.6
昭和52（1977）年度	男	13.0	19.6	34.5	43.6	59.2	64.2
	女	87.0	80.4	65.5	56.4	40.8	35.8

出典：文部省（1977），文部科学省（2013）

担任に占める男性教師の割合に換算すると、男性は一年生の担任の一〇・六％、二年生の担任の一九・七％となる。学年が上がるに従って男性教師の比率は高まり、高学年では半数弱を男性が占めている（表2）。興味深いことに、このような学年配置のジェンダー構成は、データの存在する一九七七年度から現在まで基本的に変化していない。全体の女性比率の高まりによって全学年で女性の比率が高まる傾向にあるものの、学年が上がるに従って男性教師の比率が高まっていく構成は三六年にわたって維持されている。

女性教師が低学年、男性教師が高学年に多く配置されているという事実は、ジェンダーと教育を問う文脈において、これまでも指摘されてきた［深田 1991，木村 1999，笹原 2003，堀内 2005］。またその要因として、女性教師は低学年向きというステレオタイプがあると推察されてきた［河上 1990 1999］。しかし学年配置のジェンダー不均衡が生成し維持される方途や、不均衡が表現し構成している教職や教育実践の特徴について、教師の経験に即した具体的な検討は行われていない。

最初の問いに戻ろう。なぜ小学校低学年の担任は女性教師が多く、中学年、高学年と男性教師が増えていくのだろうか。その現象は教職のジェンダーをどのように表現し、あるいは構成しているのだろうか。

本書の問い

学校はジェンダー平等とセクシズムの交錯する空間である。一方で学校は男女の平等が規範化され相対的に保障された場であるが、他方ではセクシズムによってジェンダーを再生産する装置として機能している。学校におけるジェンダーの再生産を問うた木村涼子は、学校教育に「性別を捨象して男女を平等に扱う原理」と「男女を区別して固定的な性役割に沿って扱う原理」の双方を見出し、平等主義とセクシズムという「矛盾する二つの原理」の共存を指摘している［木村 1999：6］。佐藤学はその「性別を捨象」した平等主義こそがセクシズムであるという。佐藤によれば、学校は「セクシュアリティを剥奪した均質空間においてジェンダーを生産し再生産する装置」である。学校は男と女を「国民」へと統合し「人間」へと抽象し「中性化」するが、同時に「家父長制の家族関係」を教育関係の規範とすることによってジェンダーを再生産する［佐藤 1999］。河上婦志子は、教師の中性化に男性の標準化を見出し、「教員＝男性」という男性中心主義が「システム内在的な差別」として作用し女性教師が周辺化されていると指摘している［河上 1990］。

学校は性別を捨象しながら、そのことによってセクシズムを再生産する。それゆえ女性教師と男性教師の経験は複雑で見えにくいかたちでジェンダー化されている。本書の主題は、そのような学校を生きる教師たちの多様な経験を記述し、セクシズムを超えて新たな教育の関係を構想する道筋を探ることにある。具体的には、二三名の女性教師と一〇名の男性教師にライフヒストリー・インタビューを行い、その語りと経験をジェンダーの観点から考察している。

課題は三つある。第一に、女性教師と男性教師の経験において、教職におけるジェンダー差別の具体的な様相を明らかにする。小学校の教職は、ジェンダー平等が規範化された職だが、実現されているわけではない。むしろその平等規範に内包されたセクシズムが、女性のみならず男性教師の経験においても困難を形づくっている。本書が個々の教師のキャリアと学校の文化におけるジェンダー再生産の結節点として注目するのは学年配置と昇進である。すなわち本書は、学年配置の装置が生み出すジェンダー差別と、管理職への昇進の制度や文化に内在するジェンダー差別の可視化を目指す。

第二に、女性が担ってきた仕事、すなわち女性化されシャドウ・ワークとなってきた仕事の価値を見出し再評価する。主に焦点化するのは低学年教育である。それは日本の教職の女性化が低学年教育において推進されたからであり、今も昔も女性が多く低学年教育を担っているからだが、それだけではない。なぜ女性が低学年に配置され男性が高学年に配置されるのかという問いは、小学校の教職における責任と期待が高学年教育に重点的に配分され、低学年教育が従属的なシャドウ・ワークになっていることの発見を導く。女性教師と男性教師が低学年教育をどのように経験しているのかという問いにおいて教職のジェンダーの問題と教育実践の問題を接続し、その経験に内包されている異なる価値に光をあてることを通して低学年教育のあり方を考察することが、本書の二つめの課題となる。

第三の課題は、第一と第二の検討を通して、異なる教育を見通す可能性を探ることにある。その模索には二つの方向がある。一つめは教職のジェンダー差別の解消によって、低学年教育が従属的な仕事となる構造を解体する方向である。学年配置という装置の機能の解明は、その機能の仕方を変えることによって男女教師の異なる経験や低学年教育の異なるあり方を可能にする道筋を示す。また昇進の制度と文化の考察は、その変革を通して管理職のあり方を再編する可能性を導く。二つめは女性教師の経験に異なる価値を見出すことによって、学校文化のジェンダー差別を根源的に問う方向である。女性の仕事がシャドウ・ワークとなるのは、生産過程と再生産過程を分離し前者に後者を従属させるジェンダーの構造による。その構造の転換の試みは、女性教師の語りを女性の声として聴き、そこに孕まれている関心や価値を教育研究に位置づけるという道筋をたどる。

2　研究の経緯

研究のはじまり

本書の研究は、二〇〇四年から二〇一五年まで一〇年以上の時間をかけて行われている。男女教師へのライフヒストリー・インタビューの検討を中心としているが、研究を進める過程で幾つかの困難に直面し、その都度新たな問い方、解釈や記述の仕方を模索してきたため、章ごとに研究の性格が異なっている。ここでは研究の経緯を記述することによって本書の関心を明確化したい。

私たちの研究グループが最初に取り組んだのは、なぜ小中学校の女性管理職が少ないのかという問いである。管理職に占める女性の割合が都道府県ごとに異なる点に着目し、東京、富山、茨城の三つの都県で小中学校の女性校長へのライフヒストリー・インタビューを行った[2]（4章）。

女性校長へのインタビューの検討を通して、私たちは、小学校教師の経験をジェンダー化する主要な要因の一つが学年配置にあるのではないかと考えた。女性校長たちの高学年の担当の頻度が高いことから、高学年への配置と管理職への昇進との間になんらかの関係があるのではないかと予想したのである。ただし女性校長へのインタビューは、学年主任や教科主任といった役職を中心的な手がかりとして行ったため、毎年の担当学年と学年配置の経験を丁寧に確認できていなかった。そこで次に、学年配置におけるジェンダー不均衡に着目し、それがどのように生成しているのか、どのように男女教師の異なるキャリアを形作っているのかという問いに取り組むことにした。

学年配置への問い

学年配置への問いに挑むことは難しかった。一つめの困難は、小学校の学年配置にかんする研究がほとんど存在せず、その過程や慣習が不明瞭だったことにある。学年配置のあり方を明らかにすることと、それを生きる個々の教師の経験を描くことを、同時に行わざるをえなかった。

私たちはまず、女性教師の寛子先生に学年配置と各学年での教育実践を中心とするライフヒストリー・インタビューを行った。寛子先生は高学年を多く担当しており、そのキャリア形成の過程では、家庭の事情や彼女の教育についての信念といった個人的な要因が強く機能していた。このインタビューから私たちは以下のことを確認した。女性教師の学年配置の経験は多様かつ複雑になりがちである。それは第一に、女性の経験が結婚や育児といったライフイベントに規定されるからである。むろん男性の配置もライフイベントに規定される側面をもつが、妊娠と出産を自らの身体において経験する女性に比するとその規定は弱い。第二に、低学年の担任において女性は八割から九割を占めているが、高学年においても半数を占めている。すなわち女性は低学年にも高学年にも容易に配置されるため、その経験からは性別に規定された配置の特徴が捉えづらい。

私たちは男性教師へのインタビューを先行し、どのようにして男性教師が低学年教育から排除されがちになるのか、男性教師が低学年を担当することはどのような経験なのかを問うことにした。世代の異なる一〇名の男性教師にインタビューを行い、学年配置が決定される経緯とそれぞれの学年における教育の経験を語ってもらった。その語りを検討する中で、私たちは、学年配置のジェンダー不均衡が、男女双方への差別を生み出していることを確信した。男性教師は望んでも低学年に配置されず、子どもの荒れの管理的な抑制や、家庭責任とは両立しえないほどの激務を期待されて高学年に配置される。その半面で、女性教師は家庭責任への配慮から授業時数も行事も少ない低学年に配置されやすいが、その仕事は重要性の認識されにくいシャドウ・ワークとなっていた。その後、女性教師一二名のインタビューを加えて再検討を行い、学年配置が決定される過程を決定の要因に即して整理するとともに、女性教師と男性教師がその過程をどのように経験しキャリアを形成しているか、個々の経験に即して考察した（1章）。

学年配置の慣習と教師たちの経験を検討する中で、私たちの関心は低学年教育へと向かった。それは低学年教育が小学校の中で明確に女性化されているからというだけではない。男性教師が初めて低学年を担当した時の経験を語った際に、複数の語りから共通して立ち現れた低学年の教育実践が、まさに正当な価値を奪われたシャドウ・ワークとしての特徴を有しているように感じられたからである。彼らのまなざしが捉えた低学年教育の特徴は、「トレーニング」として、すなわち事細かで単調な訓練やしつけとして表現しうるものだった。また彼らが印象的に語ったのは、「足並みをそろえる」あるいは「歩調を合わせる」と表現される低学年の教師文化だった。私たちはその語りから、ベテランの女性教師が行う創造性と自律性を欠いたルーティンとしての低学年教育を描いた。そして繰り返し低学年教育に従事し異なるカリキュラムを模索する男性教師の実践を、そのルーティンとしての低学年教育に対置した（2章）。

ただし私たちはそのような低学年教育の姿を、単純に実態を表現するものとして受け止めていたわけではない。それは初めて、しかも多くの場合にただ一度だけ一年生や二年生を担当する男性教師たちが垣間みた一面の真実ではあるだろうが、低学年教育を中心的に担う女性教師の語りを検討するとその異なる相貌が現れるだろうと考えていた。実際に女性教師にインタビューした時、私たちは、その予想が半分間違いであり半分正解であったことを知る。女性教師たちが語った低学年教育は、一面では男性教師が語った低学年教育とあまり変わらなかった。彼女たちもまた、子どものトレーニングや同僚と足並みをそえる経験を語った。しかしもう一面で、その語り方や意味づけ方には男性教師との違いが感じられた。低学年を繰り返し担当した女性教師が語るトレーニングは、その失敗の経験を含んだより複雑なものであったし、男性教師が「足並みをそろえる」ことに懐疑的だったのに対して、彼女たちは肯定的だった。私たちはその語りを聴く中で、女性教師の声によって、教育研究者である私たち自身の価値付与の枠組みが問われていることに気づいた。そこでトレーニングがどのような複数の声によって意味づけられているのか、足並みをそろえることはどのような声において肯定されるのかという検討を行い、低学年教育の特徴を異なる側面から照射することを試みた（3章）。

教職のジェンダーを問う視点と意義

以上の知見を研究成果としてまとめる過程で、私たちは二つめの困難に直面した。それは教職を脱性別化する言説の壁である。研究協力者へのインタビューにおいても、研究の成果を学会等で発表した際のコメントにおいても、教師の仕事には性別は関係ない、役職や担当学年は個人の資質や能力に従って決定されるという言葉に出会った。性別にこだわる私たちの方が性差別を助長しているかのように感じさせられることもあった。理論的な反論は可能である。ジェンダーの視点から教師の仕事を検討したアッカー（Acker, Sandra）は、キャリア達成をジェンダーの問題として捉えず、個人の選択や資質の問題として個人主義的に理解することそれ自体が教師のキャリアにおけるジェンダーの問題であることを指摘している[Acker 1994]。しかし教職をジェンダーの視点から理解することを拒む言説の強固さは、そのような指摘をもって答えるだけでは超えられそうになかった。

教職を脱性別化して語る言葉は、教職におけるジェンダー平等の規範を示すものとして、まずは受けとめる必要がある。また女性管理職も男性の低学年担任も稀ではないことを鑑みるならば、一面の事実でもあるだろう。そのことを認めたうえでなお、ジェンダーの観点から教師の語りや経験を理解する意義を確認するために、私たちは以下の二つのことを検討した。

第一に、教職を脱性別化する言説の歴史的な成立過程の解明を試みた。明治から昭和初期にかけて、小学校の女性教師の割合は一％代から過半数にまで拡大している。その女性化は低学年教育に「母性」や「愛情」といった女性性を付与することによって促進されていた。ところが私たちが行ったインタビューにおいても、現在の女性教師に関する論考においても、女性性を根拠に女性教師における低学年教育の適性を語る言葉はほとんど聴かれなかった。そのギャップを埋めるために、第二次世界大戦後の女性教師の手記や女性教師論の検討を行い、一九六〇年代頃までは女性性の発揮が求められていたこと、一九七〇年代の男女平等の追求において教師を性別化する語りが批判され消えていったことを見出した。その過程が内包する問題は、脱性別化が実質的には女性教師の男性化として進行し、教師における性差別を語る言葉と女性教師が担ってきた仕事の価値を表現する言葉が同時に失われた点に指摘できる（5章）。教職におけるジェンダーの問題は、脱性別化された教職をあえて性別化すること、すなわち男性教師と女性教師の経験を検討することによって解きほぐされる必要がある。

第二に、教職においてジェンダーを問題にする際の視点と意義の明確化を試みた。男性教師の語りの検討において問題となるのは、従来のジェンダー研究が女性教師への差別を問題化してきたのに対して、なぜ男性教師の経験を問うのかということである。男性教師が男性であることによって経験する差別の解明は重要だが、同時に、男性の経験において学校の男性中心主義が問われる必要がある。すなわち学校の文化や慣習が男性を中心とする学校運営モデルによって形作られ、そのことが女性への差別を生み出しているならば、文化や慣習の中にあるジェンダーの問題を男性教師の経験において解明する必要がある（2章）。

女性教師の語りと経験を検討するにあたっては、「女性教師」が「教師」として脱性別化されてきたこと、すなわち女性教師の声が教師の声に還元されてきたことをふまえ、女性教師の声をどのようにして聴くことが可能かを問うた。私たちは、フェミニズム教育学の蓄積をふまえ、「異なる声」(ギリガン)と「多声性」(バフチン)の概念に依拠することによって、その問いに応えようとした。「異なる声」の概念は、男性と女性の語りの響きの差異に依拠しながらも、その差異を性別の違いに帰さずに理解することを可能にする。さらに「多声性」の概念は、女性の語りにおいて見出された「異なる声」を、個々の女性の複数の声の中に位置づけるとともに、男性の語りにおいても聴くことを可能にする(3章)。

以上のように、本書の研究は、一つの事象への問いが新たな関心と問いを生み出し、その問いに答えようとすることが新たな課題をもたらすというかたちで展開してきた。その過程は私たちにとって、自分たちがフェミニズムの教育学の構築を通した学校教育の変革を目指していることを確認するアイデンティフィケーションの過程でもあった。

3 先行研究の検討

本書はジェンダーの視点による教師研究を先行研究としている。具体的なテーマにかかわる先行研究の検討は各章で行うこととし、ここでは教師のジェンダー研究を概観し、その課題を確認しておきたい。その際に、アッカーによる英語圏の研究のレビュー「教師の仕事とジェンダー」(1995)を参照する。アッカーによるレビューはやや古いものではあるが、ジェンダー視点による教師研究が発展した一九八〇年代から九〇年代前半の展開をおさえている点で重要である。そこで言及されている研究の多様な視点は、日本で行われているよりも射程の広い教職のジェンダー研究が可能であることを示唆している。

まずアッカーによる研究の分類を確認しよう。彼女は教師の仕事の研究を、ジェンダーを考慮する方途に即して、(1)「教師」の一般化を目指しジェンダーを無視するもの、(2)ステレオタイプや歪曲に基づいてジェンダーに言及しティーチングにおける女性の役割を貶めるもの、(3)主要な主張の周辺においてジェンダーの影響に着目するもの、(4)ジェンダーの考慮がその主張に全面的に統合されているもの、(5)ジェンダーが中心に位置づき分析の基礎となっているものの五つに分けている。そして、(5)のジェンダー中心アプローチによる研究を焦点化し、①歴史的文化的文脈にかんする研究、②ケアリングを主題とする研究、③生活とキャリアを主題とする研究、④同僚関係を主題とする研究の四つに分け、それぞれの研究の動向を概観している［Acker 1995a］。ここで私たちの研究にとって重要な観点は三つある。一つめは、キャリアを主題とする研究において、個人的な経験への着目と女性に即したキャリア概念の探究が推進されたという指摘である。二つめは、「ケアリング（caring）」を主題とする研究が教職のジェンダー研究として位置づけられていることである。三つめは、歴史的文脈の研究が「女性化（feminization）」の概念において推進されていることである。

以下、三点の本書における意義を確認する。

キャリア研究の転換

アッカーによれば、キャリア研究の転換は一九八〇年代後半以降に生起している。一九七〇年代に推進された初期のキャリア研究は、管理職を目指す女性教師のキャリアにおいて、とりわけ昇進の障害となるものを解明しようとした。それに対して一九八〇年代後半以降、教師のジェンダー研究や女性管理職の研究は、管理職になる際の障害や動機よりも、教師の個人的な経験の説明［Casey & Apple 1989］や女性の経験に即したキャリア概念の再定義［Grant 1989b］に向かうようになる。個人的な経験に関心を寄せる研究［Evetts 1989, Casey 1993］は、「教師の声」に着目する研究とともに興隆し、その重点は経験の多様性を味わうことに置かれた。

新たなキャリアの概念の模索において、連続的に並んでいるステージをより責任ある地位へと昇進していく職歴としてのキャリアが疑問に付される。既婚女性校長のライフヒストリー分析を行ったイヴェッツや女性副校長にインタビューを行ったグラントは、結婚や育児による中断を含み、展望のあいまいな女性管理職のキャリアを描いた［Evetts 1987 1988 1989, Grant 1989a 1989b］。アッカーは、キャリアを、その時代の政治的経済的文脈において、その職業の規則や慣習の中で生起する個人の経験であるとする［Acker 1989］。そのキャリア概念は、女性のみならず男女双方において、危機と妥協を内包するキャリアの脆さを捉えようとしている［Acker 1995a］。

日本において、ジェンダー視点による教師のキャリア研究は、それほど盛んとはいえない。一九九六年から二〇一二年までの日本教育社会学会におけるジェンダー研究をレビューした多賀と天童は、欧米では議論が盛んであるにもかかわらず日本ではアプローチが不十分なテーマの一つとして「教師のキャリア」を挙げている［多賀・天童 2013］。そのような状況で、比較的研究が蓄積されているのは女性管理職のキャリア研究である。女性管理職の比率が極端に低い現状を受けて、小学校、中学校、高校の女性教師が管理職になる過程を検討し、ジェンダー不均衡の再生産過程を解明する研究が推進されてきた［田中 1991 1994, 高野・明石 1992, 明石・高野 1993, 高野 1999 2001a 2001b 2006, 楊 2007 2008 2011, 女子教育問題研究会編 2009, 河野・村松編 2011, 河野ほか 2012］。他には教職におけるジェンダー分離を焦点化し、女性あるいは男性がジェンダー・マイノリティとして特定の教科や領域に参入する経験が検討されてきた。とりわけ男性教師の少なさが際立つ家庭科については、男性教師における家庭科への参入の経験を明らかにする研究［堀内 2001：95-171, 吉野・深谷 2001, 麓・杉井 2005］が行われている。また女性職である保育者については、男性の参入過程の検討［中田 1999 2000 2001 2002 2004］や、女性保育者における女性性と専門性の関係の検討［中田 2003 2006］が行われている。

女性の経験に即したキャリア概念による研究はあまり多くない。蓮尾直美はアッカーらのキャリアの再定義をふまえ、女性教師の必ずしも昇進を伴わない多様なキャリアを肯定的に描くことを試みている［蓮尾 1993 1994］。また事例研究ではないが、河上はアッカーらのキャリア研究を、女性教師の職業経験を「オルタナティブ」として学校文化に位置づけるものとして評価している［河上 2001］。

本書の研究は、個人的な経験を基盤とするキャリア概念に基づき、性別によって規定される女性教師と男性教師の経験の記述を目指す。個々の女性教師や男性教師の経験は、教職のジェンダー・ポリティクスの中で形作られながらも多様である。それぞれのかたちでジェンダー化されるキャリアの様相を描くために、私たちは学年配置という装置（1章）および昇進の構造（4章）に着目する。

なお日本の教師研究では、ライフコース研究やライフヒストリー研究において、教師の経験の解明を志向しつつ女性教師に固有の特徴に言及する研究が行われてきている。アッカーが「主要な主張の周辺においてジェンダーの影響に着目する」と特徴づけた研究にあたる。それらの研究で明らかにされた知見や、本書の研究との方法上の違いについては、研究の方法の議論において述べる。

女性の方途としてのケアリング

アッカーは教職のジェンダー研究のレビューに「ケアリング」の項を設け、学校改革の中心に「ケアリング」を置くノディングズの議論［Noddings 1992］や、ギリガンの「ケアの倫理」の主張［Gilligan 1982］をふまえた「女性の方途」の研究に言及している。これらの研究は、ケアの倫理や関係の優先を男性よりも女性の特徴として捉えていることについて、本質主義であるとの批判や、女性の多様性をふまえていないとの批判を受けている。しかし母的なイメージ、母的言語、ケアリングといったものが、教師のビジョンやアイデンティティを構成しているのは事実である。複数の文化的背景をもつ女性教師のライフストーリー研究［Casey 1990］や黒人女性教師の研究［Henry 1992, Foster 1993］では、教室の子どもを「私の子ども」「私たちの子ども」と呼ぶ「母の言語」が見出されている。また教師の仕事のインタビュー研究を通して「ケアリング」が「教師の自己」となっていることが指摘され［Nias 1989］、フィールド研究を通して教師が「ケアリング」を行う様相が描かれている［Acker 1995b 1999］。アッカーは教師のケアリング活動を捉える視座として、①教師のアイデンティティやその仕事の本性、②価値化された「女性の方途」、③子どもの将来を改善する手段、④女性のケアワークへの社会的な期待の結果の四つを挙げ、その理解が矛盾の中にあることを指摘している［Acker 1996：120-124］。

「ケアリング」や「ケアの倫理」の思想的探究と、教師の日常的なケアリング活動を、アッカーは母親であることと教師であることの歴史的文化的結びつきを見据えて関係づけている。初等教育に参入する男性教師のジェンダー・マイノリティとしての経験を問うたキング［King 1998］も、初等教育が歴史的に女性によって担われてきたことをふまえつつ、その仕事の文化として「ケア」や「養育」が見出されてきたこととフェミニストによるケアリングの議論を接続し、ティーチングとケアリングと女性の結びつきの様相を検討している。それに対して日本の教育学では、ケアリングや養育といった女性性が、女性教師のアイデンティティや活動と結びつけられて検討されることはほとんどない。ノディングズのケアリングの議論は積極的に受容されているものの、その議論が文化の変革を企図するフェミニズム思想であることさえ看過されがちである。

その要因の一端は、ノディングズの議論が道徳教育の領域において最も積極的に導入されたことにある。『ケアリング』を翻訳した立山善康や林泰成を中心に、その思想の紹介や道徳教育への展開がはかられた［立山 1995, 林 1998 2000］。その際に、林はギリガンやノディングズのいう「女性的」は「日本的」でもあると表現し［林 1998］、立山はノディングズの議論が女性の経験を離れて抽象されている点を評価している［立山 1995］。確かにノディングズのケアリングの議論における道徳教育論としての側面は、脱性別化への志向をもつ。かつてケアリングの議論は、フェミニズムの立場から、ケアすることを余儀なくされてきた女性たちがさらに搾取される危険を孕むとして批判された［Hoagland 1990, Houston 1990］[3]。ノディングズはその批判の重要性を認め、ケアの倫理は女性のためのものではない、女性の経験に依拠しているがその倫理や経験は女性に限定されないと主張した。またケアの倫理に基づく道徳教育は、男女をともにケアしケアされる者として育てることによって女性の搾取に抵抗すると述べた［Noddings 1995］。道徳教育論では、女性の経験において見出されたケアリングを女性という性別から引き離す必要があったといえよう。

とはいえ、日本においても、ケアリングがフェミニズム思想であることが完全に忘れ去られていたわけではない。『学校におけるケアの挑戦』を監訳した佐藤学は、ノディングズのケアリングの議論を男性原理によって構成された学校と文化に対するフェミニズムの挑戦として位置づけている［佐藤 1995 1996 1999 2002］。彼はノディングズの議論を、フェミニズムの観点からカリキュラムの政治性を問うグルメット（Grumet, Madelina）の議論や、「ジェンダー・センシティブ」の概念を提出した教育哲学者マーティン（Martin, Jane Roland）の議論と重ね合わせ、学校における再生産過程の生産過程への従属を問うというフェミニズム教育学の射程を強調した［佐藤 1999 2002］。そのことは『学校におけるケアへの挑戦』の「訳者あとがき」においても確認されている［佐藤 2007］。

ここで問わなければならないのは、日本の教師研究の文脈において、女性の経験から紡ぎ出されたフェミニズムの思想と女性教師の経験とが結びつきにくいのはなぜかということであり、どのようにして結びつけて論じることが可能かということである。なぜ結びつきにくいのかということについては、教師が脱性別化された歴史的な過程の記述を通して考察する（5章）。また結びつけて論じる方途の模索においては、女性であることと教師であることとの関係を女性教師の身体と言葉において問うたグルメットの議論を導きとしたい［Grumet 1988］。グルメットはノディングズやマーティンと同様に家庭の養育を通して教育を探究する試みとして自らの探究を位置づけつつ［Grumet 1987］、女性教師の歴史的な経験をたどり、あるいは女性教師の自伝的な語りを検討し、学校という生産過程と再生産過程のはざまにおける公私二元論の問題と格闘している。本書では、その理論的な枠組みに示唆を得つつ、フェミニズム思想と女性教師の経験を結びつける課題に取り組む（3章）。

女性教師の歴史と女性化の歴史

アッカーによればジェンダーと教師の仕事の文脈は、教職の女性化がなぜどのように生起したかを検討する研究において解明されてきた。男性教師不足への関心を背景に、女性教師の比率が推移した過程の実証的な研究が蓄積され、その関心が女性教師の生きた社会的政治的状況へと展開した。それらの研究では、女性にとって教職は天職であるというセンチメンタルなレトリックや、女性教師は臆病で保守的で権利のために立ち上がらないという固定観念とは対照的に、経済的ニーズによって教職を選択し、厳しい環境の中でときに貧しい待遇に声を挙げつつ働く女性教師の姿が描かれている［Acker 1996：115-120］。

本書で着目したいのは教職の女性化という言葉である。女性化は単に女性教師の増加を示すのではなく、教師の仕事が女性職としての特徴を帯びることを意味している。女性化の検討は一方で、教職の経済的社会的な地位や職業構造を問題にする。女性が低賃金で雇われることによって、教職は男性にとっては経済的に恵まれない仕事となり、男性を管理職とし女性を教師とする学校の分業構造が成立している［Lotie 1975, Sugg 1978, Tyack & Hansot 1990］。もう一方では、教職の女性化によってその仕事がどのような性質を帯びたかが問われる。サッグは、小学校教師の母的イメージの成立によって、小学校教育が「道徳主義」と「反知性主義」によって特徴づけられたと指摘している［Sugg 1978］。

日本の教師の歴史的な研究でも、教師の社会的経済的地位が低下し教師が不足する中で、低賃金な女性教師の比率が高まってきたことが明らかにされた。その過程では、やはり教職を女性の天職とするレトリックが使用されている［唐沢 1955, 石戸谷 1967, 海原 1973 1977］。また女性教師を焦点化する研究では、彼女らに対する差別の実態や、彼女らが経験した困難、そのような差別や困難との戦いの様相が記述されてきた［木戸 1968, 深谷・深谷 1971, 中内・川合 1974, 新井 1972 1982］。近年は、女性教師に関する言説の歴史的な展開過程が検討されている。齋藤慶子は一九一〇年代から一九二〇年代の「女教員問題」の議論に着目し、女性教師における「職業と家庭の両立」の問題がどのように議論され、どのような解決が図られ、どのような認識が生み出されたかを明らかにした［齋藤 2014］。河上婦志子は一九一〇から一九二〇年代の「女教員問題」と一九六〇から一九七〇年代の「女教師問題」の議論を、それぞれの「増加問題」言説と「両立問題」言説に着目して検討し、「女性教師の能力、資質、適性を疑問視し、既婚女性教師の二重負担を危惧することによって女性教師を縁辺に位置づけ、学校を男性中心の組織にしておくことを意図した言説」として特徴づけている［河上 2015］。

本書の歴史的検討（5章）は、女性教師がどのような存在として学校に位置づけられたかという問いを齋藤や河上の研究と共有しながらも、教職の女性化という視点を導入することによって、女性教師の増加の過程で教師の仕事がどのように特徴づけられたかを焦点化する。すなわち女性化と脱性別化の過程、とりわけ教師の仕事を母性や養育といった女性的な特質によって価値づける過程としての女性化と、そのような価値が排除される過程としての脱性別化の記述を試みる。それは教職におけるジェンダー差別を教育実践の質の問題と接合して問う試みでもある。

4　研究の方法と本書の構成

研究の方法

本書の1章から4章までの研究は、ライフヒストリー／ストーリー研究法を採用している。1章から3章までは小学校の女性教師一二名、男性教師一〇名の研究協力者による学年配置と教育実践の経験の語りを検討し、4章では小中学校の女性校長一二名の昇進と教育実践の経験の語りを考察している。記述と解釈の方法は章ごとに異なるため各章で論じることとし、ここではなぜライフヒストリー／ストーリー研究法によるのかということを確認する。

教師のライフヒストリー研究を提唱したグッドソン（Goodson, Ivor）は、ライフヒストリーは「学校の方針やカリキュラムが教師によって受容され、実施される過程を検討する研究手法の一つ」であると述べている［Goodson 1992］。ここには授業を中心とする教師の仕事と教師の生活を分けることはできないとの認識がある。グッドソンが労働者階級の教師のライフヒストリーを通して教育における階級の様相を照らし出したように、教師の性別に着目する本研究のライフヒストリーは教職におけるジェンダーの問題を可視化するだろう。ただしグッドソンが指摘しているように、教師の経験はユニークかつ複雑であり、階級やジェンダーはそれを特徴づける一つの要素である点に留意する必要がある。

またグッドソンとサイクス（Sikes, Pat）は、ライフヒストリー法の特徴として、個人の経験と歴史的社会的な文脈の相互作用を認めていること、個々人が自らのアイデンティティとの交渉の結果として社会的生活における規則や役割を経験し創造し意味づける過程を焦点化することを挙げている［Goodson & Sikes 2001］。サイクスは実際に、『親として教師として』において、個人の声や経験の重視が単なる相対主義に陥らないためには、声や経験をその社会的ないしは歴史的な文脈に位置づけることが必要であるとし［Sikes 1997 : 18］、子どもをもつという教師の変化と成長を、「母親がわりの教師」のイデオロギーを内包する一九六七年の「プラウデンレポート」から、それを否定する一九八〇年代の新自由主義の教育改革へという歴史的な過程に位置づけて記述している。高井良健一はサイクスの研究を「専門的成長と個人的成長の相互作用としてのライフヒストリー」の系譜として紹介し、「教師たちの声と個人的な経験を通して、イギリスの現代教育史を読み解く手がかりを与えてくれた」と評価している［高井良 2005］。

本書にとって重要なのは、サイクスの『親として教師として』が、一方では母親の仕事と教師の仕事を結びつけることを拒絶する教育理論を批判的に対象化しつつ、もう一方でプラウデンレポートの母親代わりの教師というイデオロギーを問い、さらにはそのイデオロギーを批判した新自由主義のイデオロギーをも問うている事実である。すなわちサイクスは、イギリスの学校教育の歴史的社会的文脈に即して親である教師たちの葛藤を内包した経験を記述し、女性と女性教師を抑圧してきた母性のイデオロギーを批判しつつ、「養育の親密性」（グルメット）の導入によってカリキュラムを再編するという複雑な課題に取り組んでいる。私たちは、日本の学校教育の歴史的社会的文脈に即して、すなわち教師の脱性別化の過程において母性のイデオロギーの表現さえも失われてきたことをふまえつつ、個々の教師たちの女性であることや男性であることの葛藤を内包した経験を記述し、女性を差別し女性教師の仕事をシャドウ・ワークにする学校と社会の文化を問う必要がある。

女性教師の語りと男性教師の語り

本書の1章から3章では、女性教師の語りと男性教師の語りの双方を検討している。両者の関係をどのように捉えるかということは、本書にとって理論上方法上の重要な課題となる。以下では、まず教師のライフコース研究、ライフヒストリー研究が女性と男性の語りをどのように検討し、どのような知見を見出してきたかを確認する。そのうえで、女性と男性の語りを対置することに伴う問題と、その問題を超える方途を、グルメットの「多声」の議論に依拠して考察する。

女性と男性の語りと経験を扱ってきた教師研究に、山﨑準二による教師のライフコース研究と、塚田守のライフヒストリー研究がある。山﨑の研究では男女教師に共通の知見が示されたうえで、女性教師の特徴として「結婚・出産・家事・育児」の影響の大きさが指摘されている。出産と育児は女性教師にとって、教師をやめたいと思うような危機をもたらす一方で、その経験を通して教師として発達する契機ともなっているという〔山﨑 2002〕。また女性のライフコースは「仕事と家庭の両立」を特徴とし、家族のための「断念」を含むことが多く、中堅期は「停滞の時期」と見なされがちである。しかし子育ては「迂回路」であり、その経験を通して子どもや保護者との関係が変化し教師として成長するという「もう一つの力量形成」の姿が見出されている〔山﨑 2012〕。

塚田は「受験体制」や「教員組合」といったテーマに即して高校教師のライフコース、ライフヒストリーを研究してきた〔塚田 1997 1998a 1998b〕が、女性教師の不在を指摘されて、女性高校教師のインタビューを開始したという〔塚田 2000〕。その成果である『女性教師のライフヒストリー』では、五〇代の男性教師と女性教師の「生き方」の違いが、職業選択の際の選択肢や結婚や出産という転機に現れていること、私的な領域である家庭における「男女間の不平等」が最も問題であることが指摘されている［塚田 2002］。後に塚田は自身の研究を振り返り、男女に同じ質問をしたにもかかわらず、既婚の女性教師は組合や昇進や受験よりも「職場と家庭の両立」や「家事に関する男女間の平等」について語ったと述べている。そしてこのことについて、「男女間の平等が当然」とされる教育現場においても女性は男性と異なる「生活世界の現実」に直面し異なる経験を得ていること、「男性的な社会の核」となっている受験体制には「女性的論理」が含まれていないことを指摘している［塚田 2005］。

山﨑や塚田が男性教師と女性教師双方のライフコース・ライフヒストリーを検討することによって見出した知見は興味深い。とりわけ女性教師のあり方にオルタナティブが見出されている点、すなわち山﨑が育児経験を通した教師としての成長を「もう一つの力量形成」と呼び、塚田が受験や昇進よりも家庭について語る女性教師の語りに「女性的論理」を指摘している点は重要である。

ただし、そのようなかたちで女性の特徴を捉えようとする記述には困難もある。グルメットの論考「声：教育研究のためのフェミニストレトリックの模索」を参照し問題を明確化しよう［Grumet 1990］。グルメットは女性の声に「異なる声」を見出そうとする時、女性の「声」がそれ自体と区別されたものに対置され「図 figure／地 ground」の枠組みを構成することを問題にしている。教育言説における語りや自伝的な声が女性の劣位性を反映し、男性の教育言説が一般化されたナレーションとして位置づけられるなら、男性中心の言説による支配に挑戦することはできない。すなわち見出されたオルタナティブは、全体の構造を組み替えることなく女性固有のものであり続けてしまう。

その問題に対してグルメットは、「声」を男性中心の言説に対置しないという方途を示す。「図／地」の枠組みからの一つの脱出口は、「私たち自身の声であるコーラス」に根ざすこと、すなわち語りを複数の声として捉えることにある。グルメットは自分を唯一の声に限定することが、その経験とレトリックを縮小すると述べ、「教育理論の複数の声」のために「状況（situation）」「語り（narrative）」「解釈（interpretation）」の三者関係を提起している。「状況」は物語が社会的文化的政治的な関係における出来事として語られることを認識する。「語り」は私たちの発話のすべての特定性、現前、権力を引き起こす。「解釈」は異なる声を供給する反省的で距離のある声であり、ナレーションを構成する。一人の話者からすべての声が発せられ、それぞれが他の声の聴かれる場となり、どれも特権的ではないということが重要である［Grumet 1990：282］。

いささか難解なグルメットの提起を私たちなりに引きとろう。ここで問題になっているのは研究者である「私」の声の複数性である。「状況」が問うのは「私」がどのような教育研究の政治的関係の中で言葉を紡いでいるのかということであり、「語り」が求めるのはそこにおいて「私」の研究の主体もその言葉の意味も解体され再編されているということの注視であり、「解釈」が要請するのはその過程の省察である。私たちはこのような声の実践に挑戦する。具体的には、2章の男性教師の低学年教育の語りの検討を経て、女性教師の語りに「異なる声」を聴きながらも、それを男性教師の声に対置するのではなく、それを通して私たちの教育理論が解体され再編される過程を3章で記述している。なお教師の語りもまた、声の複数性において捉えられる必要がある。その理論と方法の検討は3章で行っている。

本書の構成

本書の構成は以下のようになっている。

1章から3章までの研究は、女性教師一二名、男性教師一〇名のインタビューから、学年配置と低学年教育を問うている。1章「学年配置のジェンダー不均衡」では、男女教師の学年配置の経験の検討を通して、個々の教師の配置がどのような要因によって決定されるのか、なぜ男性は高学年に、女性は低学年に配置されるのかを明らかにしている。さらに個々の教師が高学年あるいは低学年に多く配置されつつキャリアを形成する過程を検討し、高学年教育を重視し低学年教育をシャドウ・ワークにする小学校のハイアラーキーと、そのような学校文化を生きる男女教師の経験を記述している。

2章「トレーニングを超えて」では、男性教師の低学年教育の経験を焦点化している。具体的には、男性教師が初めて低学年教育を担当した時の経験の語りから、幼く無知な子どもたちに細かな「トレーニング」を行い、保護者の大きな関心にさらされつつ同僚と「足並みをそろえる」という低学年教育のあり方を描いている。また低学年担任を繰り返す男性教師たちが、そのような「しつけ」と「訓練」として特徴づけられる低学年教育のあり方を超えて、幼い子どもの身体と知性の可能性に依拠した創造的な実践を行う様相を描いている。

3章「女性教師の声を聴く」では、2章で見出された低学年教育の特徴のうち、「トレーニング」の経験と「足並みをそろえる」という経験のあり様を、女性教師の語りを通して再検討している。ここでは「声」の概念に依拠することによって、女性という性別の教師の語りから彼女たちの「真正な関心」を聴き、その経験を今度は研究者である私たちが語り意味づけることを通して、私たちのものを含む教育研究の枠組みや価値を問い直すことを目指している。

4章と5章は独立した研究となっている。4章「女性校長はなぜ少ないか」では、女性校長のキャリアを個人的経験と社会や制度との接面に着目して記述し、女性が管理職となる過程がどのようにジェンダー化されているかを検討している。都道府県ごとの女性管理職比率の違いに着目し、その昇進の制度や文化の差異が女性のキャリアを規定する様相を解明した点が特徴となっている。なおこの章の研究は、二〇〇五年という最も古い時期に発表されている。本書への収録にあたっては、インタビュー時の状況を重視して加筆修正は最低限にとどめ、補論を付して新しいデータの紹介と研究のフォローを行っている。

5章「教職の女性化と脱性別化の歴史」では、明治期の近代学校の成立から一九七〇年代までの教職の歴史を、女性化と脱性別化の歴史として記述している。教職の歴史におけるジェンダー差別は、女性化の過程において女性教師が低賃金で雇用されたこと、女性的な役割を期待され配分されたこと、学力不足や家庭責任といった問題を抱えた存在として有徴化されたことにある。そしてさらに、男性を標準とする女性教師の脱性別化の過程において、女性的な役割を否定され、その価値を語る言葉を奪われたことにある。本章では女性教師についての言説と、女性教師の語りに即して女性化の過程を検討し、教職のジェンダーの複雑な様相を解明する。

なお本研究では、プライバシーに配慮し、研究協力者の名前とインタビュー中の固有名を仮名にしている。序章および1章から3章では、女性教師と男性教師の語りを区別しつつ同時に扱う必要があるため、研究協力者を姓ではなく名で表記している。また本書の公刊に際し、研究協力者に原稿のチェックを依頼し、必要な点について修正を行った。

注

1　研究協力者とインタビューの方法については1章を参照のこと。

2　本書の研究は基本的には公立小学校をフィールドとしているが、小中学校間における管理職の異動が行われていたため、4章については中学校の先生を対象に含めている。

3　ノディングズのケアの倫理に対するフェミニズムからの批判と、それに対するノディングズの応答については村田［2003］伊藤［2006］に詳しい。

column

世界の女性教師／男性教師

教職の女性化は世界的な動向である。日本の女性化の特徴は、女性教師と男性教師の現状や女性化の歴史において内在的に把握されると同時に、国際比較を通して捉えられる必要がある。

ＯＥＣＤの「学校種別女性教師の割合」から、日本、韓国、中国、イギリス、ドイツ、ノルウェー、スウェーデン、アメリカのデータを抜粋した表①を見てみよう。就学前教育については、すべての国で九五％以上を女性教師が占めている（ノルウェー、カナダはデータなし）。また初等教育、中等教育前期、中等教育後期と、子どもの年齢が上がるに従って女性教師の割合が下がっていく傾向も、おおむね共通している。その中で日本の特徴は、全体的に女性教師の割合が低く、女性化が抑制されている点に指摘できる。

以下、本書のコラムでは、表①の各国の女性教師／男性教師がどのような状況に置かれているか、教師のジェンダーに関して何が課題となっているかを紹介する。

（浅井幸子）

表①　初等・中等教育（前期）における女性教師比率（2012）(%)

国	就学前教育	初等教育	中等教育前期	中等教育後期
日本	97	65	42	28
韓国	99	79	69	48
中国	97	59	50	49
イギリス	95	87	60	60
ドイツ	97	85	65	54
スウェーデン	96	82	66	52
ノルウェー*	—	75	75	51
アメリカ	94	87	67	57
カナダ**	—	73	—	73

注　＊＝公立のみ，＊＊=2011年データ
出典：Education at a Glance 2014: OECD Indicatorsより筆者作成。

column

世界の女性教師／男性教師①

日本の教師の多忙とジェンダー不均衡

日本においては、一般に教職は男女平等な職業というイメージが強い。内閣府が平成二四年に行った男女共同参画社会に関する世論調査では、学校教育の場における男女の地位は平等だとする回答が六七％を占めている。回答における男女差もほとんどない。本書5章でも述べるように、教職の女性化が顕著な諸外国に比して、日本の女性教師の比率は小学校で六一・八％、中学校で四一・八％にとどまっており、女性化は抑制されているといえる（表②）。このことから、海外のように教職が女性職とみなされることはなく、また、他の職業に先駆けて産休・育休などの制度が整備されたこともあり、男女平等な職場というイメージが一般的となっているようである。しかし、このイメージの下で、実際にはさまざまなジェンダー不平等が存在することが見えにくくなっているのが事実である。本書の問いである小学校の低学年担任におけるジェンダー不均衡や管理職における女性比率の低さはその一例である。ＵＮＥＳＣＯやＯＥＣＤの調査や文部科学省の「平成二五年度 学校教員統計調査」を手掛かりに教職におけるジェンダー不均衡の様相を見ていこう。

表②　学校種別教員数と女性比率

	幼稚園	小学校	中学校	高等学校	中等教育学校	特別支援学校
合計（人）	106,124	384,956	233,986	226,733	2,269	66,928
男性（人）	7,830	147,019	136,269	158,598	1,539	26,780
女性（人）	98,294	237,937	97,717	68,135	730	40,148
女性比率（％）	92.6	61.8	41.8	30.1	32.2	60.0

出典：学校教員統計（2013）より筆者作成。

　表②は学校段階別の教員数と女性比率を示している。上に指摘したように諸外国に比べると女性比率は高くはないものの、幼稚園、小学校、特別支援学校など、子どもが幼なかったり、ケア的要素が要求されると考えられる校種においては女性教師の方が多く、中学校、高等学校では男性教師の方が多くなっている。しかも、本書の序章で示した小学校の学年ごとの男女比率（**表2**、4頁）に着目すれば、低学年担任の女性比率は欧米の比率と近似している。

管理職の比率はどうだろうか。表③、表④を見てみよう。女性教師が九割以上を占める幼稚園においては、女性園長の比率も高く、公立で八七・七％、私立では四七・〇％となっている（表③）。しかし、女性校長の比率は、公立小学校では一八・六％、中学校、高等学校では六％前後と極めて低い（表④）。全体における女性比率が高い小学校においても、管理職はその多くを男性が担っていることがわかる。担当教科という点でも男女差が目立つ。表⑤、表⑥を見ると、国語や語学系、家庭科、芸術系科目においては女性教師が多く、理数系や社会科学系の科目では男性教師が多くなっている。

平均勤続年数、平均給料月額を見ても、いずれもすべての校種で女性の方が少ない。女性は男性より勤続年数が短い教員が多いため、平均給料月額も低くなると考えられる。また、離職理由を見ると、「家庭の事情」による離職者の比率だけが、どの校種でも女性の方が圧倒的に高い。これは育児や介護といった家庭の事情を抱えた

表③　幼稚園の管理職の人数と女性比率

公立				私立		
男性（人）	女性（人）	女性比率（%）		男性（人）	女性（人）	女性比率（%）
957	18,213	95.0	合計	6,825	79,796	92.1
381	2,718	87.7	園長	3,825	3,396	47.0
20	622	96.5	副園長	675	1,988	74.6
37	597	94.1	教頭	96	1,005	91.2

出典：表②に同じ。

表④　公立小・中・高等学校の管理職の人数と女性比率

学校種	小学校			中学校			高等学校		
男／女	男性（人）	女性（人）	女性比率（%）	男性（人）	女性（人）	女性比率（%）	男性（人）	女性（人）	女性比率（%）
校長	16,493	3,778	18.6	8,869	556	5.9	3,431	226	6.2
副校長	1,479	556	27.3	940	104	10.0	784	93	10.6
教頭	14,715	4,041	21.5	8,434	749	8.2	4,457	364	7.6
主幹	4,413	4,334	49.5	4,940	1,260	20.3	2,842	396	12.2
指導	244	523	68.2	263	238	47.5	303	84	21.7

出典：表②に同じ。

女性教員が働き続けることが困難な状況が学校現場にはあるということを物語っていよう。

二〇一三年のOECD国際教員指導環境調査（TALIS）では、日本の教師の勤務時間の長さが指摘された。日本の教師の一週間当たりの勤務時間は参加国最長（日本五三・九時間、参加国平均三八・三時間）で、このうち、授業時間は参加国平均と同程度である一方、課外活動（スポーツ・文化活動）の指導時間がとくに長い（日本七・七時間、参加国平均二・一時間）ほか、事務業務等に費やす時間も長いことが特徴である（日本五・五時間、参加国平均二・九時間）。

こうした長時間勤務が不可避な状況において、家庭責任を負う女性教師が離職をやむなくされる一方で、男性教師はますます激務にさらされ、多忙を極めることになるとすれば、教育の質にもかかわる問題といえるだろう。教職においても、ワーク・ライフ・バランスの実現が求められると同時に、長時間勤務を強いるような学校の在り方そのものも見直す必要があるだろう。

（玉城久美子）

表⑤　中学校の担当教科別男女別構成比（%）

	国語	社会	数学	理科	音楽	美術	保健体育	技術・家庭	英語	その他
合計	11.9	10.7	14.9	11.5	4.3	4.0	10.3	7.7	13.2	42.7
男性	8.3	14.8	18.8	14.8	1.8	3.3	12.6	7.1	9.1	42.0
女性	17.1	5.0	9.4	6.9	7.8	5.0	7.0	8.5	18.9	43.8

出典：表②に同じ。

表⑥　高等学校の担当教科別男女構成比（%）

	国語	地理歴史	公民	数学	理科	保健体育	芸術	外国語	家庭	農業等	情報	福祉・看護	その他
合計	12.0	9.5	5.7	12.7	9.9	11.2	3.5	19.6	3.3	12.8	3.4	1.0	32.2
男性	9.0	11.6	7.1	15.6	11.6	13.1	2.9	11.5	0.2	16.4	4.0	0.3	32.0
女性	19.1	4.4	2.4	5.8	6.0	6.7	5.1	21.8	10.5	4.7	1.9	2.5	32.7

出典：表②に同じ。

1章 学年配置のジェンダー不均衡
――男性は高学年に、女性は低学年に

1 はじめに

研究の主題

小学校の低学年担任の男女比率は顕著なジェンダー不均衡を示している。五、六年生では男女の教師がほぼ半々であるのに対し、一年生の担任では男性は一割、二年生でも二割に過ぎない（表2、4頁）。河上婦志子は、この不均衡に差別の存在を指摘している。河上によれば、学年担任は職場の役割配置に現れる性別役割の一つである。彼女はその背景として、女性教員は高学年の男子生徒の指導や学問的分野の指導には適さないという大正期の議論に言及し、現在も「ステレオタイプな特性論による性別役割分業が教員世界で踏襲されている」と述べている［河上 1999］。重要なのは、その不均衡が学校の「システム内在的な差別」の一つとして説明されている点である。「システム内在的な差別」とは、学校が「教員＝男性という発想」で運営され、さまざまな仕組みの中に男性モデルが埋め込まれていることによって、女性教師が周辺化されることを意味している［河上 1990］。

学年配置のジェンダー不均衡の背後に男性中心主義を見出す河上の指摘は興味深い。しかし、彼女の研究も含め、小学校の学年配置の実態を解明する調査研究は行われていない。そこで本章では、男性教師と女性教師へのインタビュー調査に基づいて、学年配置が決定される具体的な過程を検討する。ステレオタイプな男女の特性論で語られる傾向にある学年配置の問題を、男性教師と女性教師の経験に即して検討することを通して、小学校における学年配置の不均衡の特徴と、この不均衡な配置によって生み出される教師のキャリアのジェンダー問題を明らかにする。

視点の設定

小学校では、毎年、学年担任の配置が決定される。この学年配置によって、男性教師は高学年を多く担当し、女性教師が低学年をより多く担当するジェンダー不均衡が生じている。そして同時に、学年配置という装置を通して、性別によって特徴づけられるキャリアが構成されている。

キャリアを捉える視点を確認しておこう。従来の日本における教師のキャリア研究は、教師の力量形成や管理職の研究、キャリアステージを段階的に上昇するライフコースの研究として展開されてきたが、これらの男性の職歴を標準とする研究では女性の職歴を適切に捉えることができない。本書では、序章で述べたように、教師のキャリアを個々の教師の教職経験の総体として捉える。それは個人的な経験でありながら、職場や家庭の政治や文化、それを規定する社会的通念によって生み出される。

女性教師のキャリアに焦点を当てた研究は、主にイギリスの研究の系譜において展開され、生活世界と職業世界が混交する複雑な経験の蓄積として、教師のキャリア形成やその多様性を捉えてきた［Acker

1995a]。留意したいのは、個々の教師のキャリアは、単なる個人的な経験ではなく、職場や家庭におけるジェンダーをめぐる政治と文化、およびそれを規定する社会的通念と不可分に形成されていることである。アッカーは職業内部で一連の地位の序列を支えている規則や慣習が、キャリアの発達を一部の者にとっては容易に、その他の者にとっては困難にしていることを挙げ、このような分岐を政治や経済の特徴と関連づけて論じることの必要性を指摘した[Acker 1989]。サイクスは、個人の声や経験の重視が単なる相対主義に陥らないためには、その声や経験をその社会ないし歴史の文脈に位置づけることが必要であるとし、子どもをもつという教師の変化と教師のキャリアとの関係を社会的文脈に位置づけ、支配的なイデオロギーを問う叙述を試みている[Sikes 1997]。

本章では、小学校の教師の学年配置に着目することで、教師自身の選択と、その配置を規定する職場や家庭のミクロな政治や文化的背景、およびそれらを支える社会的通念の輻輳する関係を描き出すことを目指す。学年配置は、教師本人の希望、子どもや学校の状況、管理職の学校運営の方針等が交錯する中で個々の教師のキャリアを構成する装置である。学年配置がどのように行われ、その学年配置を通して教師のキャリアがどのように形成されるかを記述する。

インタビュー調査の概要

二〇〇五年から二〇〇七年にかけて首都圏(東京、神奈川)の小学校に勤務する男性教師一〇名(退職者二名を含む)のインタビュー調査【調査Ⅰ】を行い、二〇〇四年から二〇一三年にかけて首都圏(東京、神奈川、栃木)の小学校に勤務する一二名の女性教師(退職者三名を含む)のインタビュー調査【調査Ⅱ】を行った。インタビューの依頼は機縁法による。その際、個々の学年配置に関する多様な経験やキャリア形成の過程が捉えられるように、以下の点に留意した。まず、世代が偏らないように、教職歴三〇年以上のベテラン教師、教職歴一〇年以上三〇年未満にあたる中堅教師、教職歴一〇年未満の若手教師にインタビューを行った。そして、一定の低学年配置の事例を得るために、中堅以上の教師に関しては、低学年を比較的多く担任している教師を含むよう配慮した。二二名の研究協力者の経験を男性／女性教師の経験として一般化することはできないが、多様な世代に属し、多様なキャリアを有する教師の具体的な経験を検討することによって、学年配置が孕みうるジェンダーの問題を明らかにすることができるだろう。

調査は以下のように行った。最初に研究協力者に本研究の趣旨を説明したうえで、事前に年度ごとの学年配置と教職経験を年表に記入してもらった。インタビューは研究協力者の勤務校、自宅、大学の教室、レストラン等で、各二時間から五時間程度行い、年表に即しつつ、各年度にその学年を担当することになった理由と実践上の出来事を自由に語ってもらった。承諾を得られなかった一名分を除き、インタビューを録音した。研究協力者のキャリアの概略は以下のとおりである（表3）。

分析は以下の手順で行った。録音した音声データは逐語文字化した。録音のないインタビューについては、メモをもとに可能な限りインタビューを再現した。次に、文字化したインタビューから、担当学年の決定にかかわる語りを抜き出して一覧表を作成した。そこから浮かび上がってきたのは、男性教師も女性教師も、主に高学年を担任する高学年型キャリアと、主に低学年を担任する低学年型キャリアに大きく二分されるということである。男性教師の多くは高学年型のキャリア、しかも低学年をほとんど経験しないキャリアを形成する傾向にあった。女性教師は低学年も高学年も経験しつつ、高学年型と低学年型に分岐

表３　研究協力者のキャリア

男性教師

名前	教職歴	低学年回数／学級担任回数	高学年回数／学級担任回数	最初の１年担任（年目）	最初の２年担任（年目）	学年配置を中心とするキャリアの特徴
敦先生	38年	1/23	19/23	—	7年目	初任時より高学年の担任を繰り返し，教職23年目から管理職となる。低学年担任の経験は，教職７年目に２年生を担任した一度だけ。前年度に荒れた学級を立て直し，以後荒れた学級を多く任されることとなる。
圭吾先生	35年	2/33	18/33	17年目	18年目	初任時より高学年を多く担任する。民間教育運動に携わりつつ，荒れる子どもと向き合う。低学年担任は希望してもかなわず，教職17，18年目に初めて１，２年生を担任する。それが唯一の低学年経験となった。
真一先生	33年	7/27	6/27	27年目	18年目	高学年を多く担任していたが，健康上の理由と家庭の事情から家庭科の専科となる。最初の２年生担任は18年目，前年度荒れた学級を引き受けた。初めての１年生担任は教職27年目。その後，低学年における演劇教育のカリキュラムへの関心から，自ら希望して低学年を繰り返す。
孝弘先生	30年	8/23	10/23	1年目	2年目	大学で幼児教育を学び初任時に１年生を担任。その後高学年を繰り返していたが，生活科の導入に伴って，自ら希望して低学年を担任した。学校改革に取り組む小学校では，１年生担任を３回繰り返し，生活科でヤギの実践を行う。その後，教務主任を経て教頭となった。
直人先生	26年	9/23	7/23	19年目	3年目	最初の低学年担任は教職３年目の２年生である。以後，高学年を多く担任していたが，生活科が導入された頃から低学年が増え，２年生を７度，１年生を２度担任する。２年生の担任が圧倒的に多いのは，荒れた１年生の立て直しを期待されてのことである。
博先生	17年	10/17	1/17	2年目	10年目	初任時に５年生を担任して苦労し，仮説実験授業によって自らの実践を構築する。そのことで校長と反目し，高学年を担任したいという希望が通らず，低学年を繰り返し持つこととなった。16年の教職歴のうち実に10年を低学年担任として過ごす。
誠先生	16年	2/15	7/15	5年目	6年目	最初に赴任した学校で，３年生を出発点にすべての学年の担任を経験する。研究発表を多く経験し，社会科を中心に授業づくりを行ってきた。もう一度低学年を担任したいと希望を出しているがかなっていない。

勇治先生	10年	2/6	2/6	—	5年目	初任時に養護学校に赴任し4年間勤務する。普通校の1年目は2年生を担任し，翌年に前年度荒れた6年生の担任となった。2度目の低学年担任は教職10年目，担任の病気休職で荒れた2年生を受け持った。
陽一先生	5年	2/4	2/4	1年目	2年目	教職最初の年は，入学式直前に1クラス増となった1年生に急遽配置され，1，2年と持ち上がりで担任した。翌年高学年で苦労する。
亘先生	3年	1/3	2/3	—	3年目	初任時に5年生の担任となり，女の子たちとの関係に悩んだ。教職3年目に，1年生の時に荒れた2年生を担任する。

女性教師

名前	教職歴	低学年回数／学級担任回数	高学年回数／学級担任回数	最初の1年担任（年目）	最初の2年担任（年目）	学年配置を中心とするキャリアの特徴
綾子先生	35年	4/20	12/20	9年目	6年目	荒れている高学年を任されることが多い。教職6年目の2年生で初めて低学年を経験するが，12年目の1年生担任を最後に，以後4年生以上の担任をずっと繰り返す。21年目から管理職となる。
郁恵先生	35年	11/35	14/35	2年目	3年目	初任期に低学年を繰り返し，保護者との読書会や映画会などを実施してきた。キャリアの中期には独身で使いやすい人材とみなされ，高学年を何度も繰り返し持たされてきた。のちに校長との対立によって，再び低学年が多くなる。
絵里先生	38年	18/38	6/38	3年目	4年目	低学年・中学年を中心に担任。初任から6年目までにすべての学年を経験するが，その後は高学年は5年生1回，6年生3回と少ない。4人子どもがいて，育児期は育児時間をとるために低学年を多く担任していた。
佳代先生	33年	10/12	0/12	3年目	1年目	初任で2年生，3年目に1年生の担任をして以来，育児や家族の病気の世話などを乗り越えながら低学年の担任を繰り返してきた。普通学級での高学年経験はなし。教職13年目から特殊学級，言語・聴覚障害学級担任。
沙織先生	32年	12/32	10/32	12年目	8年目	初任校では高学年担任のみで，最初の低学年担任は8年目と比較的遅めだが，その後は低学年も多く持ち，キャリア全体として見たときに偏りがない。全学年の経験を持つことが教師の専門性につながると考え，意識的にバランスをとってきたことによる。

貴子先生	24年	13/24	6/24	1年目	3年目	初任から低学年を４年間担任をして以来，低学年を多く持っている。教職11年目に，２回目の高学年担任だった５年生に手を焼き，１年生から学校を作り替えていく必要性を強く感じて，低学年を繰り返し担任した。
直美先生	35年	14/31	7/31	2年目	1年目	初任で２年生，翌年１年生の担任をする。高学年担任は初任校で数回と，異動直後に５年生を単年で任されるなど数えるしかない。母の死後は，病気の父の世話のため自ら低学年を希望し，かなえられてきた。
寛子先生	30年	3/29	18/29	24年目	13年目	初任期より高学年担任が多く，１年生は１回，２年生は２回しか持っていない。組合の要求を通すため，自分では希望を出さずに持ち手のない学年に入った結果，高学年中心のキャリアになった。
雅代先生	30年	3/30	15/30	11年目	10年目	初年度から４，５，６年と持ち上がり，以後は高学年中心の学年配置。低学年は教職10年目に荒れた２年生を持ったのと11，12年目に新しい赴任校で１，２年生を持った計３年間のみ。立て直し要員として期待され，希望学年は出さずに一任してきた。
優子先生	30年	8/27	16/27	11年目	3年目	初年度に前任が倒れた６年生をいきなり任されて以来，高学年中心の学年配置を繰り返す。荒れた高学年の立て直しを求められることが多く，ちょっと一息つきたいという希望で何度か低学年を担任する。
洋子先生	22年	9/17	2/17	3年目	5年目	初年度から５，６年と持ち上がったのが，唯一の高学年担任。低学年担任が多いのは，幼稚園の免許を持っていることや，自らの低学年への関心からくる希望が通っているのだと思う。教歴20年目から特別支援教育を担当。
和歌子先生	8年	5/8	2/8	2年目	3年目	教職２，３年目に低学年をもち，４，５年目に初めて高学年を持つが，高学年では子どもとの関係がうまく築けずに苦労する。翌年１年生を持ち，ぴたっとはまる感覚を得る。その年から３年間連続で１年生を担任。

していくという特徴があった（表3参照）。

以下、まずは学年配置がどのように決定されているかを確認する。次に、その知見をふまえて、学年配置を通して男女教師のキャリアが形成される過程を検討する。

2　学年配置を決める要因

小学校教師のキャリア形成に影響を与える学年配置は、教師本人の希望をふまえつつ、複雑な要因が交錯する中で管理職によって決定される。時代による変化や個々の教師による差異はあるが、共通する主要な要因として以下の四つのカテゴリーが浮かび上がってきた。

① 学年配置の慣習：二年間同じ子どもを担任する「持ち上がり」等のゆるやかな決まり。
② 学校の事情：「荒れ」「モンスターペアレント」等の学級、学年、学校の状況。
③ 教師の希望：個々の教師に対する配置学年の希望調査など。
④ 管理職の判断：管理職による総合的な判断によって個々の教師の学年配置が決定される。

以下では、学年配置の決定の様相をカテゴリーごとに具体的に検討しよう。

① 学年配置の慣習

学年配置は、特別な事情がない限りいくつかの慣習に従って決定される。

一つめは「持ち上がり」の慣習である。この慣習は、低学年、中学年、高学年という二年間のくくりで、クラス替えをせずに同じ子どもを担任することを意味している。またそこには三年以上は持ち上がらないことも含まれている。同じ子どもを連続して担任することを避けるため、たとえば中学年を担任した後には、高学年ではなく低学年へ配置される。ただし、近年は単年担任の体制に移行しつつあり、「持ち上がり」は激減している。

二つめは在任教師優先の慣習である。新任教師や異動してきた教師は、在任中の教師の希望を受けて配置が決定した後に、希望を出す機会のないまま配置が決まることが多い。そのため持ち手がいない学年やクラスに配置されやすくなるという。ただし、新任教師や異動してきた教師は、一年生と六年生には配置しない慣習があるとの語りも見られた。

三つめは、女性を低学年に、男性を高学年に配置する慣習である。新採が多い時代に教職に就いた佳代先生は、「初任者五名のうち、二名の女性が一、二年に、三名の男性が三、四、五年にそれぞれ配置」されたという。また男性教師は高学年に配置されやすく、「新卒の男の人が採用されると、五、六、五、六」の担任を繰り返すことが多いとの語りも聴かれた。実際に高学年の担当が教職歴の半分以上を占める男性教師もいる。

② 学校の事情

学年配置はさまざまな学校の事情によって決定されている。

学年配置を決める際に優先的に考慮される学校の事情は、「前年度に荒れた」、「前担任が病気や指導力不足のために担任を離れた」、「保護者との関係が悪化した」、「困難を抱えた子どもがいる」といった学級や学校の困難である。「一年間で（担任が）三人も変わっている」（綾子先生）ような持ち手のないクラス、「すさまじい学級崩壊」（圭介先生）の後のクラスといった、「荒れた学級」や「持ち手がいない学級」に立て直しを期待されて配置される。男性・女性を問わず多くの研究協力者が、そのような配置を経験していた。

立て直しを期待して行われる学年配置は、通常は教師の力量や資質を見込んで行われる。ただし異動直後に持ち手のいないクラスへ配置された研究協力者も多い。これは先に述べた在任中の教師の希望を優先する慣習による。持ち手のないクラスは「新しく来た人にやらせちゃえ、という文化」（優子先生）や「新しく入ってきた人にしちゃえという発想」（寛子先生）が存在するのだという。

困難を抱えた学級や学年を立て直す必要があるという事情以外にも、急なクラス数の増減や、学年団の構成員の年齢や性別のバランスなどが配置の要因として語られた。佳代先生は新任教師どうしが同じ学年を担任するのを避けるために二年生から三年生への例外的な持ち上がりを経験し、優子先生は学年団を男性の先生だけにしないために五年生を二年連続で担当している。

③ 教師の希望

学年配置の決定に先立って、教師たちは管理職に自らの希望を伝える機会をもつことが多い。その際に希望を表明する場合もあればしない場合もある。希望を表明した際にも、校長の判断によって希望が通る場合と通らない場合がある。

男性研究協力者はあまり希望を出していない。また高学年に配置される傾向が強く、たとえ希望しても低学年にはなかなか配置されない。複数の研究協力者が、一年生を希望しても配置が実現しなかったことを残念そうに語った。一年生を担当しなかった敦先生、一年生と二年生を一度ずつ担当しただけの圭吾先生、初めて二年生を担任したのが教職一八年目だった真一先生は典型的である。ただし事情がある場合には、男性教師も希望を出している。孝弘先生は生活科の導入に伴って、低学年の担任になりたいとの希望を管理職に熱心に伝えたという。真一先生は病気による休職を経て、自身の健康状況や家庭の状況を考慮して専科を希望している。

女性教師の学年配置の希望には、出産や育児、介護を中心とする家庭の事情が反映されていた。女性教師は、家庭責任の負担が大きいとき、または大きくなることが見越されるときに、高学年を避け低学年または中学年を希望する傾向にある。たとえば寛子先生は、ある年に高学年を担任しなかった理由を、「ちょうどこの当時、結婚したりもしていたので、だから（三年生に）降りたんです」と語っている。高学年担任と家庭責任とは両立しにくいとの感覚は多くの教師に共有されている。高学年を担任すると、宿泊行事の引率で家をあけたり、行事があって休みにくかったりする。そしてなによりも、学校の中での責任の大きさゆえの激務を伴う。「ちょっと高学年はお休みしようと思って、二年生（を希望した）」という語りが示唆するように、高学年を連続で担当することは心身を疲弊させる。他方で低学年や中学年、とりわけ授業時数の少ない低学年は時間的な余裕がある。困難な学級を担当した翌年に、「休息」として低学年に配置する「お疲れさま人事」の存在も語られた。

ある学年を担任した経験があることや、逆に経験がないことも希望の理由になっていた。既に担任を経験したことがある学年を希望したという語りは、インタビューの中に繰り返し登場した。これまでの自らの実践に不十分なものを感じ、もう一度やり遂げたいという思い、あるいはより高度な実践を追究したいという思いから、経験のある学年を二度三度と希望する研究協力者もいた。他方で、経験がないということも希望の理由となる。未知の学年への興味関心、そこで追究可能な実践への強い期待が、学年配置への希望を形作っている。

なお学年配置の希望には、自らの家庭の事情や教育実践上のさまざまな関心以外に、他の教師の状況や希望、学校の事情への配慮が織り込まれている。学校のよりよいあり方に関する強い問題意識は、特定の学年を希望する要因にも、逆に自らの希望をあえて表明しない要因にもなっていた。

④ 管理職の判断

最終的な学年配置は、管理職が総合的に判断して決定する。その際に、学校運営、教師の特性、経歴や実績に対する管理職の意向が多分に反映される。

男性教師の配置の経験の語りに特徴的に現れていたのは、教職の初期に全学年を経験させたいという管理職の意向である。早い時期に一、二年生を担当した研究協力者は、皆この理由を語っている。それに対して女性教師の経験に特徴的なのは、本人の希望の有無に関わらず、管理職が家庭や子育てを理由として行う配置である。たとえば佳代先生は、五年生を希望した際に、管理職から「小さいお子さんがいるんだから無理です」と言われ、一年生に配置された経験をもつ。

男女を問わず、荒れたクラスの立て直しに長けていると管理職が判断した教師は、本人の希望に関わらず、持ち手のいない、難しいクラスへの配置が繰り返される。圭吾先生は、高学年の荒れる子どもたちへの対応を期待され、希望しても低学年に配置されないことが続いた。育児の負担が大きいと思われる女性教師であっても、学校の事情を優先する管理職の判断によって激務の高学年に配置されることもある。寛子先生は、産休明けで復帰する際に希望を出さなかったところ、持ち手のいない五年生に配置されたという。

管理職と意見が合わない場合や、実践や組合活動等で管理職と対立した場合は、高学年に配置されない傾向があった。優子先生は、ある学校で長期間高学年に配置されなかった理由を、「校長は、とにかく私が高学年を持つのが嫌だった」「なるべく大きな行事に関わらないところに（配置した）」と語った。博先生は、仮説実験授業の実践をめぐって管理職と対立した時に、低学年に「押し込められ」たと述べている。また組合活動をしている研究協力者は、卒業式を円滑に行いたい管理職によって「一年生に下ろされ」る（沙織先生）、校長の面接で「日の丸・君が代」について「心を入れ替えてきてください」と言われ高学年に配置されない（郁恵先生）といった経験を有していた。このような場合には学校管理という側面から管理職の判断がなされている。

以上のように学年配置は、慣習、学校の事情、教師の希望をふまえて、最終的に管理職の判断によって決定される。それらの諸要因は、個々人によって異なるかたちで、性別に影響された機能の仕方を見せている。ではこれらの諸要因を通して行われる配置は、教師たちの経験をどのようにジェンダー化しているのだろうか。次に、男性教師、女性教師のキャリアに即しながら、学年配置の性別による不均衡がいかに生成し、いかに機能しているのかを検討しよう。

3　男性教師の経験

高学年への配置の経験

男性研究協力者たちのキャリアは高学年型が多かった。高学年に容易に配置される半面で、低学年は希望してもなかなか担任できないという男性教師の配置の傾向は、教師たちの希望と管理職の意向の力学の中で生み出されている。その具体的な様相を誠先生の経験に即して確認し、そこにどのようなジェンダーの問題が存在するかを他の教師の経験と重ねつつ考察する。

①　誠先生のキャリアから

誠先生の教職生活は三年生の担任から始まる。研究熱心な学校で、夜遅くまで仕事をする教師が多く、とくに彼を含む独身の男性教師は連日一一時や一二時まで学校で教材研究をしていた。貴重な経験ではあったが負担も大きく、一緒に新任で赴任した女性教師は体調を崩してしまったという。誠先生は、校長から早くすべての学年を経験するように言われ、新任でもった三年生の子どもたちを六年生まで担任するという例外的な持ち上がりを経験している。五、六年生の担任時、学年団のメンバーはすべて男性だった。「男の子たちで大変な子がいっぱい」いる学年だったので、男性教師がいいとの判断があったのではないかと誠先生は語る。六年生を担任した時には研究授業の全国発表を行った。翌年、学校の体制が実験的に大きく変わり、保護者対応の大変な一年生だけは避けたいと多くの教師が考えていたなかで、彼は一年生に配置される。翌年は二年に持ち上がり、再び研究授業の発表を行っている。

異動した学校で、誠先生は五年生の担任となる。翌年は六年生に持ち上がり、研究指定校として行われた社会科の研究の中核を担った。この年、教師である妻との間に第一子が産まれ、彼はそれを大きな転機として経験する。「(教室の子どもたちが)いろいろなことができなくても、『そうだよね、できないよね、大丈夫、大丈夫』とか言ってる自分がいました。それまでは、『何でやってこないの、何でできないの』とか言って責める時もあったんですけど」。自分の子どもが教室の子どもを再発見させてくれた。小さな子どもをもちたいと低学年を希望したが、配置されたのは三年生だった。一年生の希望者が大勢いたのだろうと彼は考えている。育児休業が明けた妻は一年生の担任となった。

三校目に異動した時にも五年生の担任となった。誠先生によれば、このときは男性が三人しかおらず、三名の男性教師は四、五、六年生に一人ずつ配置された。四年生からは宿泊を伴う行事があり、入浴の当番やキャンプファイヤーなどに男性教師が不可欠なのだという。翌年に六年生を担任した時には、同学年の教師と協力して修学旅行や卒業式の改革を行った。この年度の終わりに彼は、再び低学年を希望する。しかし校長から「無理だね」「男の先生はなるべくなら上をもってもらいたい」と言われ、結局四年生を任された。その翌年には、前年度にいじめ等の問題が噴出した六年生を引き受け、この学年でも研究発表を経験している。

誠先生は現在、もう一度低学年をもちたいと考えている。「一年生は本当にかわいかったなというイメージ」が強く残っている。一年生の担任が出張した時には、自ら希望して補助に入り、課題を早めに終えて一緒に遊びを楽しんでいるという。しかし「次の学校でもう一、二年生をやらないと、たぶん出来ない」

だろうということも、彼の見通しにはあるのだった。

② 男性性への期待

男性教師が高学年に配置される際には、男性的な振る舞いや役割が期待されている。具体的には、子どもの荒れを管理的に抑えること、暴れる子どもたちを体力や腕力で抑えることなど、体力や迫力を発揮することが求められがちである。

誠先生の高学年への配置のうち、一校目の五年生と三校目の六年生は、前年度に経営がうまくいかなくなった学級や学年であった。ほとんどの男性の研究協力者が、誠先生と同様に、いわゆる荒れた学級や学年の「立て直し」を管理職から依頼され、高学年に配置された経験を有する。そのような配置をとりわけ頻繁に経験しているのは敦先生と圭吾先生である。敦先生は、教師生活の大部分を占める高学年担任の多くにおいて問題への対応が期待されており、その役割に自負も抱いている。圭吾先生が担任した高学年も、前年度の担任が「子どもから総スカン」をくらった六年生、「すさまじい学級崩壊」の後の五年生など、多くが「立て直し」を必要としていた学級や学年だった。

荒れた学級や学年への配置は、もちろん彼らの力量や資質を見込んだものである。敦先生は男子とサッカーを通して関わることができるという強みをもっていた。荒れた学級を最初にもった際に、教室での授業は困難との判断から、毎日校庭や公園に出かけて集団で遊ぶという柔軟な対応で学級を立て直し、管理職や保護者からの信頼を得ている。圭吾先生の場合も荒れた学年への対応において力量を発揮してきた。彼は初任校で、学年ぐるみで平和教育の実践を試みることによって「どうしようもなく荒れていた子どもたち」が参加できる場を保障した。そしてその後も、授業へと重点を移しながら子どもの危機に向き合い続けてきた。

しかし荒れへの対応の要請が、男性教師の男性性、とりわけ腕力や迫力への期待に基づく事例も少なくない。誠先生は「大変な男の子」が多い高学年を男性教師のみで担任した理由として、男の子たちが「体力的にだんだんと強くなって」くることを挙げた。実際に、取っ組み合いのけんかをする子どもを「ばっと引き剥がす」ために呼ばれたことも何度かあるという。同様の経験をもつ吉江先生は、実際に女性教師ではけんかを止めるのが難しかったと語る。圭吾先生は、「体力的に力のある男」と「ちゃんとした女性の教員」がいれば、荒れた学年もどうにかなると校長から言われた経験をもっていた。ある研究協力者は、高学年に男性を配置する際に、「迫力と腕力で（子どもを）抑えよう」とする意図があると批判している。荒れた学級や学年の「立て直し」を男性教師に要請する背景には、学校経営を管理と統制によって進めようとする志向が垣間見える。

荒れた学年の「立て直し」への期待は、男性教師が配置されにくい低学年への配置を可能にする場合もある。真一先生の初めての二年生は、前年度に荒れて「持ち手のいない大変なクラス」であった。他にも前の担任が投げ出したり、不登校が多発して担任が病気になったりした二年生の学級を担任している。自ら一年生を希望した時にも、校長と話し合い、問題児童を多く含む「一番難しい」学級を引き受けた。直人先生と勇治先生の二年生への配置も、多くが一年次に「暴れた」学年や、「ややこしかった」学級だったという。亘先生が低学年を希望して配置されたのも、前年度に担任が病気休職し、代替の講師も困難を抱えた学級だった。子どもの荒れへの対応は、一方では高学年への重点的な配置を、他方では低学年への例外的な配置を導いているといえよう[1]。

なお高学年への配置には、荒れへの対応とは異なる男性性への要請も存在する。誠先生の三校目の学校のように、男性教師が少ないケースでは、彼らは高学年に配置されがちである。多くの研究協力者が、その理由として就寝や入浴時に男女別行動となる宿泊行事の存在をあげた。ただし少ない男性をどう配置するかは管理職の判断によって異なる。直人先生は、セキュリティ面から校舎の各階に「一人ぐらいずつ男の先生を置いておきたい管理職の思惑」によって二年生に配置された経験をもつ。また直人先生は、低学年に男性教師が必要とされるもう一つの理由として、生活科における「力仕事」をあげた。彼自身、父親たちとともに飼育小屋を作る活動を経験している。

③ 女性への配慮と男性の多忙化

男性教師が高学年に配置されるのは、家庭責任を担う女性教師への配慮の結果でもある。学年配置では家事や育児を抱える女性教師の希望が優先される。彼女たちは相対的に仕事量の少ない低学年を望み、行事や対外的な研究発表などを中心的に担う多忙な高学年を避ける。その結果、誠先生がそうであったように、男性教師は低学年担任を希望しても叶わず高学年に配置されることが多くなる。荒れへの対応が男性教師を高学年に配置する主な理由であるとするならば、男性教師を低学年の担任から遠ざける主な要因は、女性教師の希望が低学年に集中することにある。

圭吾先生は学年配置を職員会議で決めた経験を有するが、そこでは「産休明けの先生はたいがい低学年」という慣習が存在していたという。低学年は授業時数が少なく「午後いつでも帰れる」ため、保育園まで授乳のために往復することも不可能ではなかった。博先生のキャリアからも、家庭責任が低学年への希望と結びつくことが窺える。彼は遠距離への転勤と二人の子どもの保育園通いが重なったときに、早く帰って子どもを迎えに行ける低学年担任を希望した。女性教師の方が男性教師よりも家事や育児に時間を割いている現状を鑑みるならば、学校と家庭の仕事を両立させるために低学年への配置を希望する女性が多いのは当然だろう［山﨑 2002：239-241］。

高学年、とくに六年生担任の多忙は多くの研究協力者が語るところである。授業時数の多さ以上に行事の多さが多忙をもたらす。連合運動会や連合音楽会、修学旅行、卒業式があり、対外的な研究発表会においても高学年の授業が多く公開される。さらに高学年担任は、学校の中心となる学年を作り上げる役割を担うことによって多忙化している。新採で高学年を担当した亘先生は、六年生が「学校を運営するにあたっての中心」となるため、さまざまな準備や時間が必要で「苦しかった」と語る。それゆえ校長から引き続き高学年担当を打診された時に、「体力的に続けては辛い」と低学年を希望した。真一先生もまた、高学年担任の負担の大きさとして「行事なんかも彼らが中心となって低学年を引っ張っていく」こと、すなわち五、六年生の児童が学校を代表する「学校の顔」である点を指摘する。

荒れへの対応は、多忙のもう一つの要因となっている。誠先生は荒れた高学年をもった時、掃除の時間には子どもがほうきを振り回さないよう見回り、放課後には問題を起こした児童の保護者への電話や家庭訪問を行うなど、問題行動への対応に忙殺されたという。敦先生は、高学年の荒れは校内だけでは収拾しないこと、家庭や地域に持ち込まれ警察沙汰も起こりうることから、低学年に比べて対応が大変になりがちであると語った。

④ 多忙と激務を超えて

多忙を避けるための配慮を受けることは必ずしも女性教師の特権ではない。小学校では希望すれば性別に関わらず家庭責任を負うための配慮を受けられる風土がある程度存在している。実際に、真一先生や博先生は、自身の子どもが幼い時期に低学年や専科への希望通りの配置が実現していた。しかしながら、女性が家庭責任の多くを担う現状では、多忙を緩和する配慮は主に女性に対してなされ、多くの男性教師は家事育児とは両立しえないほどの多忙を余儀なくされる。同時に、男性教師たちが多忙ではあるけれども「学校の顔」である高学年の担任として重要な役割を担う半面で、低学年担任の女性教師たちが周辺に位置づけられるという問題が生じている。酒井朗によれば、「お母さん先生」と呼ばれる既婚女性教師は、勤務時間が短いことによって周辺的地位に置かれ、そのことに「申し訳ない」という気持ちを抱いているという［酒井 1998］。

このような性差別の問題を解決するには、学年配置の不均衡や、高学年と低学年の非対称な関係を生み出している小学校の慣行を見直すことが必要になるだろう。たとえば真一先生は、専科教員を希望して担当した際に、「学級担任は圧倒的に大変」で「申し訳ないので専科ができることを」との思いから、卒業式委員会長や学芸会の実行委員長などの仕事を引き受けている。彼の経験は、高学年の仕事を分散させ、過度な負担を教師全体で分担する可能性を示唆している。

低学年への配置の経験

男性教師の低学年担任の経験は、小学校教育において高学年担任の仕事と低学年担任の仕事が非対称であることを浮き彫りにしている。高学年の担任が多忙を伴いつつも中核的な役割を担い脚光を浴びているとするならば、低学年の担任の役割はその陰に隠れているように見える。その様相は低学年を多く担当した博先生の経験に見出すことができる。

① 博先生のキャリアから

博先生は新採で五年生担任となる。荒れて持ち手のない学年の「立て直し」を期待されての配置だったが、授業も学級運営もなかなかうまくいかなかった。理想の教育を模索する中で取り組み始めたのが仮説実験授業だった。彼はその実践を通して子どもとの関係が「非常にいい」ものになったとの手ごたえを得る。続いて担任した一年生や二、四年生でも仮説実験授業を行った。「(教科書から) はみ出たことをやっちゃいけない」と校長に度々指導されたが、「子どもたちが喜んでいて、賢くなっている」との感触を支えに自らの実践を貫いた。

学校を異動した博先生は三年生に配置される。高学年を担任して「仮説実験授業の難しい授業書」を実践したいと考えていたため、少々がっかりしたという。彼はこの学校で校内研究の改革を進める。それは学校全体で一つの教科に取り組む方式を、個々の教師が自らの関心に即してテーマを設定する方式に転換させるというものであった。対外的な発表を中心とする研究に対して、教師個人にとっての意義を重視した研究のあり方を提示したといえる。しかし、その改革は校長の意に添うものではなく、彼は校長との確執に悩まされることとなる。仮説実験授業の実践は「指導要領を逸脱している」と問題にされた。翌年、一年生に配置された博先生は、この配置を「学校に対して影響力の少ない、そういう閉ざされた空間に押し込むような」ものだと感じた。仮説実験授業の妨害のために、理科のない一年生に配置したのかもしれないとも考えた。

低学年への配置は繰り返された。不本意な配置ではあったが、博先生は、低学年を繰り返し担任するうちにその面白さを感じ実践に自信をもつようになる。一年生で「ぐちゃぐちゃ」になった学級を任された時には、仮説実験授業に尽力するかたわら学級運営の方法にも工夫を凝らし、喧嘩ばかりしていた子どもたちが「クラス替えしたくない」と言いだすまでに落ち着いた。低学年の子どもたちが高学年向けと思われるような難易度の高い教材に取り組むことができるという発見もあった。実践の成功は彼の自負と周囲からの信頼を生んだ。この二校目の学校で何度も低学年に配置された経験を、「気に食わないけど、一年生にしておいてもうまくやってくれる人だという感じはあるんじゃないかな」と、博先生は一面では肯定的に捉えている。

博先生は三校目の学校に異動する際、初めて自らの希望で一年生を受けもった。自身の子どもが保育園に通っていたため、早く帰りたい、宿泊行事も避けたいとの思いからだった。この学校で彼は校長との良好な関係に恵まれる。保護者から誤解され批判を受けた時も、管理職とともに臨時保護者会を開いて解決した。校長から「もってほしい子がいる」と困難を抱えた子どもを含む一年生の担任を依頼された際には、それを「意気に感じ」、実際に子どもとの関係をうまく築き上げた。周囲の同僚からも信頼を得た。現在は持ち上がりで二年生を担任し、仮説実験授業の実践を楽しんでいる。

② シャドウ・ワークとしての低学年担任

博先生の二校目での経験は、低学年担任が周辺化される状況を映し出す。校長と対立した博先生は、高学年担任を希望したにもかかわらず低学年に配置された。その経験は学校への影響が少ない「閉ざされた空間」への「押し込め」として感受されている。高学年児童は「学校の代表」であり、高学年担任も「学校の顔」であるがゆえに、管理職には高学年に「従順な人を配置したい」という感覚や、管理職の方針に反対する教師は低学年に配置した方が「学校全体として…やりいい」という感覚があるのではないかと彼はいう。

学校運営のビジョンが管理職と一致していたがゆえに高学年に配置された研究協力者がいることは、同じ構造を逆側から照射する。敦先生は中堅として活躍していた頃、新任当時に世話になった校長から声がかかり、学校を異動して五年生の担任となった。「校長が考えているような卒業式」を二年がかりで実現するための配置だった。彼は同僚と議論を重ね、形を変えた卒業式で六年生を送り出し、その定着のために再度六年生を担任している。次の学校に異動した際にも、敦先生は卒業式の改革と体育の研究の充実を期待され、最初から六年生に配置される。こうした配置の裏側には、校長の間で敦先生を管理職にするとの合意があったという。管理職へのキャリアのゲートキーパーが校長であること（4章）に鑑みるならば、ここには高学年を繰り返し担任することが管理職へと連続していくキャリアコースの存在を指摘できよう。その意味では、低学年を担任することは、小学校における昇進ルートとは遠い位置にあるということもできる。

高学年担任を学校の中心に置き、それに伴って無意識のうちに低学年担任を陰とするまなざしは管理職だけのものではない。圭吾先生によれば、職員会議で学年配置を決めていた一九七〇年代当時、今なら処分の対象になるような「M（問題）教員」、すなわちアルコール中毒やセクシャル・ハラスメントの前歴がある教師などは、「高学年ではだめだ」ということで「校長と一対一で誓約書を取って、それで低学年をもってもらう」ことになっていたという。このエピソードは「学校の顔」となる高学年の教育が学校運営の中核として重視される半面で、低学年教育がシャドウ・ワークへと転落しかねないことを示唆している。低学年教育が高学年の陰として位置づけられることは、その担任の多数を占める女性教師や、例外的に配置される一部の男性教師の実践の価値が軽視される危険を孕んでいる。

③ シャドウ・ワークを超えて

低学年を担任した男性教師の仕事は、小学校教育の中核から外れたものなのだろうか。当然のことながら、低学年担任を繰り返してきた男性教師の語りは、低学年担任の仕事が高学年担任の仕事に従属するようなものではないことを伝えている。博先生の経験において、当初「閉ざされた空間」だった低学年教育の場は、次第に積極的な意義を見出しうるものへとなっていた。低学年担任はさまざまなことを制限される場所ではなくなり、自ら一年生担任を希望するまでに心境は変化している。

博先生が低学年教育の意義を肯定的に読み替えることができた理由の一つに、彼が不本意ながらも低学年を繰り返し担任し、低学年教育を引き受ける状況に置かれたことが挙げられるだろう。博先生と同様に低学年担任を繰り返してきた研究協力者たちも、低学年ならではの実践の意義をそれぞれ見出している。たとえば直人先生は低学年の子どもの保護者に丁寧に成果を伝える必要性に気づき、壁にも天井にも作品の溢れた「ジャングル」のような教室空間を構成してきた。演劇教育に取り組んできた真一先生は、「率直に体がほどけていくというか、開かれていく」低学年の子どもたちに、高学年とは異なる授業展開の可能性を捉えている（詳しくは2章で論じる）。

しかし、男性教師は低学年担任をほとんど経験できずにキャリアを重ね、そのまま管理職へと進む場合も少なくない。学校経営を担う管理職が、そのキャリア形成の過程において、低学年教育独自の意義を感得する十分な機会を与えられていないことも多い。このことが、小学校の従来の高学年と低学年の構造を固着させ再生産する要因の一つであると考えられる。

孝弘先生の経験は、従来の高学年と低学年の関係を構造的に変革する可能性を示唆するものとして興味深い。彼はA小学校で低学年を数年間担任した後に教務主任となり、後に教頭に登用された。同校においては高学年担任を繰り返すことと管理職ルートとが必ずしも連動していなかったことがわかる。このような学年配置の特徴は、A小学校が長期的に取り組んできた学校改革のあり方と深く関係している。同校では研究を通して教育の充実を図ってきたが、それは対外的な研究発表としてではなく、校内研究によって日常的な子どもの問題を共有することに力点を置いていた。一般に対外的な研究発表の場においては、高度な内容や優れた授業展開を期待できる高学年に光が当たりやすいが、A小学校では全学年全教室の公開を基本としている。さらに養護教諭まで含めたすべての教師が対等に意見を交換し合うという校内研究会の進め方も、従来と異なる学年間の関係を可能にしている。孝弘先生はA小学校の学年配置について、「何年生（の担任）というのはほとんど関係ない。…次は何年生、次は何年生と思っている人はたぶん一人もいないんじゃないかな」と語った。学年配置をめぐる慣行を見直し、すべての教室の日々の実践を等しく評価し光を当てる学校へと転換することで、男性教師や女性教師の力量はこれまでより豊かな多様性をもって発揮されるのではないか。

4 女性教師の経験

次に女性の研究協力者の学年配置の経験を検討する。研究協力者の多くは、学年配置の経験を通して、低学年型のキャリアを形成するものと高学年型のキャリアを形成するものに分かれていた。[2] 沙織先生はこのような状況を「すみ分け」と表現し、一般的なキャリアの様態として表現している。学年配置は、女性教師における「低学年型」と「高学年型」のキャリアの分岐にどのように関わっているのだろうか。またそのことには、どのようなジェンダーの問題が内包されているのだろうか。高学年と低学年への配置の経験を、研究協力者の歩みに即して検討しよう。

高学年への配置の経験

男性教師の経験から見えたように、女性教師は自らの希望や周囲からの配慮によって低学年に配置されることが多い。しかしながら高学年担任を多く経験している女性教師もいる。彼女たちは、男性教師のように低学年を一度しか経験していないということはなかったものの、立て直しを期待され繰り返し高学年に配置されていた。優子先生の経験をみてみよう。

① 優子先生のキャリアから

優子先生の教職生活は、二学期途中から六年生を担任するという変則的な始まり方をした。前の担任が病気で倒れたという事情による。学校は新採の女性教師を六年生の担任にすることに不安を感じていたが、学年団を組む若手の二人の男性教師に支えられて六年生を無事に卒業させた。続いて、学年主任から誘われたこと、自分のクラスを作って卒業させたいという思いがあったことから、再び五、六年生を担任する。しかしこの時には、六年生の途中で隣のクラスが崩壊したことで学年全体が崩れ、最後まで立て直せずに卒業させてしまった。疲れた優子先生は、「ちょっと高学年はお休みしよう」という思いもあって「低学年をやってみたいです」と希望し、翌年は二年生の担任になる。そこで一緒に組んだ女性の先生から、掃除の仕方、班活動の仕方、子どもの動かし方などを教わった。

次の学校では、「大変な子たち」という噂のある五年生の担任になった。優子先生は「一番動きやすい」のが自分だったからではないかと振り返っている。この学校は単学級で、三年生は前年クラスが荒れたという女性の先生、四年生は定年間際の先生、結婚したばかりの女性の先生は子どもが欲しいという理由で二年生担任だった。確かに大変な子どもたちも多かったが、みんなで話し合いながら授業を進めていくスタイルと自由な授業づくりを楽しみながら、六年に持ち上がって卒業させた。翌年は、さきちゃんという特別な支援が必要な子を担任してみないかと言われ、子どもたちの力を借りながら四年生を担任した。これも「結婚していない二十代で、割とゆとりがありそう」と判断されての配置だったのではないかと考えている。

三校めの異動先は、住まいから遠く、地元では有名な「余裕のある」小学校だった。ここで自分以外に高学年を担任する人がいたことと、遠距離通勤が考慮されたことで、初めて三年生の担任となる。翌年は持ち上がりで四年生を担任した。続けて五、六年生には持ち上がれないため、低学年を担任する。ここで「優子さんが合うと思う」と管理職に言われ、自閉症児を担任した。

次の異動先では五、六年生の算数のＴＴ（チーム・ティーチング）担当となった。この年はＴＴの始まった年だった。専科の教員のように授業研究ができたことは大きな経験となった。管理職からは、「高学年を担当できる教師」と認められたようで、続けて五、六年生の担任となる。その後は「ちょっとほっとさせてください」と言って低学年を希望し、二年生の担任となった。このクラスを一年生で担任していたのは、「学問的な力はあるが低学年の指導があまり上手くない」男性教師だった。給食当番のルールや教室での細かなルールが守れない「ぐちゃぐちゃした」クラスで、立て直しを期待されての配置だった。次の年は、四年生で「大変になってしまった子どもたち」の五年生担任になる。これもまた立て直しである。翌年は六年へともち上がる予定だったが、五年生の学年団に女性がいないという理由で、もう一度五年生の担任となって翌年は六年にもち上がった。

次の異動先の学校は統廃合したばかりの学校だった。事前に「六年生の担任は無理です」と伝えたにもかかわらず六年生の担任だった。この学校では、子どもや親の対立関係もあって問題が多発した。一学期を終えた頃には、教師として続けていく自信がなくなり、「どん底になって、もう辞めよう」と思った。しかし、その時に出会った本やカウンセリングをともに学ぶ仲間に支えられ、なんとか頑張ることができた。翌年は一年生を担当し、協同の学びに取り組んだ。しかし、同僚が突然仕事を辞めたり、学校に来られなくなったりすることが相次ぎ、これでは自分も同僚も「持たない」と思い、二年で異動することを決める。

次の学校も、いきなり六年生担任からスタートする。「前の五年生で抑え込まれていた、何か言っても子どもたちから声が返ってこないクラス」だった。発言が多くなるような授業やゲームや遊びを取り入れるなかで、子どもたちが元気になった。翌年は五年生の担任になる。もち上がりの六年生では、児童数の増加によりクラスが二つに分かれた。その一方を担任したことで、子どもたちが「お母さんを取られたみたいな感じ」になり一時期荒れたものの、全員を無事に卒業させた。その後は低学年の担任が続いている。折り合いの悪かった校長が、優子先生が高学年をもつことを「嫌がった」からである。この低学年への配置を、優子先生は、大きな行事や外に出る機会が多い高学年には気に入らない人を置きたくないという管理職の思いの表れとして捉えている。校長の異動後は高学年を担任した。

優子先生は、最初に六年生を担任したことが、その後のキャリアに影響を与えているのではないかという。「高学年で相当な崩れ方をしない限り、高学年の経験があるというだけで、異動先でいきなりの高学年担任がある」のだと語っていた。

② 家庭責任の軽重

高学年に頻繁に配置される女性教師には、「動ける教員」とみなされたという共通点がある。雅代先生は優子先生と同様に育児や介護を経験しておらず、綾子先生は実母と同居している。相対的に家庭責任の負担が軽いといえるだろう。男性教師が、家庭責任を負う女性教師への配慮の裏返しとして多忙な高学年を多く担任していたのと同様に、家庭責任の軽さによって「動ける教員」と見なされた女性教師もまた高学年に配置されることが多い。「動ける教員」は高学年やもち手のないクラスなど「都合のいいところにあてはめられてしまう」との語りも見られた。女性教師においては、既婚か独身か、子どもがいるかどうかが、高学年型のキャリアを歩むかどうかに影響している。

③ 立て直しへの期待

女性教師が高学年を担任するときには、管理職などによって、高学年を担任できる教師であるとみなされていることが多い。彼女らのほとんどが、自分の希望というよりも、管理職の判断や教師集団のバランスなどによって、高学年に配置されている。

優子先生の場合、まずは「動ける」ことによって高学年を担任している。その中で「立て直し」ができるとみなされることが、さらなる高学年への配置に結びついている。綾子先生、寛子先生、雅代先生もまた荒れたクラスを立て直した実績をもち、以後キャリアを通じて「立て直し要員」としての役割を担っている。雅代先生は、教職一〇年目にもった学年の他クラスで学級崩壊が起き、翌年、その中心となった子どもたちを自分のクラスで引き受け立て直した。それ以来、「立て直し要員」として持ち手のない中・高学年を頻繁に担当するようになったという。綾子先生も荒れている高学年を任されることが多く、管理職に就くまでの二〇年のうち一二年間は高学年を担任してきた。

高学年の担任を引き受けるには、体力や自信や意志が必要とされる。対外的な行事が多く責任が重いうえに、子どもたちの状況も難しく、多忙を極めるからである。優子先生は、困難な高学年を担当したあとには、「高学年はお休みしよう」「ちょっとほっとさせてください」との思いから低学年を希望していた。

寛子先生は「一度体を壊すと（高学年を担当する）自信が無くなりますよね」と語る。同様の指摘は多くの研究協力者から聞かれた。しばしばたて直しや多忙を強いられる高学年を繰り返すことによって、心身に不調をきたす教師も少なくなかった。高学年担任の過重な負担と責任が分散されない限り、高学年を多く担う教師の心身の消耗が続くだろう。

④ 初期の偶発的な配置

高学年に多く配置される女性教師は、共通して、新任期において多分に偶発的に高学年を担任している。優子先生の教職のキャリアが六年生担任から始まっているのは、前任の教師が倒れたからである。そのまま三年間高学年をもった優子先生は、以後異動する先々で高学年に配置されることとなった。どの学校でも五、六年生は在任教師から敬遠されがちであるため、「前の学校で五年生、六年生をやっていると、だいたい行った学校で五年生や六年生」を任されるのだという。新任期に高学年をもち、以後も高学年担任が多い綾子先生や雅代先生も同様の経験を有していた。このような偶発的な新任期の配置も、高学年あるいは低学年への不均等な配置を導いている。

低学年への配置の経験

教職生活を通じて低学年を多く担当する女性教師たちのキャリア形成の様相は一人ひとり異なっており、その多様性こそが低学年型キャリアの特徴ともいえよう。家庭責任との両立を大きな理由として低学年に多く配置されてきた絵里先生の経験をみてみよう。

① 絵里先生のキャリアから

絵里先生は、四人の子どもの育児、その後の老親介護も加わって、教職歴のほとんどを低学年および中学年の担任として過ごした。子どもたちを保育園に預けていた期間は一五年間にもおよび、二人の子どもが異なる園に通っていたことも多々あった。しかし絵里先生は、教師だったからこそ四人の子どもを育てることができたと語っている。とりわけ彼女の場合、育児期に勤めていた学校に職員会議で学年配置を決める慣習があったため、彼女自身の希望や同僚たちの配慮によって育児時間の取りやすい低学年をもつことができた。それでもなお、子どもや老親の急な体調不良等によって教室を空けなければならない事態に備え、常に自習用のプリントを準備して切り抜けてきたという。

都会育ちの絵里先生は、「田舎というのを知りたい」という思いから初任校には僻地校を希望した。配属先の子どもたちをめぐる環境は厳しく、保護者間の軋轢や格差が子ども同士の関係にも影響していた。全教員一二名のうち七名が新卒および転任者で「誰も教えてくれない」状況の中、教員住宅で一緒に生活する同僚と自主研修をしたり、民間の教育研究会に参加したりしながら、中学年、低学年の担任を経験した。

二校目は都市部の大規模校であった。職員会議で担任や校務分掌を決める「民主的な学校」で、保護者も協力的であり、「みんなでつくっていく」という雰囲気の学校であった。ここで最初に五、六年生を担任し、「新卒からの六年間で全学年もてた」ことを、絵里先生は「非常によかった」と振り返っている。次に一、二年生を持ち上がりで担任した際に、結婚し長男を出産した。これ以後、低学年を続けて担当していることについては、「やっぱり子育てのときは低学年ですよね」「小さい子がいる人が高学年をもつことは、まずなかったですね。どうしてかというと宿泊があるじゃないですか」と語っている。「自分が言わなくても、あなたはこの方がいいんじゃないの」と配慮されて、職員会議で低学年担当に決まったという。絵里先生はこの学校に一四年間在籍し、四人の子どもを出産した。産休などで休むことについて申し訳ないと言うと、ベテランの女性教師たちが「みんなが順番にしていくんだから、世代を受け継いでいくんだから」と言って支援してくれた。実践面でも同僚から多くのことを学んだ。「大きい学校は学年会ががっちりしていて……足並みをそろえるというのがあって、すごく一緒に研究したり一緒に教わったりしましたね」という。

とはいえ、低学年ばかりを担任していたわけではない。ある年には六年生の持ち手が職員会議で決まらず、「じゃあ私がいくから」と自ら引き受けた。この時自分の子どもたちはまだ小学校に上がる前だった。一クラス四五人という人数の多さゆえに採点が大変だったり、PTAのもめごとがあって気を遣ったりしたが、学級運営や児童とのかかわりという点では、一、二年生の時に担任した子どもたちだったため苦労はなかったという。「五、六は行事が大変というか、時間取られるのは大変ですけどね……下からちゃんと積みあがってきている学校では、五、六はすごく楽です」「一、二年のしつけが一番大事で、次に三、四年で発展して力を付ければ、五、六はもう自由に自分たちで動くから」という語りには、絵里先生の低学年指導と高学年指導に対する思いが表れている。

次に異動した三校目の学校でも低学年、中学年を中心に担当したが、特別に希望したわけではなかった。五年生の担任になったときには、緘黙《かんもく》児がいるクラスで「この子を担任してほしい」と管理職に「交渉された」。この時には育児に加えて、親の介護も必要となり、有給休暇をとらざるをえないことも多かったが、そうした自身の事情も打ち明けて関わっていくうちに、「その子がしゃべるようになったりして、ちょっと心に残っていますね」と振り返っている。育児や介護との両立は大変だが、「子どもが小さいときから、……常に授業が遅れないように、急に休んでも大丈夫なようなものをいつも用意していたんです」「そんな大変なことじゃないですよ」とさらりと語っている。

次の異動の際は、自分の子どもの卒業式への出席を希望していたため、「絶対六年生だけはやめてくださいって言った」にもかかわらず六年生に配置された。五年生で学級崩壊し、持ち手がいないクラスだった。根気よく子どもたちとかかわり、保護者とも面談を重ね、クラスを立て直した。その後は学年団の他の先生のサポート役として担当学年が決まった。クラス運営がうまくいかなかった同僚とは四年間同じ学年を組み、「二クラス一緒にみて」支えた。新卒指導で一年生に入ることもあった。クラスに発達障害の子が複数いたこともあり、障害についての学習に学校全体として取り組み、自身も特別支援教育コーディネーターを兼務している。

最後の異動先でも、持ち手のなかった一年生に配置され、四年間持ち上がった。家庭に複雑な問題を抱える子が複数いるクラスだった。こうした配置に対して、先生は「嫌だといったことはない」という。「必要があれば、それに当たって、救えることは救うし……そういうことをするのがプロだなと思ってきたので」。高学年を担任することが少なかったため、退職前には「最後なので五、六年にいきたかった」が、新卒指導のために三、四年生の担任となった。定年退職後は非常勤講師として引き続き教職に就いているが、「やっぱり担任じゃなくなるとつまらないですね」と語る。今は現職時代あまり担当できなかった高学年で家庭科の授業に力を入れているという。

② 家庭責任との両立

絵里先生が「やっぱり子育てのときは低学年ですよね」と語ったように、家庭責任、なかでも育児や介護を抱えている女性教師は比較的時間に余裕のある低学年を希望することが多い。直美先生は、二人の子どもの育児中は中学年をもつことが多く、老親介護が必要となったキャリアの後半には、管理職に事情を話して低学年への配置を希望した。ただし家庭責任を負う女性教師の低学年への配置は、本人の希望にのみよっているわけではない。絵里先生が低学年を担当したのも、職員会議で学年配置を決めるという稀有な環境があったとはいえ、「自分が言わなくても」周囲の配慮によって配置されていた。佳代先生のように、高学年をもちたいと強く希望したにもかかわらず、「小さいお子さんがいるんだから無理です」と校長に言われ、低学年に配置された例もある。家庭責任を理由とした低学年への配置は、家庭や社会における家父長制の規範を色濃く反映している点でも、多くの女性教師が高学年を担当する経験を失っている点でも差別的な側面をもつ。しかし現状において、育児や介護に従事する女性教師が、配慮を受け低学年に配置されることによって家庭責任と教職を両立し得ているのは確かである。

③ 多様な要因

女性教師たちが低学年担当を繰り返す要因はさまざまである。絵里先生は育児期に低学年を多く担当してきたが、その後子どもたちに手がかからなくなったキャリア後半においても、低学年に配置されることが多かった。その理由は、特別な支援を必要とする子どもがいる、もち手がいない、新卒指導のためなどその時々に応じて異なっていた。

佳代先生は、新採時に二年生に配置されたが、ここには女性を低学年に、男性を高学年に配置する慣習が働いていた。初任校ではこの慣習に管理職との確執が加わり、高学年を担任する機会がなかった。出産・育児を経験し、仕事と家庭の激務から体調不良が続いていた時は、経験のある低学年で休息したいと考え、希望どおりに配置された。しかしその後、自身は高学年をもちたいと希望した時にも、子どもが小さいことを理由に低学年に配置された。佳代先生が低学年を多く担当した背景には、女性を低学年と結びつける慣習、経験のある学年への希望、持ち手のないクラスへの異動直後の配置、育児期の女性教師に対する管理職の配慮といった多様な要因がその都度働いていたことがわかる。

貴子先生の場合、低学年への繰り返しの配置には本人の力量形成への意識が大きく関わっていた。彼女は新採時、女性ばかり九人の同期のなかで一年生を任された。以後、一〇年間で持ち上がりを含めて計七年低学年を担当する。その背景には、同じ学年を繰り返すことで「一年生という学年をマスター」したいという彼女自身の意志があった。貴子先生によれば、同期だったほかの教師たちも、最初期にもった学年を繰り返し担当していたという。やがて低学年での力量を付けた貴子先生は、発達障害を抱えた子どもが入学してくる際に一年生をもつよう校長に頼まれるまでになった。その後、学校中が荒れに荒れた学校で実践の難しさに直面した際に、「この学校を一年生からつくり直したい」という思いで、数年にわたって低学年の学年主任を担当している。キャリア初期に低学年を繰り返した経験が、学校の危機に際して生かされたのである。

同様にキャリアの初期から低学年に配置されていた和歌子先生や洋子先生は、幼稚園教諭の資格をもつこともあって、自ら低学年に向いていると捉え、繰り返し低学年を担当していた。

繰り返される低学年への配置には、家庭責任を理由とする本人の希望以外に、管理職の意向や判断、個々の教師の経験や実績とそれに基づく管理職からの評価、本人の自信や意欲による希望といった多岐にわたる要因が絡み合って関わっており、その多様性にこそ特徴があるといえよう。

学年配置の政治

女性教師のキャリアは、学年配置の決定に本人の希望が反映されることを通して、本人の意志によって形成される部分がある。しかし一見本人の選択であるかに見える希望は、実は学校や教師間における政治によって規定されてもいる。家庭責任を負う場合、あるいは身体を壊した場合、激務で宿泊行事を伴う高学年はもちづらく、低・中学年を希望せざるをえない。逆に、高学年ばかりをもつ研究協力者たちが担当学年の希望を出さないという現象も、学校の事情を優先せざるをえない政治的な力学から生じている。女性を低学年と結びつけるステレオタイプにも左右されうる。このように、学校の置かれた状況や慣習、さらにそれらを総合する管理職の判断などの諸要因は、一つひとつの学年配置を決定しており、その積み重ねこそが女性教師における高学年型と低学年型のキャリアの分岐を生み出している。

こうした女性教師のキャリアの分岐は、学年担任間に見られる学校内での位置づけや仕事量の不均衡をめぐる問題を示唆する。相対的に時間の余裕がある低学年への配置には、家庭責任を負う女性教師の仕事の継続を可能にするという利点がある。しかし、これを高学年からの疎外として捉えるならば、そこには教師としての力量形成よりも家庭責任を優先せざるをえない女性の状況を指摘できる。他方で、多忙を強いられる高学年を繰り返すことによって、心身に不調をきたす教師は少なくない。問題は高学年の担任への負担の集中にある。過重な負担と責任の数々が軽減され、他の学年へと分散化されない限り、女性教師間のキャリアの分岐と担当学年の固定化、家庭責任を担う教師の高学年担任からの疎外、高学年ばかり担う教師の心身の消耗は続くだろう。

5 学年配置と男女教師のキャリア

ここまで、学年配置の決定要因と、男女教師における学年配置の経験を検討してきた。分析を通して見えてきたのは、男女の教師の経験は学年配置を通して分断されているということだ。各年度の学年配置を男女教師は多様ながらも性別によって特徴づけられたかたちで経験し、その配置の蓄積としてのキャリアもまた、多様ながらも性別によって規定されていた。

そもそも学年配置の決定には、学年配置に関する慣習や、教師自身の希望、特定の学年の荒れや学年の構成メンバーなどその時点での学校の事情、それらを複合的に加味した管理職の判断が影響していた。また、これらの慣習や希望などは、高学年・低学年担任がそれぞれ学校の中で担う仕事や役割、位置づけの違いがあることを前提としていた。高学年担任は対外的な行事で「学校の顔」として動けるよう子どもを育てる役割をもつものとして語られる。授業時数や行事が多いうえ、宿泊を伴う行事もあり多忙である。子どもの荒れ方も、低学年よりも高学年の方が激しいという特徴もある。他方、低学年は、午後の授業が少なく、時間的な余裕があるものとして語られていた。ある教師がある年度にいずれの学年を希望するか、いずれの学年が適任であるかといった判断には、これら高学年・低学年の特徴があわせて考慮されていた。

各年度の学年配置

各年度の学年配置では男性が高学年、女性が低学年に配置されやすい。その理由の一つに、男性を高学年、女性を低学年に割り振るという教員組織の慣習が挙げられる。複数の初任者が赴任した際に、男性がみな高学年に、女性がみな低学年に配置されたというエピソードは、男性が高学年向き、女性が低学年向きという単純なステレオタイプによる配置の慣習が存在することを示している（図1）。ただし多くの教師の毎年度の配置は、こうしたステレオタイプによる直接的な男女の振り分けだけで説明できない。学年配置の大半は、本人の希望と学校の事情との摺り合わせの中で決まり、その結果として男性が主に高学年へ、女性が主に低学年へと配置されている（図2）。

男性教師からは、自身の希望の有無に関わらず、特別な事情がない限りは高学年へと配置され、低学年へは積極的に希望を出した場合にも配置されないという経験が語られた。一方女性教師からは、低学年を希望すればその通りの配置となった経験が語られた。女性教師で高学年に配置されたのは自ら担当学年の希望を出さなかった教師であり、男性と女性とは本人の希望の通り方が全く異なっていることが明らかになった。

多くの男性教師が優先的に高学年に配置される背景には、まず子どもの荒れを抑えることに対する期待が存在することが窺えた。男性教師には、学年が上がって体の大きくなってきた男子児童の激しい荒れを、体を張って抑えうるものというまなざしが向けられていた。男性による低学年への希望はよほどの事情が

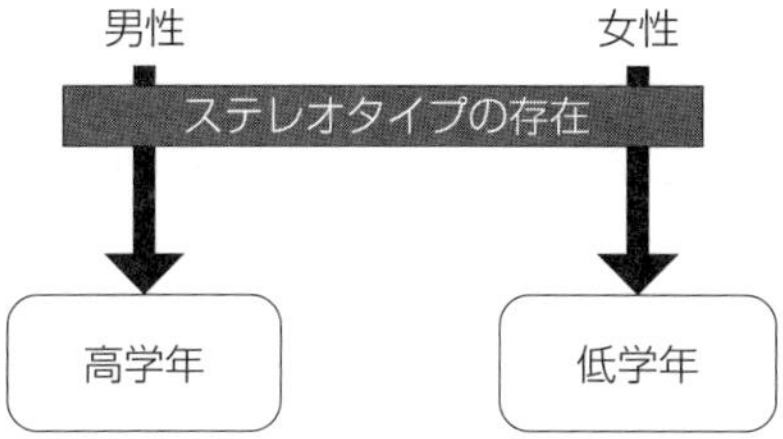

図1　ステレオタイプによる配置

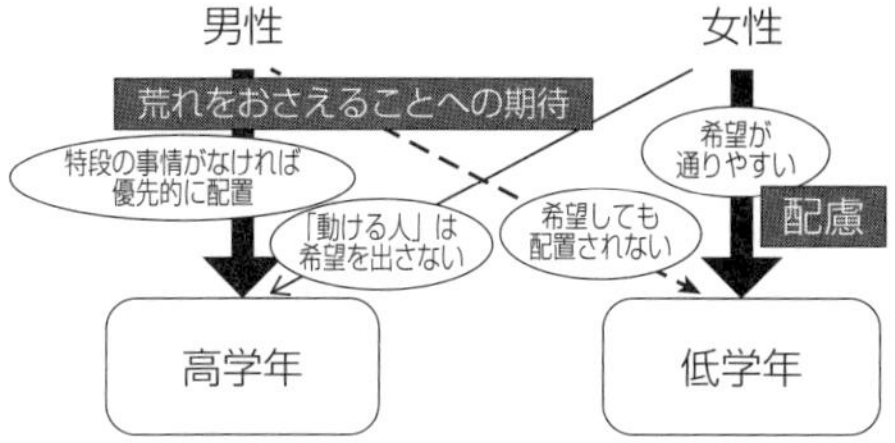

図2　学年配置の実際とその要因

ないと通らない。自分の子どもが生まれるから低学年をもちたいという希望すら全く通らなかったという語りもある。逆に低学年で発生した荒れを抑えるために男性が配置されたケースもあった。既に起こってしまった荒れや、荒れの起こる可能性という学校の課題と男性の配置は切り離せないものと捉えられている。

一方、女性教師は低学年への希望が優先的に叶えられる。女性教師の配置に大きくはたらいていたのは、家庭生活とりわけ育児に対する配慮であった。時間的余裕がある低学年の方が育児と両立しやすいだろうということは、配置の決定権をもつ管理職にも、男女教師にも共通して了解されている。これらの配慮が、家事育児の責任を女性が担うことの多い日本において、彼女たちが教職生活を続けていくことを可能にしているのは間違いない。しかしこの配慮は、本人が望まない場合に強制的に行われることもあった。

こうした「配慮」を受ける女性教師の対極には、「動ける」女性教師の存在があった。独身であったり子どもがいなかったりする女性教師は、あえて自ら配置の希望を出さず、学校の事情による管理職や教員集団の判断に委ね、その結果として高学年をもつという経験をしてきたことを語った。

このように男性と女性の各年度の配置は、本人たちの希望を介しながらも異なるパターンをたどる。男性が高学年へ、女性は「動ける」人を除いて低学年へ、荒れ対応への期待と家庭生活への配慮という要因が、この違いを支えていることが明らかになった。

学年配置パターンの形づくるキャリア

配置は年度ごとに行われるが、配置の影響はその年度のみに留まる一時的なものではない。配置を規定する条件が変化しても、それまで経験してきた学年が以後の配置を方向づけていくことが、多くの語りから明らかになった。

まず、管理職や教員集団が各年度の配置を決定するための材料として、各教師のそれまでの経歴を参考にしていることは明らかである。男性教師のうち特殊な事情のもとで低学年担任をいったん経験した少数の教師が、「低学年をもてる男性」として重宝され繰り返し低学年をもつことになっていたこと、女性教師のうちで「動ける」とみなされた一部の教師が、高学年の荒れの対応に何度も充てられていたことなどは、このことを示している。

さらにそれまでの配置の経験は、本人による希望そのものを左右しうる。「高学年をもてないで何年か来ると、高学年をもつ自信がなくなってくる」と語った女性教師がいたように、その学年をもつ自信は経験によって支えられる。荒れを抑えた経験によって高学年をもつ自信をさらに強めていく教師がいる裏側に、高学年をもつ機会を失い、そこに踏み込む自信を失っていく教師がいる。

毎年の配置が周囲からのまなざしと次の本人の希望を生み出し、各教師のキャリアを異なるものとしていく。男性教師のキャリアは多くの場合高学年型をとり、低学年型は例外的であった。女性教師のキャリアは多くが低学年型であり、一部が高学年型をたどる。低学年型と高学年型のいずれにも分類されなかった女性教師は、担当学年が偏らないよう意図的に動いてきた稀なケースだった。

学年配置という装置

ここまで、学年配置を通して男性教師と女性教師の経験やキャリアが分断していくメカニズムをみてきた。まずは男性教師と女性教師の間に、さらに同性教師の間にも、キャリアの様相について大きな分断が生み出されている。

既に見たように、学年配置の経験において、高学年と低学年とは異なる語られ方をしてきた。高学年担任は学校の「顔」となる学年を作る責任があり、仕事量の多さや時間的拘束、そして深刻な荒れへの対応を求められる激務を伴う。荒れの立て直しのために高学年に繰り返し配置された教師の疲弊は、何度も語りの中に登場した。

他方で、しばしば低学年はそうした激務を免れる場として語られた。多くの女性教師の低学年への希望を通すことは、家庭責任を負う多くの女性教師たちの教職生活を支える重要な配慮である。しかし同時に低学年は、学校の中心的な行事や活動に影響力のない、管理職との対立によって「押し込め」られる場と

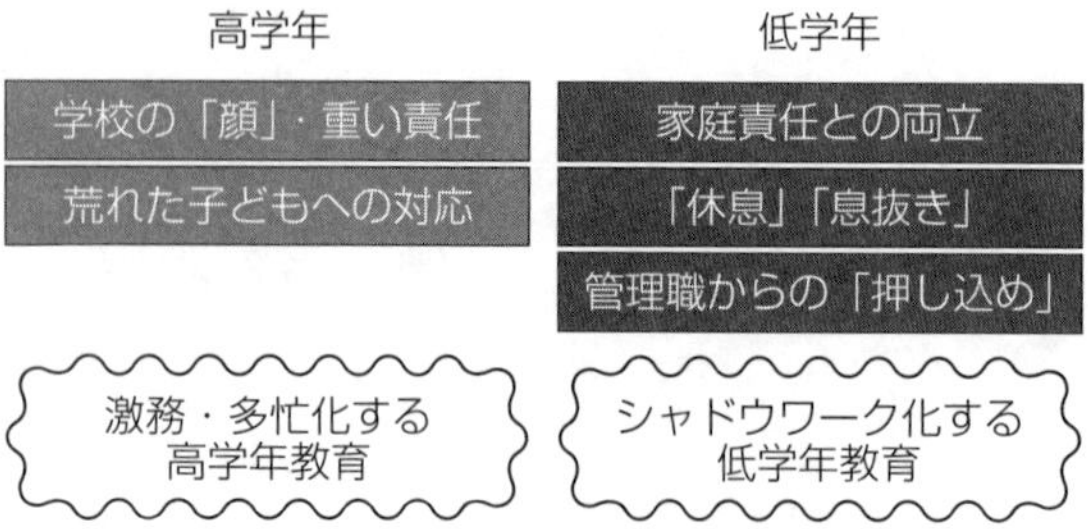

図３　学年配置が生み出す構図

して語られることもあった。

このように高学年、低学年の世界は異なる価値づけを与えられてきたことがわかった。高学年教育については、学校の顔として、また荒れを抑える重い責任を担うことへの期待が多く語られる一方で、学年配置の理由として低学年教育そのものの積極的な価値が語られることは少ない。激務でありながらも華やかな高学年教育の影で、低学年教育はシャドウ・ワークと化している、そのような構図が見えてくる（図３）。

この構図を踏まえるならば、一面では学校の課題としての荒れへの対応、一面では女性教師の家庭責任への配慮の上に成り立っている男女の経験とキャリアの分離は、差別としての側面をもつ。配慮が家事育児を担う女性教師たちの教職生活を支える一方で、学年配置がキャリアの一部にとどまらず長期にわたって影響を及ぼすことで、男性教師と一部の女性教師が自ら家庭責任を負いにくいほどの激務にキャリアを通じて縛りつけられてしまうことは、学年配置という装置が生み出す見えにくい差別の一つである。また、こうした高学年への責任と期待の偏りが、低学年のシャドウ・ワーク化をすすめ、そこにキャリアが方向づけられることによって自信を失う教師を生む可能性もある。

むろん低学年の子どもの教育の中には積極的な価値が存在している。ここからは、男女教師の低学年教育の実践の語りの中から、低学年教育の価値の再評価を試みる。続く2章では男性教師たちの語る世界、3章では女性教師たちの語る世界に即して検討する。

注

1　低学年を多く担任した男性教師は、職歴の長さに関わらず、一九九〇年代末から低学年への配置を多く経験している。これは一九九八年六月にNHKスペシャル「子どもの荒れにどう向き合うか？—広がる学級崩壊—」で教室内を歩き回る一年生の映像が放映され、「学級崩壊」という言葉が広まった時期と重なっている。

2　郁恵先生と沙織先生は、低学年、中学年、高学年をほぼ同じ回数ずつ担任している。沙織先生はどの学年も担任できるように、異なる学年への配置を意識的に希望してきたと語った。

column

世界の女性教師／男性教師②

韓国の女性教師をめぐる状況

韓国の学校における女性

「初等・中等教育（前期）における女性教師比率」［OECD 2014］からも読み取れるように、韓国は「教職の女性化」が進んでいる国の一つであるが、英米や北欧に比べると女性教師の割合は低く、日本よりは高いという特徴を示している。

韓国における女性教師の割合は、一九八〇年には初等学校（日本の小学校に該当）で三六・八％、中学校で三二・八％、高等学校で一七・一％に過ぎなかったが、一九九〇年代において初等学校と中学校の女性教師数が全体の半数を超えるなど大きく拡張してきた（表⑦）。韓国の教育統計によると二〇一四年の全国の初等学校の女性教師の割合は七六・七％、幼稚園から高等学校における女性教師の割合は六九・四％である（表⑧）。管理職の現状を見てみると、初等学校から高等学校における女性管理職は全体管理職教師の二七・五％（六一〇〇人）である。初等学校で三五・八％（四二八〇人）、中学校二四・五％

表⑦　年度別学校種別女性教師の割合（1980年－2012年）

	幼稚園		初等学校		中学校		高等学校	
	女性教師数（人）	（％）	女性教師数（人）	（％）	女性教師数（人）	（％）	女性教師数（人）	（％）
1980	2,846	85.2	43,792	36.8	18,010	32.8	8,779	17.1
1985	8,342	89.9	54,600	43.1	26,808	38.5	14,181	20.4
1990	17,285	93.4	68,604	50.1	41,718	48.5	21,229	22.9
1995	24,315	95.1	76,955	55.6	49,778	49.8	23,660	23.9
2000	27,350	97.6	92,908	66.4	53,292	57.6	31,030	29.7
2005	30,405	98.3	113,751	71.0	64,650	62.3	44,387	38.1
2010	35,827	98.3	132,728	75.1	71,466	65.7	56,055	44.3
2012	41,526	98.3	138,295	76.2	74,737	67.3	62,800	47.3

出典：韓国教育開発院（2012）『2012年教育統計分析資料集』より筆者作成。

表⑧　幼稚園から高等学校までの女性教師の割合」（2014年）

	全体教師	女性教師	女性教師の割合（%）
幼稚園	48,530	47,599	98.1
初等学校	182,672	140,176	76.7
中学校	113,349	77,008	67.9
高等学校	124,046	60,648	48.9
合計	468,579	325,431	69.4

出典：韓国教育開発院（2014）『2014年教育統計』より筆者作成。

で（一三八一人）、高等学校では九・六％（四三九人）である。

女性管理職の割合は、過去三〇年間持続的に増加してきたが、全体の男女比から考えれば、それほど高い数値とはいえない。しかし、初等学校を中心に、大幅な改善が見られているのも事実である。現在初等学校においては校長の予備軍である女性教頭が四〇％に上っており、今後初等学校の校長数はさらに増えていくと考えられている。一方、教師養成系大学においても、女性が占める割合が高い（表⑨）。社会科教育、理科教育、工学系関連教育、芸術・体育教育を除けば、女性学生が在籍人数の半数以上を占めており、とくに幼児教育や初等教育における女性学生が占める割合が高い。初等学校の教師養成を行う教育大学においては男子学生数を確保するため、ほとんどの教育大学において入学定員の一定比率の男子学生を選抜する割当制度を採用している。二〇一四年現在、教育大学の女性学生の割合は六七・七％である［韓国教育開発院 2014］。

表⑨　全国の総合大学師範学部における女性学生の割合（2014年）

区分	学科	女性学生の割合（%）
教育一般	教育学科	63.0
幼児教育	幼児教育学科	94.6
特殊教育	特殊教育学科	64.8
初等教育	初等教育学科	74.1
中等教育	言語教育	57.3
	人文教育	54.6
	社会教育	43.8
	工学教育	25.0
	理科系教育	44.6
	芸術・体育教育	33.5

出典：表⑧に同じ。

教職の女性化をめぐる近年の動向

ところで近年、韓国の教職をめぐる興味深い動向がある。韓国職業能力開発院が実施した「二〇一四年学校進路教育実態調査」によると、男女中高生と女子初等学生が希望する職業の第一位が教師であった［国民日報 2015］。教職は「女性にやさしい勤務環境＝比較的少ない努力で安定的な職が保障される」という社会的に共有されてきた認識があり、近年では就職難など不安定な社会情勢と相まって、女性に限らず男女の子どもとその親にその安定性を理由に「理想的な職業」と捉えられている現実がある。実際韓国で女性教師は他の職種より退職率が低く、安定的に勤務できる職業の一つである。一九八〇年には初等学校で三・三%、中学校八・五%、高校一六・二%を示していたが、女性の社会進出の活性化と一九八八年から実施された育児休職制度などの影響で徐々に減少し、二〇〇九年の退職率は初等学校一・二%、中学校一・一%、高等学校〇・九%にとどまっている［韓国教育開発院 2009］。

しかしこのような教職の人気とは裏腹に、子どもたちの教師への尊敬度は低い。二〇一三年に発表された教師に関する国際比較調査の結果によると、「教師を尊敬しているか」という子どもへの質問に対して、韓国の子どもたちの一一%だけが肯定的な答えを示した。世界平均は二六%であった［Varkey Gems Foundation 2013］。

将来教職を志望する子どもたちと彼、彼女らを取り巻く人々の「教職の魅力」に対するまなざしが「少ない努力で生涯安定が保証される職業」というイメージに偏っている現実からは、教職における公共性と専門性の高さに対する理解がより促進されるべき必要性が浮かび上がってくる。

（申　智媛）

引用・参考文献

韓国教育開発院（2009）『２００９年教育統計分析資料集』

韓国教育開発院（2012）『２０１２年教育統計分析資料集』

韓国教育開発院（2014）『２０１４年教育統計』

国民日報（2015）「教師が初・中・高校生の夢の職場？暗鬱な就職市場を代弁」（二〇一五年二月二二日付）

Varkey Gems Foundation (2013) Global Teacher Status Index.

column

世界の女性教師／男性教師③

中国小学校段階における教職の女性職業化傾向

女性教員の増加

近年、中国の各段階の学校で、女性教員の増加傾向が一段と顕著になっている。中国の中央教育機関の教育部（日本の文部科学省相当）の統計によると、小学校の女性教員の教員全体に占める比率は二〇〇〇年の五〇・六％から二〇一三年の六〇・二％までに上昇している。中学校でも二〇〇三年の四五・三％から二〇一三年の五一・七％までに上昇し、高校は二〇〇三年の四〇・二％から二〇一三年の四九・八％までに上昇している。さらに、大学において、二〇〇〇年の三八・二％から二〇一三年の四七・七％までに上昇している（表⑩）。

さらに、中国各地の教員採用の性別構成に関する調査結果では、新規採用の教員は圧倒的に女性が多いことが明らかになっている。たとえば、四川省広安市の新規採用教員では、男性の占める比率が低下し続けている。新規採用の男性教員が占める比率が二〇一一年は三〇％、二〇一二年は二七％、二〇一三年は二四％と大幅に減少している。［甘毅・王勝東・楊会凱・胡尚琴 2014］

表⑩　各段階学校における女性教員比率（%）

年	小学校	中学校	高校	大学
2000	50.6	—	—	38.2
2001	52.2	—	—	39.6
2003	53.6	45.3	40.2	41.7
2006	55.2	47.0	44.2	44.2
2007	55.7	47.5	45.2	45.1
2008	56.4	48.2	46.1	45.6
2009	57.1	48.8	46.9	46.0
2010	58.0	49.5	47.7	46.5
2011	58.7	50.1	48.4	46.9
2012	59.6	50.9	49.1	47.3
2013	60.2	51.7	49.8	47.7

出典：『中国教育統計年鑑』より筆者作成。

女性教員に関する研究

小学校で、女性教員の教員全体に占める比率が六〇％を超える状況について、中国において問題視する声が強まり、また多くの研究者がその原因について盛んに研究を行っている。

小学校の女性教員数の急激な上昇の原因として、主に社会文化的な要因および教員収入の低さが指摘されている。中国では、伝統的に小学校の教員はより女性に相応しい職業であるというイメージが強いのである。それに加えて、小学校の教員の収入が公務員などと比べて少なく、家庭の経済を支えるには不十分なため、男性には不向きであると考えられている。

しかし、近年中国の教師の収入は大幅に改善され、社会的地位が上昇している。それでも教職の男性離れの進行に歯止めがかからないのは、社会文化的な要因と経済的要因以外に、教員採用試験における男性の競争力の不足が重要な原因であるとの指摘もある。中国の学校において、女子生徒の成績は男子生徒より優秀であり、大学進学においても有利である。この教育機会の構造的な要因が教員の性別構成に大きな影響を与えていると考えられる。とくに、国語、英語、音楽、美術などの科目において、女性のパフォーマンスが男性よりはるかに良いという現象がよく見られる。そのことによって男性にとって、小学校への就職口が狭くなっている。

都市部における教職の女性化と地域格差

小学校の教職の女性化傾向が指摘されている一方で、各省の統計を分析すると、異なる構図が見られる（表⑪）。北京市、上海市などの大都市部では、小学校教員の女性の比率が八割程度に達し、ほぼ独占状態になって

表⑪　2013年中国地域間の女性教員の比率（%）

	小学校	中学校	高校
全国	60.7	51.7	49.8
北京市	79.7	74.9	70.6
上海市	80.6	72.2	64.5
天津市	72.3	66.7	68.3
貴州省	48.1	38.9	42.3
甘粛省	47.4	40.9	37.9
安徽省	46.7	36.9	37.1

出典：『中国教育統計年鑑』より筆者作成。

いる。それに対して、安徽省、甘粛省、貴州省などの内陸の省においては、女性教師の比率がまだ五割以下である。この現象は中国の地域間の経済発展の格差が小学校教員の女性化に大きく影響していることを示している。

安定した職業としての小学校の教員は、都市部の女性にとって魅力的な職業である一方、経済的に後発的な地域においては、男性にとっても魅力のある職業である。今後このような地域間の格差の変化が、小学校教員の女性化にどのような影響を与えるのかが、重要な視点となる。

なお小学校の女性化は、中国の各段階の学校において女性の占める比率が増加している現象の一部でもある。この問題が教育全体に与える影響について、より全面的な検証が求められている。しかし、現時点では、この問題が教育実践に与える影響についての実証研究が必ずしも十分でなく、女性教員の視点も欠けている。

また、政府の政策の面でも、指針が示されていない。各教育段階の教職への女性の全面的な進出の中、小学校の女性独占化現象が、中国の教員養成および採用政策にいかなる影響をもたらしていくのか、興味深い問題である。

（張　建）

引用・参考文献

甘毅・王勝東・楊会凱・胡尚琴（2014）『新教師性別比例失衡現象研究』経済研究導刊　第三期

2章 トレーニングを超えて
——男性教師の低学年教育の経験——

1 はじめに

2章では、男性教師の経験に焦点をあてて、低学年教育におけるジェンダーの問題を検討する。ジェンダーの問題といえば、日本においては女性教師が研究対象とされるのが常であり、男性教師がジェンダーをめぐる問題の主体として議論されること自体がほとんどない。しかし海外の研究に目を転じると、教職の女性化が進むなかで、男性教師の少なさに着目した研究や「男らしさ」をめぐる研究において、男性教師がジェンダー問題の主体として扱われている。また、近年、学力調査の結果において女子生徒が男子生徒よりも成績が優位であるという男女格差の存在や[1]、OECD諸国のほとんどの国で、高等教育の進学率において女性が男性を上回るという事実から[2]、男子児童・生徒と男性教師におけるジェンダー問題が浮上している。また圧倒的に女性化が進む初等教育段階の教師文化研究は、単に男性教師の人数が少ないことを問題にするだけではなく、「ピンク・カラー」の仕事、すなわち、これまで女性職として位置づけられていた領域への男性教師の参入の経験や、教師教育プログラムの女性化とそれに伴う男性の教職志願者の困難が検討され、教師文化や学校文化を改めて問う視座を提供している。

海外では教職における男性教師の問題を扱った研究が蓄積され、男性教師研究が教師文化研究においてジェンダー問題を扱う際のひとつの領域を形成している。そのことをふまえ、本章では日本の小学校の文脈における男性教師の経験の検討を試みる。まず2節で、男性教師研究として何が議論されてきたのか、主に海外の研究を参照しながら理論的な枠組みを検討する。そのうえで、3節以降で、小学校の男性教師一〇名のインタビューの語りから、低学年教育という「女性の世界」を男性教師はいかに経験しているかを描く。低学年教育を女性に配分してきた性分業に着目するならば、男性教師が低学年担任となることは、ジェンダー・マイノリティとして低学年の世界に参入し、そのボーダーを超えることを意味している。男性教師のレンズを通して低学年教育を描くことは、暗黙のうちに女性化されている低学年教育のありようを可視化することにつながる。また男性中心主義が主流の学校文化の中で、学校の慣行や慣習が男性を中心とした学校運営モデルに則って形成されているとするならば、慣行や慣習の中にあるジェンダーの問題は、男性教師の経験において検討される必要がある。

2　なぜ男性教師を対象とするのか――男性教師研究で議論されてきたこと

日本における男性教師研究

日本の教師研究や学校文化研究では、諸外国と比較して、男性教師のジェンダーやセクシュアリティの問題がほとんど扱われてきていない。保育園や幼稚園は女性化された仕事として認識され、女性職への参入という視点から男性保育者研究が行われている［中田 1999 2000 2001 2002 2004］ものの、小学校は男性比率が比較的高いこともあって、教職の女性化とそれに伴う男性教師の問題はほとんど問われていない。教科担任の研究において、家庭科教師の女性的なイメージを問う研究［堀内 2001］や、男性家庭科教師の意義を検討する研究［麓・杉井 2001, 吉野・深谷 2001］がわずかにあるだけである。これらの研究の特徴は、女性職に参入するジェンダー・マイノリティとしての男性を焦点化し、その参入の経験を問い、このことから教師文化の一側面を照射していることにある。[3]

海外における男性教師研究

海外における男性教師研究は、学校文化や教師文化を扱った歴史研究、女性職の中の男性をジェンダー・マイノリティとして捉える研究、ライフヒストリーやナラティブの手法により男性教師の声を取り上げた研究など、いくつかの系譜と方法で展開されている。以下、その視座と知見を整理しよう。

① 学校文化・教師文化の歴史的研究とジェンダー・マイノリティ研究

アメリカでは、タイヤック（Tyack, David）やローティ（Lortie, Dan）をはじめとする学校文化や教師文化の歴史研究の蓄積がある。タイヤックとハンソット（Hansot, Elisabeth）は、一九世紀から近年までの学校文化を歴史的に考察し、女性が初等学校の教師としての地位を確立しつつも低賃金で雇われ、少数の男性管理職が多くの女性教師を支配するジェンダー構造を指摘した［Tyack & Hansot 1990：80-89］。また、一九世紀後半には、低学年を女性が担当し、高学年の担当や管理者としての役割を男性が担うという構図が既に存在していたことを示している。ローティも、男性教師はより高い賃金と地位を求めて、一介の教師としてキャリアを終えようとは考えておらず、多くが管理職あるいは別の仕事を目指していたことを指摘している［Lotie 1975：84-100］。近年、男子生徒の成績の低さが論争的課題となっているが、高校卒業率の低さや問題行動を問う「男子生徒問題（boys problem）」は、一九世紀後半から議論されていた［Tyack & Hansot 1990：165-200］。教職の女性化に伴い、二〇世紀初頭に早くも男子生徒のモデルとしての男性教師が要求されている。そして、女性化された学校において男子生徒が不利益を被っているという議論は現在も続いているという［Tyack & Hansot 1990：200］。

男性教師研究のもうひとつの系譜を構成しているのはジェンダー・マイノリティの研究である。ウィリアムズ（Williams, Christine）は、女性海兵隊と男性看護師を対象として、ジェンダー・マイノリティとして男性職／女性職に参入する女性／男性の経験を分析した［Williams 1992 1995］。女性たちが組織のヒエラルキーを上昇しようとするときには、昇進を阻む「ガラスの天井」に直面する。一方で女性職についた男性は、自分の意図にかかわらず昇進や雇用の際に有利となり、彼らを持ち上げようとする「ガラスのエスカレーター」を経験する。男性が女性職に就いた場合、ゲイではないかというネガティブなステレオタイプや偏見の目でみられ、自己肯定感を奪われて辞職することもあるが、そのようなステレオタイプや偏見が、むしろ男性がより正統的であるとみなされるような領域、すなわち管理的立場への昇進につながることもあるという。

② 男性教師研究の展開

以上の学校文化・教師文化の歴史的研究とジェンダー・マイノリティ研究を基盤として、一九九〇年代以降、アメリカ、イギリス、オーストラリアを中心に男性教師研究が蓄積されてきている。

第一に、初等教育の女性化、すなわち初等教育における男性教師の人数の少なさを問題と捉え、男性教師を増やすべきだと主張する研究がある。これらの国では初等学校の教師を希望する男性が少なく、男性教師の比率が低い。その要因として、歴史的に教職の賃金と地位が低かったことに加え、男性教師に小児性愛者などのセクシャリティの問題があるとの疑いが向けられがちであること、女性化された教師教育プログラムが男性の排除を招くことなどが指摘されている。

「男子生徒問題」も近年多くの国々で指摘され、男性教師の増加を主張する根拠となっている。この問題はジャーナリズムや政策策定者などによって取り上げられ、男子生徒の低学力を教職の女性化と結びつけている。実際には、階層問題や学校に対抗的な文化なども成績に影響を与えており、教職の女性化のみが男子生徒問題を生みだしているわけではない［Sheelagh et al. 2005：8］。にもかかわらず、男子生徒には男性のロールモデルが必要であり、男性教師を増やすべきだとする研究や主張が多く見られる。オーストラリアの新聞などのメディアを分析し、小学校の男性教師をめぐるディスコースを分析したスミス（Smith, Janet）は、その多くがメディアによって形成されており、感情的で社会的な信念の混合物であるという［Smith 2008：155］。また、ロールモデルの研究は数多くなされているものの、その結果は必ずしも明らかではない[4]。男性教師がロールモデルであることの影響はあまりないとの研究結果も出されている[5]。男子生徒に男性教師が必要であるというロールモデル論と、そのようなディスコースの形成についての体系的な研究がほとんどないため［Smith 2008：155］、さらなる検証が必要である。

第二に、ジェンダー・マイノリティ研究を基盤とする男性小学校教師研究がある。その特徴は、初等教育という女性職への参入の際に男性教師が直面する困難と葛藤、すなわち男性性が主題化されて展開されていることにある。ジム（Jim. Allan）は、男性小学校教師へのインタビュー調査から、彼らが小学校において「男らしくする」ことに対して生じるジレンマを明らかにしている。すなわち彼らは、女性職である小学校教師になり男性性を拒否される一方で、父親代わりや管理職候補者として男性的役割を期待される［Jim 1993 1994 1997］。

ジムの研究関心を共有し、男性小学校教師と生徒との関係に焦点をあてたサージェント（Sargent, Paul）は、その著書『本物の男か本物の教師か？』（2001）において、男性であることと教師であることの間で男性教師がどのような方策をとるかを分析している［Sargent 2001］。小学校の低学年教育では、教師の仕事が母親モデルを援用しており、「養育的な関わり（nurturing）」が重視されている。そのため低学年担当の男性教師は、子どもへの身体接触をめぐって、小児性愛やホモセクシャルの疑惑と監視という困難に直面する。彼らは、女性教師のように子どもへの身体接触や情緒的で親密な関わりをもつかわりに代替的な方策を取る。サージェントはその方策を「抵抗型」「拒否型」「補償型」の三つに分類している。抵抗型の男性教師は、疑惑や監視のまなざしのもとでも、それに抗して身体接触や親密な関わりをもとうとする。しかしそのような男性は少なく、多くが拒否型か補償型であるという。拒否型の男性教師は、教師は母親のようにあるべきだとの観念を否定して、カリキュラム開発を志向したり、男性のロールモデルを提示したりすることに自らの存在意義を見出す。補償型の男性教師は、女性教師がしばしば行うハグやタッチなどの身体接触の代わりに、ハイタッチ、握手、背中をたたくなどの行為を通して子どもと関わる。男性教師はこれらの方策を通して、女性化された小学校低学年の教師・学校文化に適応あるいは抵抗しながら、男性教師としてのアイデンティティを自ら作りだしている。

オイラー（Oyler, Celia）らによる海兵隊出身の男性教育実習生のエスノグラフィは、女性化された小学校と教師教育プログラムの特徴を描き出している［Oyler et al. 2001］。カリキュラム開発や教室経営を重視する実習生と、子どもの感情的なニーズを満たすことを求める女性のスーパーバイザーに食い違いが生じており、男性教師や実習生が沈黙させられていることを指摘する。ここに示されているのは、小学校や大学の教師教育プログラムが形成し提示するディスコースが女性化されているという問題である。

男性小学校教師のケアリングとティーチングに焦点をあてたキング（King, James）は、ケアリングという女性や母親モデルの文脈をもつ小学校において、ケアする者としての男性の仕事が「問題」とみなされてしまうことを、その著書『一般的ではないケアリング』（1998）の中で指摘している［King 1998］。アメリカの小学校低学年の教師の仕事は、母親モデルを援用して、「ケアリング」や養育的関わりを重視している。その女性化された小学校の世界に参入する男性教師は、管理職や同僚などから男性的な役割、すなわち、肉体的な強さや大きな声などの振る舞いを含んだ、問題のある生徒に対処する「規律化（discipline）」を期待されるという。キングの研究は、男性とケアリングの関係に着目しただけでなく、男性教師のセクシャリティの問題も含んでいる。キング自身が、小学校低学年を教えた経験のある数少ない男性教師であり、ゲイであることも意味をもつ。女性化された小学校の中で、男性教師であることとゲイであることは、二重のマイノリティの経験であるからである。

スミスによるオーストラリアの研究は、小学校の教師を目指して教師教育コースに入学する男子学生が増加しているにもかかわらず、公立学校での男性教師の雇用人数と、教師教育コースを卒業する男子学生自体が減っていることを指摘している［Smith 2008：187］[6]。男子学生は実習を経験して初めて、小学校の男性教師の少なさによる孤立や養育的な場所としての小学校文化を実感し、教師教育コースをやめてしまうのだという。

以上の研究が、インタビュー調査、語り（narrative）の分析、ライフヒストリーという手法を用いて、男性教師個人の経験や声に焦点をあてていることも特筆すべきである。九〇年代以降、「教師の声（teacher's voice）」の研究や、教師の個人的な生活や経験を描きだす研究方法が広まりつつある［Goodson 1992, Goodson & Sikes 2001］。ジェンダーを主題とする教師研究においては、当初、女性教師の声を聴くことを目的とした研究が多く行われてきたが、インタビュー調査によって男性教師の声を聴く研究が行われ、彼らのキャリアや葛藤が解明されてきている［Coulter & McNay 1993, Wiest et al. 2000, Sue 2007］。

男性教師研究が提起する問い

海外の男性教師研究から示唆される日本の教師文化研究におけるジェンダー問題の視角を示す。

第一に、日本には男性教師を主題化したジェンダー研究が少ない。具体的な事象や問題の研究、そして男性教師の声を聴く研究があまり行われていない。日本と諸外国の学校制度や男性比率の違いも考慮に入れねばならないが、日本では概して男性教師をジェンダー問題の対象とする視点が欠如しているといえよう。ライフコース研究、ライフヒストリー研究も蓄積されつつあるが[7]、「標準」とされる男性教師の経験を詳細に検討する研究や、それを通して「隠れたカリキュラム」としての教師・学校文化を描き出すことが必要とされる。

第二に、海外の研究において、男性教師のアイデンティティ問題として「男性性（マスキュリニティ）」が中心的な話題となっていた事実に着目したい。そこでは男性が小学校教師になることを「ステップ・ダウン」と捉えるまなざしや、男性性を拒否して女性的な養育の世界へ参入することとして捉えるまなざしが問題化されていた。そのまなざしは、保育や小学校低学年といった女性的な領域の専門性を低くみるものでもある。日本の小学校低学年の男性比率が諸外国の小学校の比率と近似しており、日本の小学校内部に性分業の構造があることを考えるならば、日本においても男性性の問題と教師文化や学校文化についての検討がなされる必要がある。またアメリカの研究では、女性教師に母親的なケアリングや養育を配分する半面で、男性教師には強さや大きな声といった男性らしさや規律化が期待されがちであることが示されていた。男性教師がカリキュラム開発を志向する傾向があるという指摘についても、日本の実態と併せてその相違を検討する必要があるだろう。日本では、教師は脱性別化された中性的な存在であり、教職は平等であると捉えられがちである。しかし、男性性や女性性を改めて問い、教育実践の中で直面する困難やその教育の質を検討することが必要ではないか。

最後に、男性教師研究という領域を、もう少し大きな領域である「男性学」から考えてみたい。「男性学」を一九九二年に京都大学の講義として日本で初めて行った伊藤公雄は、上野千鶴子の男性学の定義、すなわち、「女性学を経由した男性の自己省察の学問」との定義に同意する。[8] しかし伊藤は、男性は圧倒的にマジョリティであることから、マイノリティの存在に無自覚なマジョリティ性の構図や、そこで生み出されるマイノリティとマジョリティの関係を、マジョリティの分析を通して問うこと、つまり「マジョリティ研究としての男性学」が求められるという。[9] そのうえで、上野が主張する「女性の視点からの男性・男性性の省察」が必要ではないかと提起する。マジョリティ性を問うと同時に、マイノリティの声を聴くことによって、この学問は成立するのだと主張している。

海外における男性教師のセクシャリティも含めた男性性と教師文化の研究を参照するならば、日本においても男性教師の声を聴く研究が進められることによって、男性教師が対象化されたジェンダー研究が展開されるだろう。このことは、日本の男性教師も女性教師も「教師」として表象され、標準化あるいは中性化した教師として語られてきたことからの脱却であり、男性中心の教師文化や学校文化のマジョリティ性を問う契機となろう。男性教師と女性教師両方の具体的な教育実践は、それぞれジェンダーの観点から検討されるべきである。彼／彼女らが教育実践の中で直面する男性性や女性性とその経験を問うことが必要であり、それによって教育の質を問い、教師文化自体を再検討することが可能になるだろう。

3　男性教師のライフヒストリー・インタビュー

視点の設定

本節では、男性教師へのライフヒストリー・インタビューの中で、とくに低学年教育の経験についての語りに着目し、その特徴を考察する。

1章では学年配置によってジェンダー不均衡が維持される構造を解明するとともに、そこに存している二つの問題を指摘した。一つは、学年配置のジェンダー不均衡が、男性教師に男性的な振る舞いや役割を求め、女性教師の家庭責任に配慮するというダブルスタンダードを内包していることである。高学年に多く配置される男性教師には、子どもの荒れの管理的な抑制や、家庭責任とは両立しえないほどの激務が期待されていた。もう一つは、高学年が重視され男性が重点的に配置される半面で、女性教師の多い低学年担任の重要性は認識されにくくなっていることである。小学校には低学年担任の仕事がシャドーワークになりかねない危うさがあり、多くの女性教師がその中心から遠ざけられた場所に配置されていた。1章では教職における性差別の観点から低学年教育と女性教師の従属的な位置づけを問題化したが、本章では学年配置におけるジェンダー不均衡の問題を教育実践との関係において考察する。

その際に、アメリカの男性教師研究の知見を参照したい。上述のように、アメリカの男性教師研究は、とりわけ低学年教育に参入する男性教師のライフヒストリーにおいて、性分業への挑戦と挫折の過程を描出してきた。男性教師は自らの低学年教育への参入を、女性職への参入すなわち性分業の越境として意識している。しかし彼らにとって、実践レベルにおいて性の境界を越えること、子どもに対して女性教師のように振る舞うことは容易ではない。それは低学年教育における教師の仕事が、母親モデルを採用し「ケアリング」[King 1998]や「養育的関わり（nurturing）」[Sargent 2000 2001]を重視しているからである。男性教師は、管理職や同僚からの期待によって、あるいは彼ら自身が女性教師とは異なる方略を選ぶことによって、女性教師と異なる役割を担うことになる。役割の一つ目は「規律化（discipline）」、すなわち生徒の問題行動への対処である。男性教師は「養育的関わり」から遠ざけられ「規律化」を担わされがちである［Sargent 2001］。その際の「規律化」は権威主義的であり、肉体的な強さを誇示する、大声を出すといった男性的な振る舞いへの要請を含む［King 1998］。二つ目は「カリキュラムの開発」である。子どもへの身体接触や情緒的で親密な関わりといった初等教育の女性的な方略に困難を感じた男性教師は、代替的な方策としてカリキュラム開発に熱心になるという［Sargent 2000, King 1998］。

以上の男性教師研究の知見の重要性は、低学年教育を女性に配分する初等教育の性分業が、女性に養育的関わりやケアリングを配分する社会的な性分業を背景としていること、男性教師に「規律化」やカリキュラム開発を配分していることを明らか

表4　男性研究協力者のキャリア

名　前	教職歴	低学年回数／学級担任回数	高学年回数／学級担任回数	最初の1年生担任	最初の2年生担任	備考
敦先生	38年	1/23	19/23	—	7年目	管理職歴15年
圭吾先生	35年	2/33	18/33	17年目	18年目	
真一先生	33年	7/27	6/27	27年目	18年目	うち専科6年
孝弘先生	30年	8/23	10/23	1年目	2年目	管理職歴1年
直人先生	26年	9/23	7/23	19年目	3年目	
博先生	17年	10/17	1/17	2年目	10年目	
誠先生	16年	2/15	7/15	5年目	6年目	
勇治先生	10年	2/6	2/6	—	5年目	うち養護学校4年
陽一先生	5年	2/4	2/4	1年目	2年目	
亘先生	3年	1/3	2/3	—	3年目	

にした点にある。ただし留意したいのは、以上の男性教師研究が、男性性の変容を主要な問いとしていることである。低学年教育は女性化された職域の事例として扱われており、その教育の質は問いの対象となっていない。それに対して本章では、男性教師の経験を通して低学年教育のあり方を問いたい。教師のジェンダー問題は教育実践への問いと接合される必要がある。

なお、以上の知見を参照するに際して、アメリカの初等教育とは異なる日本の小学校の性分業の特徴をふまえる必要がある。第一に、日本の小学校における男性教師の比率はアメリカやイギリスと比べてかなり高い（コラム表①参照）。日本の小学校は低学年教育においてのみ甚だしく女性化されている。第二に、日本の小学校では、主として女性が低学年を担任する性分業が、学年配置を通して流動的に維持されている。すなわちアメリカの小学校教師の担当学年が固定されているのに対して、日本では校長が行う人事によって担当学年が毎年決定される。それゆえ低学年を全く担任したことのない男性教師は少なく、性分業の存在それ自体が看過されがちである。以上の二点をふまえ、学年配置に着目して研究協力者の低学年教育の経験とその語りを検討する。

分析の手順

本節では、【調査Ⅰ】の男性教師のデータをもとに分析する。（1章および表4を参照）

分析は以下の手順で行った。まず録音された内容をすべて逐語文字化した。続いてその逐語録を精読し、データ全体を把握したうえで、再び一人ひとりのデータに目を通し、低学年担任としての経験という分析テーマと関連する箇所を抜き出した。該当するデータを語られた内容に即して分類したところ、以下の五つのカテゴリーが見出された。

①配置　低学年担任になること、ならないことについての語り
②子ども　低学年の子どもの印象や特徴についての語り
③教育実践　低学年のカリキュラムや実践に関する語り
④同僚　同じ学年を担当する同僚についての語り
⑤保護者　低学年の子どもの保護者に関する語り

そこで、以上のカテゴリーに基づいて「ワークシート1」を作成した。具体的には、個々のインタビューデータについて各カテゴリーに当てはまる箇所を抜き出し、縦軸に研究協力者の名前、横軸にカテゴリーをとった一覧表を作成した[10]。そのようにして協力者とカテゴリーに基づいて分類された語りを、共通点と相違点に着目して検討した。

その結果、低学年教育を一度だけ担当している研究協力者と、複数回担当している研究協力者の語りに、特徴的な差異が見出された。学級担任は二年間の持ち上がりが一般的だったため、一年生から二年生への持ち上がりを一度として数えると、敦先生、圭吾先生、誠先生、勇治先生、陽一先生、亘先生は一度しか低学年を担任していない。複数回担任しているのは真一先生、孝弘先生、直人先生、博先生である。前者と後者の語りの差異は、②子ども、③教育実践、④同僚のカテゴリーにおいて顕著であった。②子どもについては、前者は低学年の子どもを幼稚で可愛い存在として語り、後者は知性的な存在として語る傾向に

表5　ワークシート2：研究協力者の低学年教育の経験

	配置	子ども	教育実践	同僚	保護者
初めて低学年を担任した際の語り	○規律化 ・前年度に学級崩壊を起こした2年生を担任。（敦，真一，勇治，亘） ・ベテランの男性の先生が低学年を持つことは珍しい。前年に荒れたのかと思う。（亘） ○全学年を経験 ・やったことのない学年がいいと希望したら，1年生に配置された。（誠） ・低学年指導の大変さを理解できるという意味で，全学年担任することが重要。（勇治） ・新採から各学年を早く回らせようとの雰囲気あり。（直人） ・（高学年，低学年を担任して）次は，経験していない中学年を担当したい。（亘） ○配置されない ・体が大きく子どもが怖がるとの理由で1年生を担任できない。手を後ろに組んで腰をかがめて対応するから，と校長に言う。（圭吾） ・たばこをやめるから1年生をもたせて欲しいと校長に頼む。（孝弘） ・次に低学年をやらなかったら，できなくなるだろう。（誠） ・男の先生というだけで低学年の子どもには威圧的。（亘） ・低学年はしつけから入るので女の先生が多い。（亘） ○その他 ・大学で幼児教育を専攻。（孝弘）	○幼稚さ ・1年生の教室に行くと癒される。（圭吾） ・忘れ物をしても可愛くてゆるしてしまう。（誠） ・可愛くて基本的に素直。（亘） ・低学年が荒れてもたかがしれている。（敦） ・指示が伝わらず大変。丁寧に話をしないと伝わらない。（真一） ・方言だったのもあって，子どもから言っていることが分からないと言われる。（孝弘） ・子どもの遊び方が幼稚。（直人） ・言葉が伝わらない。「目をつける」というと，本当に目を紙にくっつける。（誠） ・漢字は使わない，難しい言い回しはしない。（誠） ・言いたいことを十分に伝えられない子もいて難しい。（陽一） ○知性 ・勉強もスポーツも伸びがすごい。（亘） ・打てば響く。（勇治） ・湾岸戦争の実践を行う。もっと子どもの知力をあてにして授業をしてもいい。（圭吾）	○しつけ ・入学式の日に，傘やランドセルカバーをどうすればいいか1人ひとり聞きにきて大変だった。（真一） ・学校の入り口で学校生活のルールを学ばせるという意味で，しつけという部分が大きい。（勇治） ・1年生では生活習慣がメインになってくる。（勇治） ・言葉で指示だけ出してもできない。雑巾の絞り方など，一緒にやる。（誠） ・給食で納豆を食べる時など，ぐちゃぐちゃになって大変。（誠） ・給食など，当たり前のことも最初はできない。（亘） ○基礎基本 ・五十音を教えるのが大変。（圭吾） ・掛け算九九に苦労する。（直人） ・最初の三年間は入門編。ものの考え方などができあがるのは高学年。（勇治） ・升目のノートを使う理由など，低学年教育の方法が理解できる。概念ではだめ。具体的に目に見えるかたちで示す必要がある。（亘） ○その他 ・ケナフの実践。（誠） ・荒れた教室で，1学期は毎日外に出て生活する。（敦）	○歩調をあわせる ・違うやり方で教えて同僚から文句を言われる。（圭吾） ・進度を調整するために毎日学年会を行う。（圭吾） ・枠組みを突破するよりも，修行だと考える。（圭吾） ・写生会で「キミ子方式」で絵を描かせたら，管理職から自分のクラスだけよければいいのかと批判された。（博） ・何度も低学年を担当している先生と組む。方法が決まっていて，なかなか意見を受け入れてもらえなかった。（誠） ・授業や給食の進め方を細かく教わる。それを無視してやると「勝手にすれば」という感じになる。（亘） ○同僚に学ぶ ・母親の要求や持ち物や道具について細かく教わる。（圭吾） ・一緒に学習発表会をして，以後の実践で定番化する。（真一） ・何度も低学年を持っている女性と組み，いろんなことを教えてもらう。（誠） ・図工が専門の先生と組み，全紙に絵を描くことなどを学ぶ。（誠）	○保護者のニーズ ・隣の教室と教える方法や持ち物が違うと，保護者からクレームがくる。（圭吾） ・事細かに対応してくれることが，教育内容以上に，1年生の親には重要なのかもしれない。（圭吾） ・歩調をあわせることは親が安心するための共同の責任。（圭吾） ・保護者の希望として，しつけに関することがよく言われる。教科よりもしつけの面で教員が評価される。（勇治） ・家庭が多様化していて，同じことをしても評価してくれる親とそうでない親がいる。（陽一） ・1年生の教員は保護者からよくみられている。保護者会も授業参観も参加人数が一番多い。（亘）

	配置	子ども	教育実践	同僚	保護者
繰り返し低学年を担任した際の語り	○規律化 ・２年生を担任する際に，１年生で荒れた子たちへの対応を依頼されることが多い。(直人) ○カリキュラム ・生活科に関心があり，その研究員を経て１年生の担任となった。(孝弘) ・生活科の研究を依頼される。(直人) ・２年生のカリキュラムがわかり，生活科のできる教員として認知された。(直人) ・低学年での演劇教育のカリキュラムを考えたい。(真一) ○女性的イメージとの葛藤 ・子どもから「お母さん」と呼びかけられて嬉しかった。(孝弘) ・こわもてだから一年生はあまりもたない。(直人) ・子どもは客で，しつけと勉強をきちんとしなくてはならない。「かわいい」なんて思う暇はない。(直人) ・１年生の親は自分の母親世代の女性教師を求める。(直人) ・ベテランのお母さんやおばあさんのような先生が持って，優しく細かく配慮するイメージがある。しかしそんなに特殊なことじゃない。(博) ○その他 ・学校セキュリティーのために低学年にも一人は男性教師が配置される。(直人) ・校長との確執で，仮説実験授業ができないよう，理科のない低学年に配置される。(博)	○知性 ・子ども扱いしてはいけない。背伸びする時顔が変わる。(孝弘) ・１年生でも仮説実験授業は可能。「自由電子」なんていう言葉でも，子どもはわかるし使える。(博) ○固有の可能性 ・１年生は「夢とうつつと幻」を行ったり来たりしている。そこで「そんなことはありえない」と言ったら終わり。(孝弘) ・高学年の子より率直に身体がほどけていく。(真一)	○基礎基本 ・掛け算九九を徹底的にたたきこむことが必要。とりわけ外国籍の子にとっては，掛け算の習得が高校進学まで作用する。(直人) ・文字など，人間が獲得してきた知識を系統的に科学的に捉えて教えることは難しい。(真一) ・掛け算九九のテープを一学期からずっと流す。(博) ・日本で生活していくために必要なことを教えているという自負がある。(博) ・ある女の子に数字を定着させることができたのが感動的だった。(博) ○創造的実践 ・ヤギの実践。(孝弘) ・演劇教育(真一) ・虫の模型を製作。ペットボトルの船を製作。(直人) ・仮説実験授業(博) ○その他 ・５月の連休まで，立ち歩かない，話を聞くということをしつければ，きちんとなる。(直人)	○同僚に学ぶ ・隣の教室の同僚の段ボール人形の実践に触発されて「人体くん」を教室に導入する。(孝弘)	○保護者のニーズ ・親に成果を伝えることが大切。学級通信を書いたり，懇談会の時に作品や写真をたくさん展示したりする。(直人) ・今の母親は子育てに不安があり，相談できるベテランの女性教員を求める。(直人) ・学級通信を書かなかった時，親からクレームが来る。連絡帳も書かないし，宿題も出さないのが不信感につながる。(博)

あった。③教育実践については、前者が生活習慣のしつけに関することを多く語り、後者がカリキュラムや授業の開発に関することを多く語るという特徴が見られた。④同僚については、前者が同僚と歩調をあわせることの重要性を語ったのに対して、後者は同僚との関係にあまり言及しなかった。

さらに検討を重ねたところ、低学年担任を複数回担当した研究協力者の語りであっても、初めて低学年を担当した際の経験の語りには、一度しか担当していない研究協力者の語りと似た傾向が見られることがわかった。それゆえ本研究では、低学年教育の経験の語りを、「初めて低学年を経験した際の語り」（以下「初めての語り」）と「繰り返し低学年を経験した際の語り」（以下「繰り返しの語り」）の二つのタイプに分け、それぞれに現れているトピックを抽出して「ワークシート2」（表5）を作成した。

以下の考察は、ワークシート2に即して「初めての語り」と「繰り返しの語り」に分けて行う。一〇名の研究協力者の具体的な語りを参照しつつ、カテゴリーごとに語られた経験の特徴を分析し考察する。

4　男性教師の経験と語り

初めて低学年を担任する経験から

一〇名の研究協力者が初めて低学年を担任したときの語りを検討し、その特徴を考察する。

① 配置

a．規律化

男性教師が高学年に配置される際には、荒れた学級や学年を立て直すという規律化の役割への期待が寄せられていることが多いが、男性教師が低学年に配置される際にも、やはり荒れへの対応、つまり規律化の役割が期待されている。敦先生の場合は、荒れた学級の立て直しを期待されて担任した二年生が最初で最後の低学年担任である。敦先生はその配置の経験を、「二年生を頼むと言われて……そこは一年生のときに、今でいう学級崩壊というか、もうどうしようもなくなっちゃった学級、……誰も引き受け手がないというか。それで、若い男がくるというので、その人にやらせたらどうだというので、お鉢が回って来た」と語っている。勇治先生は、「(前の)担任の先生が二学期の途中で病気をされて、いなくなっちゃったんです。……学級崩壊になって、保護者からもすごいクレームが来て、そして、また火消し役を買うことになりました。……校長先生がやってくれということで、その二年生を受けもっ」たと述べた。

かつては二年間の持ち上がりが一般的であったにもかかわらず、研究協力者の半数が一年生ではなく二年生の担任を先に経験しているのは、一年生で荒れたクラスの規律化を期待されて配置されているからである。亘先生が最初に担任した低学年もまた、一年生の時にうまくいかなかった二年生の学級だった。彼は男性教師が低学年を担当することについて、「あまりベテランの男性の先生で低学年は見たことないんです。……逆にここでベテランの先生が入るということは、何かよっぽどのことがあるのかな、その学年とかクラスで、そう思っちゃいます。何か荒れているのかなとか」と語った。とりわけ低学年の学級の混乱が「学級崩壊」として社会問題化した一九九〇年代末以降、男性教師に「一年生で暴れちゃう子たちを締め」ることを要請するケースが増加しているという。

b. 全学年を一度は担任する

男性教師において、低学年担任は、一度は経験しておくべきものとして位置づいていた。直人先生は「新採から各学年を早く回らせようという雰囲気があった」という。誠先生も「校長ができる限り早く6年間を経験しなければだめだということを言った」と語っている。とりわけ若手から中堅の研究協力者は、自身が最初に低学年を担任した際の配置の理由を、早い時期に全学年をひと通り経験させようという管理職の意向として指摘している。そのことを本人が望んでいる場合もある。「高学年だけじゃなくて、低学年をやっておくと、低学年の指導の大変さが分かるわけですから、高学年になって、低学年の指導をもうちょっとしっかりしろよなんていうことは言えないです。……こういう部分で全部満遍なくもっということが本来大事だろうと思」うという勇治先生や、「高学年を見て、低学年を見させてもらって、今度は三年生か、四年生を見たいですね」という亘先生の語りからは、すべての学年を早いうちに経験したいとの考えがうかがえる。

c. 配置されない

男性教師たちは、自らが強く希望しても低学年にはなかなか配置されなかったと語った。その理由の一つは、男性的な特徴である。圭吾先生の場合は体つきである。「僕は一年生を希望したのよ。だけど、あなたは一年生は無理と言われたの。だいたいそういうでかい体をしたやつが、一年生の前に立ったのでは子どもがビビる、それが校長の最初の話」だったという。亘先生は自身の感覚として、「やっぱり男の先生ってだけで威圧的なんです。とくに低学年には。女の先生のほうが溶け込みやすい。お母さんの感覚に近いというのかな」と語っている。孝弘先生は低学年の担任になるためにタバコをやめた経験を語った。「もう夏ごろから来年は一年生をもたせてくれ、来年は一年生をもたせてくれと（校長に）ずっと言っていました。それでとうとうタバコもやめるから、とタバコもやめました。……子どもと接するためには、子どもの顔がここにあって、顔をここ（目の前）にもっていくわけですから、（タバコの臭いを）絶対に嫌がるなと思っていた」。彼らは大きく頑強な体躯や顔つき、タバコのにおいなどのいわゆる「男性的な特徴」ゆえに低学年担任としては不向きであるとみなされ、あるいは自らみなしている。

もう一つの理由は保護者の希望である。直人先生は「今の母親って、やっぱり子育ての悩み、不安をお互いに抱えているので、相談しやすい人を求めるんです。だから一年生の親の期待はベテランの女性の先生、できれば自分の母親に近い年齢の人」を求めていると語った。保護者は若い男性教師に対して「あなた実際に（子どもを）育てたことあるの（ないでしょう？）」という厳しい見方をするとの声もあった。男性であることや男性性は、低学年を担任する際に乗り越えるべきハードルとなっている。

②　子ども

a．幼稚さ

初めての低学年担任の経験を振り返るとき、研究協力者たちの多くがまず語ったのは、「小さい子どもたちが「本当にかわいかった」ということである。荒れへの対応を期待され、持ち手のいないようなクラスを受けもった場合でも、彼らは子どもたちの可愛らしさに魅了されている。たとえば亘先生は、「めちゃめちゃかわいいです。一回低学年をやっちゃうと、とくに二年生をやっちゃうとやめられなくなるという理由がよくわかります。……子どもも素直ですし。まず、単純に男、女でもめなくていい」と語った。敦先生は低学年の荒れは「たかがしれている」という。「廊下を駆けまわるとか、給食のサンプルを食べちゃうとか」といった行為は、高学年で警察沙汰を経験した彼には可愛いものとして感受されている。

彼らが捉えた子どもたちの可愛らしさは、それまで受けもってきた高学年の子どもに比べて「何もできない」「何も知らない」「言葉が通じない」という幼稚さゆえの可愛らしさでもある。たとえば誠先生は、「いいところに目をつけたね」と言ったときに、本当にプリントに目をくっつけた子どものことを今でも忘れられないと語った。

b. 知性

前述の低学年の子どもを幼いとみる認識は、一方で子どもたちの成長可能性を際立たせる。亘先生は低学年の子どもについて、「勉強だとか、いろいろなスポーツも含めてですけども、伸びがすごいので人間ってすごいと思」ったという。勇治先生も同様に、「子どもたちって、打てば響くんでね。お前たちは力があるんだよというふうに投げかけてあげれば、きっとそれは返してくれる」と、教え導くことによる成長への驚きを印象的に語った。

ただし初めての語りの中で、圭吾先生の語りは子どもの異なる見方を提示している。彼は初めての一年生を持ち上がり二年生も終わりが近づいた頃、道徳の授業で、子どもたちがテレビを通して見聞きしていた湾岸戦争をとりあげた。「僕らが戦争を止めさせる方法」を話し合った授業では、子どもたちが想像力あふれるアイデアをたくさん提案した。この経験から彼は、幼い子どもの知性を見出す。「小さい子どもの知力というか、そういうのをあてにしながら、僕らは授業をやってもいいんじゃない、と思った。教えるというよりも、そういう知力をどうやって引き出すのかというのが、実は小さい子どもと学習するとき、案外大事なテーマになるんじゃないのかな」。ここでは幼い子どもが、成長可能性をもつ存在としてよりも、既に知性的な存在として捉えられている。しかし圭吾先生は、この後は希望しても低学年に配置されず、「小さい子ども」の「知力」を引き出す授業を展開する機会には恵まれていない。

③ 教育実践

a．しつけ

研究協力者たちは、低学年を担任して初めて、その教育が生活上の基本的なスキルや生活習慣に関するしつけ、訓練を抜きにしては成立しないことに気づいたという。その語りにおいて、一年生は「学校の入り口」であり「きちんと学校のルールを学ばせる」学年として位置づけられている。勇治先生は「しつけ」の重要性への気づきを、「一年生は大変じゃないですか、本当に最初にしつけから何から。……学校の入り口できちんと学校生活のルールを学ばせる。そういう部分ではしつけという部分がすごく大きいと思う」と表現している。

学校生活特有の集団性や規範性は、授業よりも給食、掃除、整理などの指導に端的に現れる。その苦労は多く語られた。真一先生は、初めて一年生の担任をした際のエピソードを次のように印象的に語っている。入学式の日に登校してきた子どもたちが、濡れた傘やランドセルカバーをどうすればよいか一人ひとり順繰りに尋ねてきた。そこで全員にきちんと説明をした。にもかかわらず、なおも一人ひとり尋ねに来たという。誠先生は、一年生の掃除について、言葉で「指示を出しても全然だめ」だったことに驚いたという。「『はい、ぞうきんを絞るよ』と言って、『みんな持ってね、ひねるよ、ギリ、ギリ、ギュー』とか言って、そんなことをみんなで一緒にやっていく。……それだけを一時間やるわけですよね」。

研究協力者たちは、幼い子どもたちに学校生活のスキルを身につけさせる細やかな仕掛けや技を、同僚の女性教師たちに学び、工夫している。給食当番では出席番号順で役割を決めローテーション化する、納豆をみんながきれいに食べられるように封を切る号令をかける、登下校時の名札の着脱を徹底するために壁に封筒を切ったものを貼って出席番号を振っておくことで子どもたち自身が入れ忘れに気づきやすくするなど、さまざまな工夫が語られた。

低学年の教育実践がいかに独特なものだったかを、研究協力者たちは、中学年や高学年を担任したときの経験と比較しながら語った。亘先生は「怒る内容も違いますから、低学年は。やっぱり高学年になってくると、人権的なことというか、人としてとかいう話をすることが多いですし。でも、……低学年は、生活習慣というか、忘れ物とか、ハンカチ、ちり紙とか、そういうこと」と語った。他にも「六年生になると、掃除も指導をしなくてもだいたい動く」、「掲示物なんか頼むと四年生なんかは……何か台を持ってきたりとか、友達どうしでやったりとか。……五、六年生はもっとそれに拍車が掛かってくる」といった声が聞かれた。高学年は、行事などにおいて学校の中心として自ら率先して動き、時には低学年の子どもたちの学校生活を支援する役割を担うこともある。そのため、高学年での実践においては、安定した学級づくり、子どもどうしの人間関係の作り方が重要な課題となる。細かいしつけや訓練が重視される低学年教育とは明確に異なることが認識されていた。

b. 基礎基本

学習の質においても、低学年と高学年との対比は明確である。高学年での授業の実践については、教師自身が子どもたちとともに探究を進めた経験が印象的に語られるのに対して、低学年では基礎的な事項を「教え込む」ための工夫と苦労が語られる。また低学年教育では、学習指導と生活習慣のしつけとの境界が曖昧である。道具箱の整理の仕方、鉛筆の持ち方、ノートの使い方といった学習を効果的に進めるためのスキルの徹底が重視されていた。

圭吾先生は「五十音を教えるのが、ものすごい疲れるんだ」という。「書き順を教えるでしょう。それで、発音を覚えるじゃない。それで『あ』っていう、その音をもっている言葉を集めるじゃない。それを一時間のうちで教えるのよ。それでなおかつ、そこで『あ』がちゃんと書けるようにしなくちゃいけないというのが、一年生の国語の授業の、最初の授業なの。それが苦痛でね」。亘先生はノートの書き方の指導について次のように述べている。「子どもによっては、(国語のノートの升目の)左から書く子とか、横に書く子とか、本当にバラバラなんです。そういうことで、プロジェクターを使って、黒板の文字を全部ノートに書いたものを拡大して、こういうふうに書くんだよ、写すんだよというところからしてあげる。とにかく具体的な見本を見せて」。高学年を担任していた圭吾先生や亘先生が、新鮮な驚きをもって低学年の指導を経験したことが窺われる語りである。

研究協力者の多くが、低学年の指導内容を中学年以降の学習の基本として捉えていた。中学年や高学年を多く担当した彼らは、低学年の学習を、「そこでつまずいちゃうと……だめになっちゃう」「低学年でもっとこういう支援、こういう指導をしておけば……とか、そういう思いがある」といったように先の学習の見通しにおいて経験している。その文脈において、五十音や掛け算九九を教えることの重要性や苦労が語られ、その指導のあり方は時に「教え込む」「叩き込む」という強い言葉で表現された。

④ 同僚

「初めての語り」では、同じ学年をもつ同僚との関係が頻繁に語られた。「低学年を組むときには、隣に必ず（女性の）大ベテランがいる」。そして毎日学年会をし、過去の学年通信やベテランの人たちが覚えているメニューにならって翌日のスケジュールを事細かに全部決め、その通りに進めるのだという。

圭吾先生は、同僚の女性教師のやり方を踏襲することにしていた。彼女には、たとえば持ちやすさを考えると「渦巻き鉛筆」でなければならないといった決め事があり、圭吾先生は基本的にはそれに従ったという。「低学年の先生がやっている実践の中には、そういうふうな一つひとつの意味づけをしながらやっている実践がたくさん隠されている。だから、枠組みを突破しようとか何かじゃなくて、とりあえずこの二年間は修行だね、『へえ』と思ったことはたくさんあった」。亘先生も基本的には同僚のベテラン女性教師のやり方を踏襲している。「授業の進め方とか、こういうふうに教えたら子どもは分かりやすいとか、……それもすごく細かく、たとえば生活面で、給食当番とかも（教えてもらった）。……視点というか、こういうところに目を向けて子どもに仕掛けると子どもは動きやすいというのを教えていただいて」。ベテランの女性教師が細かく教えてくれたという肯定的な語りに続いていたのは、歩調を揃えることを要請されたという否定的なニュアンスをもつ語りである。「逆に、あまりそういうのを無視して、自分は自分でやっちゃうと、じゃあ好きにすればという感じのところはある」。この亘先生の言葉や、圭吾先生の「修行」

という言葉は、彼らがどこか不自由さを感じつつ、それでも同僚に従っていたことを示唆している。それは低学年教育が最初の経験であると同時に、最後の経験でもありうるからかもしれない。

もちろん低学年の女性教師の実践が、過去の実践を踏襲し、足並みを揃え、細かなスキルを徹底することに終始しているわけではない。ベテラン女性教師の実践の豊かさが最も可視的なのは誠先生の経験である。彼が二年生を担任したときに組んだ女性教師は、彼女の専門である図工の授業をダイナミックに展開した。巨大な「全紙」の上に乗って大喜びした子どもたちが躍動的な絵をどんどん描き、その作品を天井一面に張り巡らしたワイヤーから吊下げてすだれのようにして飾った。全紙というものの存在さえ知らなかった誠先生は、このベテラン女性教師から多くを学んだという。

⑤ 保護者

研究協力者の語りによれば、細かいしつけや訓練を重視し同僚と歩調を揃えるという低学年教育の特徴の背後には、保護者のニーズがある。たとえば勇治先生は、「(低学年では) 保護者の思いとしては、しつけ的な部分をよくいいます。……だから、先生に求めるのは、教科ももちろん求める方もいるけれども、基本的にはしつけというものがきちんと出来ているか、出来ていないかで、この先生はすごいとか判断する部分が多い」と述べる。圭吾先生の経験はそのような「保護者の思い」の存在を裏づけるものである。圭吾先生は五十音の学習で、まずメロディを作って音だけ覚えるという他クラスとは異なる方法を採った。すると「隣のクラスはもう『き』まで書けるようになりました。書き言葉は全然やってないのはどうして」と書かれた連絡帳が来たという。一年生の保護者は子どもに対する期待が高く、授業参観や保護者会も参加入数が多い。学習面よりも生活習慣、スキルの獲得を期待する傾向、教師の力量を「しつけ」の出来不出来で判断する傾向もある。また学習の進度に対して敏感である。それゆえ低学年の学習指導は、基礎基本の教え込みや、学習スキルを徹底することに終始しがちになる。

ところで、細かいしつけや訓練を、自らの積極的な取り組みとしてではなく保護者の期待に応えて行うものとして語る彼らの語り口からは、しつけや訓練に足並み揃えて尽力する低学年教育の在り方に対する少なからぬ違和感がうかがえる。それでも従来のやり方を踏襲する意義を、圭吾先生は「共同の責任」という言葉で説明している。隣のクラスの先生と歩調を合わせながら実践することが「親御さんと安定的に一緒に、学習も生活も共同していけるという保障」になるのだという。保護者のニーズに配慮しながら、子どもだけでなく保護者をも学校生活に適応させていくことが低学年では重視されているのである。

低学年の担任を繰り返す経験から

次に、低学年を複数回担任している男性教師（真一先生、孝弘先生、直人先生、博先生）の「繰り返しの語り」を検討し、その特徴を考察する。

① 配置

a．契機としてのカリキュラム

低学年を複数回経験した研究協力者は、その繰り返しの契機として、カリキュラムや教育方法の開発に言及した。その語りは、「規律化」への期待を中心とする「初めての語り」とは異なっている。

真一先生は典型的である。彼は長年取り組んできた演劇教育がきっかけとなって、低学年の仕事にのめり込んでいった。中学年を繰り返し担任する中で自身の「演劇教育の原型」を確立したと感じた真一先生は、今度は高学年で挑戦しようと考えた。しかし、三年以上連続の持ち上がりはよくないと考え、初めて一年生を担任する。そこでも演劇教育を実践し、低学年の子どもたちの表現に魅了され、低学年における演劇教育のカリキュラムの確立を志向することとなる。

直人先生が低学年、とくに二年生を多く担当するようになったのは、「（勤務校が）理科と生活科の研究校で……生活科の方を頼むと言われて研究を始め」たからである。加えて、低学年を担任することが多くなったのは、「一年生で暴れちゃう子たち」の立て直しや、学校のセキュリティ対策のために、低学年にも男性教師が必要とされ始めた時期でもあり、「二年生をもてる男性教員だと管理職から認知された」からではないかと語っている。

孝弘先生は、大学で幼児教育を専攻し、キャリアの初期から低学年を担任している点で他の先生と異なるが、生活科の実践を軸としている点で傾向を同じくしている。彼は生活科の実施前から、教育委員会の研究員に立候補してカリキュラム開発に携わった。

一方、博先生が低学年担任を繰り返した直接のきっかけは、初任期から取り組んできた仮説実験授業をめぐる管理職との確執であった。ただし不本意な低学年担任の経験を支えたのもまた仮説実験授業である。博先生は、校長から「学習指導要領を逸脱している」と問題視され、理科のない低学年に繰り返し配置されてきた。しかし低学年に配置されてからも仮説実験の実践を続ける中で、「（低学年で）どうやってやるか、何をやるかということはなかなかわからなかったけど、しばらくすると、ああ、（低学年でも）できそうというのはだんだんわか」り、生活科でも仮説実験授業を展開する。現在では、管理職からの問題を抱えた新入生の担任依頼を「意気に感じ」るほど、低学年担任としての自負をもっている。

b．低学年担任の女性的なイメージとの葛藤

低学年への配置をめぐる彼らの語りのもう一つの特徴は、女性化された低学年担任のイメージとの葛藤が語られていることである。葛藤の調整の仕方は多様である。

孝弘先生は母親的な低学年教師像を受容している。一年生の子どもに「お母さん」と呼びかけられ「涙が出るほど嬉しかった」と語る。そのことは男性である彼自身が低学年教育に従事することを否定する側面をもっている。事実彼は、「『どう頑張っても女の先生にはできて、俺にはできないことがあるんじゃないか』と思われている項目があるかもしれないですね」と語った。しかしそこに留まらず、「でも……現場の人間は、じゃあそれをどうしようかと工夫するんです」と異なるやり方を探っている。

母親的な教師像の存在を認めつつ、それを否定する語りも聴かれた。博先生は、低学年には「ベテランのお母さんとか、おばあさんみたいな先生がもつイメージ」「子どもたちに優しく接して、細かいところにも配慮して、手が行き届くというような感じのイメージ」が確かにあるという。しかし彼自身の考えとしては、「そんな特殊なことじゃないと思うんです、僕は」と母親的教師像を否定している。直人先生も同様である。「（子どもは）完璧にお勉強をしなきゃいけないし、しつけなきゃいけないし、かわいいなんて思っている暇がない、と私は思って仕事をしています」と述べている。

男性教師たちは、低学年担任の女性化されたイメージを引き受け、拒否したり、受容したり、ずらしたり、多様な仕方で調整することによって、男性の低学年担任としてのスタイルを構築しているといえよう。

② 子ども

a．知的な存在としての子ども

「繰り返しの語り」には，「初めての語り」を特徴づけていた幼稚な存在としての子どもの姿がほとんど登場しない。むしろ子どもを知的な存在として捉える語りが多い。

博先生は，低学年で仮説実験授業を試みたところ，高学年の学習内容でも工夫すれば低学年の子どもにも理解できることがわかったと語る。「自由電子なんていう言葉を一年生に教えて何がわかるのと思うけど，やってみれば子どもたちはわかっちゃうし使っちゃう。一年生で燃焼の授業をやったんです。教科書的にいえば六年生です。……原子，分子の模型を使うと，簡単に酸素がくっつくということがわかっちゃう」。彼は，教材に難しい言葉が出てきても高度に抽象的な概念以外は「抵抗にはならない」と断言する。

孝弘先生は難しい課題に挑戦する子どもの姿を印象的に語った。学校で飼っているヤギが「くちゃくちゃ」するのを，子どもたちが「チューインガムを噛んでいる」と表現したところから，反芻についての学習を試みる。その際に少し難しい内容であることを告げると，子どもたちの顔つきが変わった。「一年生とか二年生を見ていると，顔つきがくっと変わる瞬間があるんです。……『じゃあ，次，三年生のお勉強なんだけど，いい？』と言うと，くっとするんですよ。チャレンジしようとするわけです。わからなくてもいい。『できるかな。どうかな。でも，ちょっとやってみようか』と言うと，食いつきがすごい」。ここでは基礎基本さえ習得していない子どもの姿ではなく，基礎基本を超えた困難な課題にこそ果敢に挑戦する子どもの姿が示されている。

b．低学年の子ども固有の知性

「繰り返しの語り」には，単に知性的であるのみならず，高学年の子どもとは異なる固有の知性を備えた存在としての子どもが登場している。孝弘先生は，「(一年生は) 夢とうつつと幻を行ったり来たりしているんです。……そのなかで『そんなことはあり得ないでしょう』と言ったら，もうおじゃんなんです。『そうね』と言いながら」と，小さな子どもたちのもつファンタジーの世界を重視し，教師がその世界に寄り添う必要性を指摘している。真一先生は，演劇教育を通して知った低学年の子どもたちの身体表現の魅力を語る。「一，二年生の方がもっと率直に子どもたちの体がほどけていくというか，開かれていくというか……それは高学年とはちょっと違う」。このような子どものイメージは，実践を通して発見されるものであると同時に，後述のとおり彼らの実践の創造性の源ともなっている。

③ 教育実践

a．基礎基本の意義の捉えなおし

「繰り返しの語り」においても「初めての語り」と同様に，基礎基本を教え込むことの重要性は頻繁に語られた。ただし「繰り返しの語り」では，教え込みが一人ひとりの子どもの状況に即して意味づけられている点が異なっている。直人先生は，外国籍の子どもを担任した経験について，「その子 (外国籍の子) たちの生命線というのは，掛け算九九を覚えているかどうかなんです。……それでもう，この後の成績および高校進学まで決まっちゃう。そんなこともあって，その子たちを含め二年生全員に九九を丁寧に叩き込むんです」と述べた。また博先生は，6以上の数がわからなかったある女の子への関わりを印象深く語っている。彼は教え方を工夫して、足して6になる計算をいくつかノートに書いたり、裏に数字の書かれたタイルを用いたりした。すると女の子は6を覚え、続いて7と8の定着にも成功した。この経験を先生は、「ほかの子に通用するかどうかわかりませんけど、感動的に僕はうれしかったね」と語った。このように「教え込む」ことの意味は、低学年で身につけるべき基礎基本を他の子どもたちと横並びで習得させることにではなく、個々の子どもの生と学びの文脈において捉えなおされている。

b. 創造的実践

「繰り返しの語り」には、低学年の子どもたちの固有の可能性に基づいた実践が頻繁に登場する。とりわけ、子どもたちが言葉の発達の途上にあることを、彼らの実践は真正面から受けとめ肯定している。

直人先生の教室空間づくりはとりわけ大胆である。彼は、壁のみならず天井からも作品を吊り、時に廊下の天井さえも利用して「ジャングル」のような掲示物の空間を作り出す。その中には一人ひとりの子どもの四月当初の写真もある。一年を通して飾られているので、個々の子どもの成長が一目でわかるという。

具体物や動物を用いた実践は多い。孝弘先生は調査現在の勤務校で三年続けて一年生をもったが、それは学校で飼育していたヤギに学ぶ彼の生活科の実践が、管理職や同僚から高く評価されたためだった。博先生や直人先生の教室には、実験に用いる多様な道具や、ちょっとした気づきに結びつくようなたくさんの具体物が持ち込まれている。

真一先生が担任したクラスには、不登校気味の子をはじめ、コミュニケーションの苦手な子どもが何人もいた。学習の過程におけるコミュニケーションの重要性を痛感した彼は、発言する子も聞く子も互いに身体を向かい合わせ、言葉をしっかり伝えしっかり受けとめる応答関係を意識的に築いていった。こうした授業づくりを通して、真一先生は子どもたちの身体表現の可能性を見出す。「『たんぽぽ』という詩があるんだけど、『たんぽぽになって』と言うと、たんぽぽの一つひとつの種がぱっと散っていったり、そういう世界に（低学年の子どもたちは）すぐ入れるんですね」。さらに彼は、身体表現を織り込んだ実践を、言葉の発達途上にある低学年の子どもへの教育にのみ閉じたものとしては捉えていない。そこにすべての学年段階における実践の捉えなおしにもつながりうる創造性を見出している。

④ 同僚

「繰り返しの語り」には、同僚に関する言及はほとんどみられなかった。ベテラン女性教師からの助言や指導について語られなくなるばかりではない。足並みをそろえることも語られなくなる。

その中で孝弘先生は、例外的に、同僚との協働を語っている。ヤギと人間の違いを学ぶために、隣のクラスで親しまれていた人形の実践にヒントを得て、「人体くん」の実践を展開している。「（隣のクラスで先生の作った段ボールの人形が子どもたちから親しまれていたのを見て）私も何か作らなければいけないと思って、理科室から人体（標本）をもってきたんです（笑）。……うちの子どもたちも『人体くん、人体くん』って。最初は化け物扱いだけど、愛着をもつわけです。帽子をかぶせてみたり、いろいろするわけ」。人体が選択された背景には身体の仕組みの学習への見通しがある。ここでは隣のクラスの実践に触発されながらも、学年で足並みを揃えるのではなく、それぞれに創造的な実践が行われている。

⑤ 保護者

「初めての語り」では、低学年教育に特徴的な細かいしつけや訓練と、同僚と細かく歩調を合わせることの重視が、保護者からの要請と抱き合わせで語られていた。こうした語りには、保護者のニーズが低学年担任の仕事を一定程度拘束するとの感覚が見られた。

しかし、「繰り返しの語り」における保護者は、自分の実践の意味や成果を伝え、子どもの成長を共有する相手として立ち現われている。直人先生が教室を作品で「ジャングル」のように飾ったのは、子どもたちのためだけではなく、もともとは保護者に「子どもの成果」を伝えるためだった。「親にうまく成果が伝わるということがとても大切だなと（気づいた）……だから、あらためて学級通信を書くだとか、懇談会のときに作品だらけにするとか、ずっと撮りためた写真をスライドショーにして廊下で流し続けるだとか……子どもの成果をばんばん伝えだした」。博先生も保護者との連絡の重要性を表現するエピソードを語っている。一年生を担任した際に、連絡帳をきちんと書かせなかったことが保護者の間で問題になったことがあった。なぜそのようなことになったかを自問した博先生は、育児で家庭責任が重かったために、例年は頻繁に出していた授業通信を書けていなかったことに思い当たる。そのことによって保護者に自らの実践や子どもたちの様子を伝える機会が失われていた。彼の仮説実験授業の実践は、保護者に子どもの学習状況や成果を伝え、信頼を得ることによって成り立っていたのだった。

5　男性教師の低学年教育の経験

男性教師が低学年担任になること

ここまで一〇名の男性教師における低学年教育の経験の語りをみてきた。一〇名という限定された人数であること、個々の教師も学校も多様であることを鑑みれば、彼らの経験を安易に一般化することはできない。そのことをふまえたうえで、男性という性別によって彼らの経験を特徴づける装置として機能している学年配置のあり方に着目して、以下の考察を行う。

まず、男性教師が低学年担任になるということについて考察する。

研究協力者たちが印象的に語ったのは、男性であるがゆえに低学年担任になれない状況である。その理由の一つは、男性教師に「規律化」、すなわち荒れた教室を立て直したり、荒れを防いだりする役割が期待されることにあった。また、男性的な身体を理由に低学年への配置を否定された研究協力者も複数いた。

男性教師が低学年に配置される典型的な経緯もまた「規律化」の期待である。一年生の時に荒れた学級を立て直す役割を期待されて二年生に配置されるケースが目立った。とはいえ、「規律化」の要請による低学年への配置は、同じ理由による高学年への配置に比べて稀である。実際に、インタビューの時点で、初めての低学年担任の経験が一度きりの経験となっている研究協力者は少なくなかった。

このように高学年に多く配置されることそれ自体が、男性教師における初めての低学年教育の経験を特徴づけている。彼らは自らが中心的に担ってきた高学年教育との比較において低学年教育を捉える。低学年の子どもたちは幼稚でかわいらしい存在として，その教育は無知な子どもたちに学校での生活習慣をしつけ，学習の基礎基本を教え込むこととして認識される。また彼らは低学年教育に対して，自らの実践を創造するというよりもやり方を学ぶというスタンスで臨んでいた。彼らは低学年教育のあり方に違和感を覚えつつも，女性である同僚教師のやり方を基本的に踏襲している。そのように振る舞う理由は，しつけや訓練という細かい対応を求める保護者のニーズがある，保護者が隣のクラスと歩調をそろえないと不安を覚えるといったように，主として保護者に帰着させて語られていた。

以上のような経験とその語りの特徴は，男性教師の男性性によるというよりも，彼らが低学年教育における新参者であることによる部分が大きい。初めて低学年を担当した女性教師，とりわけ高学年の経験を経て低学年教育に従事した女性教師からも，似た語りが聞かれうるかもしれない。しかし留意したいのは，男性教師が低学年の担任になりにくい学年配置の慣習が存在している事実である。すなわち，男性教師が多くの場合に新参者として低学年教育に従事する事態そのものが，彼らが男性であるということと密接に関わっている。また，初めて低学年教育に携わる男性教師は，男性が低学年教育から遠ざけられがちであることを自覚している点において，単なる新参者ではない。彼らは，低学年教育が自らの実践の主要なフィールドになるとは考えておらず，実際に再び低学年担任になる可能性も低いという意味で，熟達への志向と機会をもちにくい特殊な新参者である。

トレーニングとしての低学年教育

特殊な新参者として初めて低学年を担任した男性教師のまなざしは，低学年教育の一面をクローズアップするかたちで映し出している。彼らは低学年教育における生活習慣と基礎基本の徹底を印象的に語った。そのようなしつけと訓練によって構成される低学年教育の特徴を「トレーニング」と表現できる。

低学年教育における「トレーニング」の内容は多岐にわたる。生活習慣のしつけには、持ち物を片付ける、教室を掃除する、給食をきちんと食べるといった学校生活を円滑に送るために必要な事項が含まれている。学習の基礎基本の徹底には、鉛筆を正しく持つこと、マス目を正しく用いてノートを書くこと、ひらがなの読み書きを覚えること、掛け算九九を習得することなどが含まれている。ここで重視されているのは、子どもたちを小学校生活に順応させ、その文化に適応させることである。このような低学年教育の特徴を、勇治先生は、「学校の入り口できちんと学校生活のルールを学ばせる。そういう部分ではしつけという部分がすごく大きいと思います」と端的に述べていた。

「トレーニング」としての低学年教育は、低学年とりわけ一年生を、学校における生活と学習の独自なルールを学ばせる学年として位置づけている。その意味で「トレーニング」は、無知で未熟な低学年の子どもを、十全たる高学年の子どもに成長させるという側面を有している。それゆえ「初めての語り」において提示される低学年の授業は、決められたやり方が多くて単調である。そのような特徴は、創造的な授業を多く含む高学年教育の語りとの対比において際立っていた。

以上のことは、当然のことながら、低学年教育の実態が「トレーニング」のみで構成されていることを意味しない。実際に研究協力者が語った経験には、同僚である低学年教育のベテランの女性教師の創造的な実践からの学びも含まれていた。しかしながら、個別の事例を越えて小学校教育を構造的に捉えた際には、低学年教育の特徴は「トレーニング」に指摘できる。

なお、アメリカの男性教師研究は、女性化された低学年教育の特徴を、「ケアリング」［King 1998］や「養育的関わり」［Sargent 2000 2001］という母親業をモデルとする子どもへの関わりに見出していた。しかしそのような特徴は本研究ではほとんど語られなかった。アメリカの小学校では低学年の教室を家庭の延長として捉えているのに対して、日本の小学校では学校生活への適応が強く意識されるがゆえに低学年教育のトレーニングとしての側面が際だっていると考えられる。

トレーニングを超えて

次に男性教師が低学年担任を繰り返すことについて考察する。

先にも述べたように、男性教師は男性であるがゆえに高学年に配置されがちである。それゆえ低学年に繰り返し配置される場合には何らかの理由がある。その理由として多く語られたのは、低学年のカリキュラム開発に関する話題であった。低学年における生活科の設置は、新規教科であるため研究が必要である、力仕事を含む作業を伴うといった理由から、男性教師が低学年教育に参入する一つの契機となっていた。また低学年担任を自ら希望した研究協力者はもちろん、そうでない場合でも、生活科のカリキュラム開発や、自らが参加する民間教育運動に即した教育方法の研究を積極的に行っていた。

留意したいのは、ここに見られるカリキュラム開発への関心が、アメリカの男性教育研究が指摘する「カリキュラム志向」［King 1998, Sargent 2000］と類似しながらも、生起する構造を異にしている点である。アメリカの男性教師は、低学年の教師となった時に、女性的な方略に困難を感じ、代替的な方策としてカリキュラム開発に従事していた。それに対して日本の男性教師の場合、カリキュラムに関心を抱くことが繰り返し低学年に配置される契機となっていた。換言すると、日本の小学校では、カリキュラム開発への関心や従事なしに男性教師が低学年担任を反復する可能性は少ない。その意味で、低学年の担任を繰り返す男性教師は、低学年教育を自らの実践を展開する主要なフィールドとして捉えて実践を行っている。

「繰り返しの語り」は、以下の三点において、「初めての語り」とは異なる特徴を示していた。第一に、低学年の子どもたちが幼稚で無知な存在としてではなく知的な存在として登場している。言葉の発達途上にある子どもたちは、未熟な学習者ではなく多様な表現の可能性を有する存在として捉えなおされていた。第二に、「トレーニング」よりも子どもたちとの創造的な授業づくりが中心的に語られた。生活習慣のしつけについてはあまり言及がなかった。学習の基礎基本を徹底するということについては、個別具体的な子どもの状況に即してその意味が捉えなおされていた。第三に、保護者との関わりの質が変化していた。低学年の子どもの保護者は、隣のクラスと同質な授業運営を要求してくる存在としてではなく、積極的に成果を公開し理解を求めるべき相手として立ち現れていた。同僚と歩調を合わせる必要性は語られなかった。

繰り返し低学年教育を担当した男性教師の語りは、「トレーニング」としての低学年教育が抱える問題を可視化する。彼らの経験は、低学年教育においても、幼い子どもたちの知性、とりわけ想像性や身体表現の柔軟性に依拠した創造的な実践が可能であることを示している。「トレーニング」としての低学年教育には、幼い子どもの可能性をふまえた実践が展開されていないという問題があるといえよう。

注

1　二〇〇九年のPISA調査結果からは、全調査参加国（六五か国）の「読解」で女子生徒が男子生徒を上回る。しかし、「数学」は三五か国で男子が女子の成績を上回り、五か国で女子が上回る［OECD 2010：16］。

2　二〇一一（平成二三）年のOECD諸国の高等教育機関（四年生大学）への進学率は、アメリカやイギリスをはじめ、多くの国で一〇％以上女性の進学率が男性を上回る。OECD諸国のうち、男性が女性を上回るのは、日本のみである［OECD 2011］。

3　ジェンダー・マイノリティの研究ではないが、井谷恵子は女性体育教師に着目して、学校におけるジェンダー・カルチャーを問うている［井谷 2003 2005］。

4　たとえば、クッシュマンは、ニュージーランドの小学校の校長への調査を行い、校長らがヘテロセクシャルで、ラグビーをしているような男性を「本当の男性（real men）」として好み、彼らを男子児童・生徒のモデルとしようとしている［Cushman 2008：123-136］。男性らしさとは何かといった研究は進みつつあるが、それがどのような影響をもたらすかについては研究の蓄積がない。

5　ここでは、成績におけるジェンダー格差は、必ずしも教職の女性化と関係していないという研究が示されている［Sheelagh et al. 2005：8-9］。

6　もちろん、ジェンダーだけが問題ではない。実際にメディアでは語られないが、女子学生の小学校教師教育コースの修了率も下がっているという［Smith 2008：156-187］［Cushman 2005：227-240］。

7　たとえば、高井良健一［高井良 2007：241-260］や山﨑準二［山﨑 2012：182-193］の研究は、個々の教師の生活世界や経験を照準する新たな研究が展開される必要があることを示している。

8　伊藤によれば、本のタイトルとして「男性学」とはっきり銘打った出版物は、一九八九年の渡辺恒夫の『男性学の挑戦―Yの悲劇？』であり、その後一九九六年の伊藤の『男性学入門』が刊行され、九〇年代に男性学が市民権を得たのだろうと指摘している［天野正子他編 2009］。男性学の歴史、現在については『新編日本のフェミニズム12　男性学』を参照されたい。

9　マジョリティ研究とは、女性に対する男性、同性愛者に対する異性愛者、エスニック・マイノリティに対するエスニック・マジョリティ、すなわちアフリカ系の人々に対するホワイトネス研究や在日外国人に対する日本人研究などを総称している［天野正子他編 2009：6］。

10　ワークシート1については、データが膨大であるためここには掲載していない。

column

世界の女性教師／男性教師④

女性教師研究の先駆者イギリスにおけるジェンダー不均衡

学校における女性

イギリスは教職におけるジェンダー問題の研究をリードしてきた国である。４章でも紹介したように、女性の声の描出を通じてキャリアやリーダーシップ研究のあり方の再検討を目指す研究が早くから蓄積されてきた。ただし、理論的に大きな展開をみたことは、現場においてジェンダー問題が「解消」することをそのまま意味するわけではない。

二〇一四年において、イングランドの女性教員比率は幼稚園・初等教育段階では八五・一%、中等教育段階で六二・四%、これらをあわせた女性比率は七四%である。校長比率は幼稚園・初等教育段階で七二・三%と高率である一方、中等教育段階では三七・一%と、女性教員比率に対してかなり低くなっている（表⑫）。

職務へのコミットメントのあり方も、男女で異なっている。イングランドでは、教員のうち二三%がパートタイムでの勤務であるが、パートタイム教員の比率は男性が九%であるのに対し、女性は二六%と大きく異なっている。なお、初等教育段階のほうが、中等教育段階よりもパートタイムの比率が高い。

教員から学校職員に視野を広げると、教員の女性比率が七四%であるのに対し、学校支援スタッフ、ティーチングアシスタントのそれぞれ七九%、九一%が女性と、周辺的な地位ほど女性化されているという状況は明白である。

表⑫　イングランドの教員・校長の女性比率（%）

学校段階別	教員	管理職
幼稚園・初等教育段階	85.1	72.3
中等教育段階	62.4	37.1

注・公立学校を対象としている。
・各学校段階の数値は，地方当局による公立学校とアカデミーとの合計の数値を用いた。
出典：National Statistics：School workforce in England (November 2014) より算出し筆者作成。

女性教師の経験

女性教師たちをめぐる性差別の状況、教職生活と家庭生活を両立していくための支援の不足は、大きな問題であり続ける。コールマンは一九九六年と二〇〇四年の調査結果の比較において、減少傾向にはあるものの性差別を経験した女性教師が未だ半数に及び、明らかな差別を校長や地方教育当局から受けていたことを指摘した[Colman 2007]。また、母と校長の立場を両立する女性が増えたのは事実だが、男性校長と比べて女性校長が独身あるいは自分の子どもをもたず、あるいは離婚している割合が高いという状況は変わっていない。家庭生活におけるコミットメントをパートナーよりも多く担っている女性校長が四〇%を超えるのに対し、男性校長の場合は二%しか存在しない。親を育児の主要な委託相手とする日本と異なり、女性校長たちは外部委託者に子育てを任せながら、家庭生活と教職生活を両立している。

近年の教員養成の動向

イギリスの教師には、基本的にQTS（Qualified Teacher Status）とよばれる正教員資格が求められてきたが、二〇一〇年以降資格が緩和され、現在は正教員資格をもたない教員も一定数生み出されている。二〇一四年時点で、この無資格教員が教員全体のジェンダーバランスに与える影響はほとんどないが、教職の非専門職化とジェンダー不均衡は同時進行することも多い問題である。以後も経過を追っていく必要があるだろう。

また、複線化された教員養成制度において、従来型の大学ベースでの教員養成から、学校ベースでの養成ルートの拡大政策が展開してきたことは近年の政策的動向である。正教員資格の取得につながる養成プログラムを初等中等学校が開設でき、教員養成、採用、現職研修のすべてを体系的に行うティーチング・スクール構想も進められている。もともとイギリスの学校は校長の裁量が大きく、教員採用も学校単位で行われていた。近年の政策はここにより大きな役割を期待するもので、これまで以上に各学校のジェンダーへの配慮とそれを支えるシステムの整備が重要になる。学校ベースの教員養成が、将来の女性管理職候補者たちにとっての向かい風とならないか、今後さらに精査していく必要があろう。

（杉山二季・望月一枝）

引用・参考文献

Department for Education（2014）School workforce in England：November.（https://www.gov.uk/government/statistics/school-workforce-in-england-november-2014）

Coleman, Marianne（2007）Gender and educational leadership in England：a comparison of secondary headteachers' views over time. *School Leadership and Management*, 27（4）. pp. 383-399.

Coleman, Marianne（2003）Gender and School Leadership: The experience of women and men secondary principals. Paper presented at UNITEC, Auckland, Tuesday 23 September 2003

山崎洋子（2004）「現代イギリスの教員養成における動向と特質―学校基盤／パートナーシップ／校長のリーダーシップ／教職の専門性」鳴門教育大学学校教育実践センター紀要19　53-63

山崎智子（2014）「イギリスにおける『学校ベース』の教員養成策の動向と課題」『教師教育研究』7、福井大学大学院教育学研究科教職開発専攻（教職大学院）185-192

column

世界の女性教師／男性教師⑤

ドイツの初等学校の女性化と学力低下をめぐる議論

連邦統計局の最新のデータでは、二〇一四／二〇一五年度における初等学校の女性教師の比率が八八・八％と高い数値を示すドイツであるが、いわゆる「女性化」が進行したのは他の欧米諸国より遅い第二次世界大戦後のことである。女性教師の数が男性教師の数を上回ったのは、旧東ドイツでは一九五〇年代末、旧西ドイツでは六〇年代前半だった。

ただ、女性教師の数字上の増加は、学校における権限には必ずしも結びついていない。この傾向は旧西ドイツの州で顕著である。データはやや古いが、二〇〇一／二〇〇二年度のバーデン＝ヴュルテンブルク州とバイエルン州では、初等学校における女性校長の比率は約三割である。これに対して、旧東ドイツのザクセン州では、二〇〇二／二〇〇三年度において八割の初等学校で女性が校長職に就いている［Roisch 2003］。

また、フルタイム勤務の初等学校教師の八三・〇％が女性であるのに対し、パートタイム勤務の初等学校教師では九五・八％が女性である。非正規雇用で働く女性教師の多さも、女性教師の比率を押し上げる一因となっている。

ドイツにおいて初等学校における教職の「女性化」が社会的に認知され、かつ問題視されるようになったのは、二〇〇一年のいわゆる「ＰＩＳＡショック」後のことである。ドイツの教育がもつさまざまな問題を顕在化させたこの国際学力調査では、男子生徒の明らかな成績不振をも露わにした。そして、その原因として名指されたのが、初等学校で多数を占める女性教師だったのである。

ドイツにおいて、初等学校は、その最終学年で厳しいトラッキングをもつ中等学校への推薦が行われるという意味で、将来の進路や職業選択にとって極めて重要な役割を果たす場である。そこで多数を占め、結果として生徒の中等学校に対する推薦においても大きな責任を負うことになる女性教師は、女子生徒の成績や進路選択に良好な影響を与える一方で、男子生徒とミスマッチを起こし、成績にも進路選択にも直接的・間接的不利益をもたらす存在とされた。中等教育の修了率や獲得修了資格を州別に男女で比較し、フルタイム勤務の初等学校教師に占める女性の割合が高いほど男子生徒のそれらが不振傾向にあることを指摘した研究［Diefenbach/Klein 2002］も、この議論を後押しした。

キリスト教民主同盟などの保守系政治家からは、教職における男性クォータ制の導入を求める声も強いが、連邦レベルでの対策はとくに行われていない。教育を含めた文化高権をもつ州レベルでは、たとえばブレーメン大学講師のファンティーニ（Fantini, Christoph）が市と協働して〇九年よりプロジェクト「男性を学校へ―男性教師貸し出します」を実施している。同プロジェクトは、小規模ではあるものの、初等学校教職課程を履修する男子学生を月一〇時間、同市内の男性教師がいない初等学校に派遣し、授業や課外活動の補助に当たらせている。

その一方で、男子生徒の成績不振における女性初等学校教師責任論に対しては、近年いくつかの研究で反論が行われている。たとえばベルリン市で二〇〇三年から三年間にわたり行われた小学生の成績の追跡調査であるＥＬＥＭＥＮＴ研究のデータから、男子生徒の成績に教師の性別は影響を与えず、唯一女子生徒のみ、女性教師の多い初等学校に通うと読解力の成績が向上する傾向にあることが示された［Helbig 2010］。

また、国際読解力調査（ＰＩＲＬＳ）をドイツが独自に拡張して実施した〇一年のＩＧＬＵ‐Ｅのデータを統計的に分析した研究においても、女性教師が女子生徒の算数の成績に良好な影響を与えることは確認したが、テストの得点に関しては男女とも担当教師の性別が影響を与えることはなかったという［Neugebauer et al. 2011］。これは、いわゆる「男性的」なハビトゥスを身につけがちだとされる移民家庭出身の子や、社会経済的地位の低い家庭出身の子についても同じであった。

初等学校の教師を目指す学生の特徴として、ギムナジウムの教師を目指す学生と比較したとき、大学進学資格アビトゥアの点数において劣り、専攻に対する学術的関心も低く、社会経済地位の低い家庭出身者と女性が多いことが指摘されている［Neugebauer 2013］。初等学校教師という進路選択は、多くの学生にとって消極的選択に過ぎない。初等学校教師志望者における良質な人材の確保と養成は、今後のドイツにおいて大きな課題である。

その一方で、ギムナジウムの教師志望者と比べると、人間に対する関心が高く、兵役代替社会奉仕や教育実習における人との触れ合いを志望動機に挙げることが多いのも、初等学校の教師志望者がもつ特徴である［Faulstich-Wieland 2010］。このような事実は、ドイツの初等学校における教師像や学校文化の重要な一端をよく示していると同時に、同国の教職の在り方や学校文化全体に対しても大きな問いかけを行っているように思える。

（中園有希）

引用・参考文献

Roisch, Henrike（2003）„Die horizontale und vertikale Geschlechterverteilung in der Schule.“, In：Stürzer, Monika / Roisch, Henrike / Hunze, Annette / Cornelißen, Waltraud：*Geschlechterverhältnisse in der Schule*. Leske + Budrich Opladen, S.21-52.

Diefenbach, Heike / Klein, Michael（2002）„„Bringing boys back in“ Soziale Ungleichheit zwishen den Geschlechtern im Sekundarschulabschlüsse.“ In：*Zeitschrift für Pädagogik* Jg.48 H.6, S.938-958

Helbig, Marcel（2010）„Sind Lehrerinnen für den geringeren Schulerfolg von Jungen verantwortlich?“. In：*Kölner Zeitschrift für Soziologie und Sozialpsychologie*. Jg.62, H.1, S.93-111

Neugebauer, Martin / Helbig, Marcel / Landmann, Andreas（2011）„Unmasking the Myth of the Same-Sex Teacher Advantage.“, In：*European Sociological Review* Vol.27 No.5, S.669-689.

Neugebauer, Martin（2013）„Wer entscheidet sich für ein Lehramtsstudium – und warum? Eine empirische Überprüfung der These von der Negativselektion in den Lehrerberuf“, In：*Zeitschrift für Erziehungswissenschaft* H.16, S.157-184.

Faulstich-Wieland, Hannelore / Niehaus, Ingo / Scholand, Barbara（2010）„Lehramt Grundschule：„niedrigste Stufe dieses Lehrberufs“ versus „ich liebe Kinder“. Oder：Was SchülerInnen vom Lehramt abhält und Studierende daran reizt“. In：*Erziehungswissenschaft* Jg.21 H.41, S.27-42.

3章 女性教師の声を聴く
――低学年教育の経験を捉え直す――

1 はじめに

本章では女性教師の声を聴くことを試みる。この主題は、提示されると同時にいくつもの問いを喚起する。なぜ教師ではなく女性教師なのか。声とは何であり、声を聴くとはどういうことなのか。なぜ女性教師の声を聴く必要があるのか。そしてそもそも女性教師とは誰のことなのか。

女性教師の声を聴く試みは、「女性教師」は存在するのかという問いから出発する。日本の小学校における教職の女性化の過程は、家父長制家族のジェンダーを内包した中性化あるいは脱性別化という歴史的な特徴を形づくった。一九〇〇年前後を起点とする女性教師の急増をめぐる議論において、女性教師は、一方では学力の不足した劣等な教師として有徴化され、他方では母性と女性性を備えた存在として賞賛され、低学年教育と女子教育の仕事を配分された。しかし一九六〇年代後半から七〇年代前半に女性教師の増加が議論された際には、女性教師をことさらに女性として主題化することが批判された。その過程で女性教師は性別をもたない「教師」へと脱性別化された（5章）。

この教職のジェンダー化と脱性別化の歴史的過程は、教師の仕事におけるジェンダーの問題を覆い隠し複雑なものにしている。第一に、この過程において女性教師は端的に差別され引き裂かれている。女性教師は家父長制家族のジェンダーとともに学校に導入され、にもかかわらず、男性教師を標準とする教師への同一化を余儀なくされた。第二に、教職の脱性別化によって、女性教師と男性教師を語る言葉が失われた。そのことは一面で、教師の性別へのステレオタイプに基づく意味づけを抑制しジェンダー平等に寄与した側面をもつ。しかしもう一面で、教職における性差別やジェンダー問題の検討を困難にしている。河上婦志子は女性教師を「問題」として論じる文献を検討し、「女性を責める」構図、「男性＝標準」の構図、「イデオロギーの循環」の構図という三つの構図の存在を指摘している［河上 2000］。その指摘は適切で重要である。ただしここで注目したいのは、河上が検討した文献のうち、家庭責任を主題化するものを除くほとんどが一九七〇年代までに記されている事実である。このことは女性教師を女性として語ること自体が、一九八〇年代以降に著しく困難になったことを示唆している。河上は女性を問題化する議論のあり方を変革するために、「女性の経験を踏まえ女性の視点を取り入れた新しい認識の枠組みや分析の図式を、女性たち自身の手で開発し提供していく必要がある」という。しかし「男性＝標準」の構図が、女性教師を教師へと脱性別化し、女性の語りを封印し、教師の仕事から女性的なもの、母的なものの積極的な意味づけを剥奪することによって完成されたのだとしたら、私たちはどのようにして「女性の経験」を聴き「女性の視点」を定めることができるだろうか。

女性教師の経験を語る言葉は、教師の経験を語る言葉に還元されている。そのような状況に対して私たちは、「声」の概念を用いることによって女性教師の語りを聴くことを試みたい。すなわち女性という性別の教師の経験の語りを聴き、女性の経験として解釈し、意味づけ、教育研究に正当に位置づけたい。以下ではまず、女性教師の声を聴くという企図の理論的枠組みを検討する。続いてその枠組みをふまえて女性教師の声を聴くことを試みる。具体的には、2章において男性教師の語りから見出された低学年教育の特徴のうち、「トレーニング」を行うという経験と「足並みをそろえる」という経験のあり様を、女性教師の語りに即して検討する。

なお本章は「私たち」という一人称を用いて記述している。「私たち」という言葉で表現されているのは、この本の編著者である六名の女性研究者である。本章を一人称で記述したのは、声を聴くという企図の政治性が、誰が何のために誰の声を聴くのかというポジショニングの明確化を要請するからである。また、語りが単なるインタビュイーの経験の表現ではなく、インタビュアーとインタビュイーの協働において生成していることを明示する必要があるからである。

2　理論的な枠組み

本章の理論的な枠組みは、教師の声、女性教師の声、女性研究者の声という重なりあう三つの領域にかかわる。第一に、カリキュラム研究において提起された「教師の声（teacher's voice）」の概念を、その政治的な企図に着目して検討する。第二に、女性教師の声の研究を、母的な経験の再構成を伴う教育への導入において特徴づける。第三に、女性教師の声の研究に理論的な基盤を提供したフェミニズム教育学を、教育研究における女性研究者の声の出現として捉え、その問題提起を確認する。

教師の声

「教師の声」の概念は一九八〇年代後半から九〇年代にかけて提起され洗練された。その特徴は「従来の沈黙」に対して用いられた点にある［Elbaz 1991］。教師の声の概念が問題にしたのは、教育研究が教師の経験を捉え得ていないこと、政策立案、学校運営、教育改革等が教師を無視して行われてきたことだった。重要なのは「語り」と「声」の違いである。教師の語りの研究が教師の生きた経験や個人的な知識を解明しようとしたのに対し、教師の声の研究は、その潮流の中にありながら、教師の経験と教育研究との不均衡な関係をより先鋭に問うた。

教師のライフヒストリー研究を提起したグッドソン（Goodson, Ivor）は、教職のアカデミックな研究が教師の声を聴かずにきたことを問題にした。具体的には、教育のアクションリサーチ研究やコネリーとクランディニンによる教師の実践的知識の研究を挙げつつ、そのような望ましい方向性をもつ研究でさえ教師を教育実践に解消しその生活を看過していると述べている。教師の声を聞くための方途として提示されているのは「教師の生活に関するデータ」の使用である。教師の多くが教育の信念と実践について説明するときに自分の生活について語ってきたにもかかわらず、そのデータは研究に寄与しない「不要なもの」として捨てられてきたという［Goodson 1992］。

エルバズ（Elbaz, Freema）は「教師の声」の概念において、教師の知識や観点に「真正性」を認めることの重要性を強調した。エルバズによれば、声は認識論的な概念であると同時に政治的な概念である。その概念が示唆しているのは、語る人が自らの「真正な関心（authentic concern）」に表現を与える言語を有しているということ、その関心を認識しうるということ、それを聞く重要な他者がいるということである。「教師の声」と「教師の観点」の表現を可能にしようとする努力は、共同執筆、ナラティブの相互構築によるインタビュー、教師の日誌の共同解釈といった研究方法を生み出してきた。しかしより根本的な問いは、どのような種類のディスコースが使用され、それがどれだけ教師の経験と関心の真正な表現として許容されているかということにある。教師自身が自らの関心に声を与えることが困難なのは、何よりも、ティーチングに関するアカデミックで専門的なディスコースや、一般的な教育研究のディスコースが、そうした関心の形成を許容していないからである。たとえば学校と文化の「伝統」は、教師の言葉と行為の権威の源泉となっているにもかかわらず、研究者はそれを正当に扱い得ていない。それは研究者がリベラルな理論から概念マップを得ているがゆえに、「伝統」を保守主義や古めかしさとして否定的に捉えているからである［Elbaz 1991］。エルバズは実際に、教育研究が関心をもたなかったがゆえに聴かれてこなかった「教師の道徳的な声」の解明を試みている。興味深いのは、「声」が単に聴かれるものというよりも「与える」ものとして定位されている点である。エルバズは、哲学者ルディク（Ruddick, Sara）による「母的思考」の理解の方途を参照しつつ、教師の知識に「声を与える」ためには、単に認識し記述するのではなく、その知識を表現する言語と概念的カテゴリーを発明することが必要だと述べている［Elbaz 1992］。

声の概念の政治的側面は、研究者のバット（Butt, Richard）とレイモンド（Raymond, Danielle）および教師のマックー（McCue）とヤマギシ（Yamagishi）による共著論文「共同的自伝と教師の声」でも強調されている。この教師の知識研究の目的は、教育の研究、開発、改革、カリキュラムの実施と変更において看過されてきた「教師の観点」の根源的な理解に置かれている。その声の概念は、一方で身体や感情に、もう一方で「話し表現する権利」という政治的な意味に結びつけられている。具体的には、教師がどのように個人的な実践的専門知識を発展させるか、個人的な経験の専門的文脈への統合がどのように行われているかが問われ、ジャパニーズ・カナディアンとしてマイノリティにおける文化的スキルの獲得に伝統的な手法で尽力するヤマギシと、三人の子のシングルペアレントであり第二言語としての英語教育に携わるマックーの経験が記述されている。解釈に際しては、教師のリアリティを重んじ、教師自身の「存在論的枠組み」の生成を可能にするために、特定の枠組みの採用が否定されている［Butt et al. 1992］。

以上のような研究の動向に対して、ハーグリーブズ（Hargreaves, Andy）は「教師の声」を過度に美化することへの危惧を表明した。彼は教師の声の価値の主張を基本的に認めつつも、その研究を以下の三点において批判している。一つめは「教師たちの声」が特定の「教師の声」に代表させられている点である。二つめは教師の声の研究が、その声を他の声から孤立させ、また自らと関心を共有する教師に調査を依頼しがちであり、研究者は教師の声を道徳化しがちであることである。三つめは「教師の声」が位置づいている文脈、その意味と価値を構成している文脈の問題である。具体的に問題にされているのは生徒の声と親の声の排除である。あるいは他の声を排除しているということである。教師の個人的で実践的な知識は限定されたものであり、視野の狭い非実践的な知識にもなりうるとされる。ハーグリーブズの議論の目的は、教育研究における教師の声を沈黙させることではなく強めることにある。教師の声の美化を避ける方法として、彼は、教職の幅広い文脈に渡って教師の声を聴くこと、周辺化され不満を抱いている教師の声こそを聴くことを提唱している［Hargreaves 1996］。

ハーグリーブズが「教師の声」の多様性に注意を喚起したのに対して、グズムンズドッティル（Gudmundsdóttir, Sigrún）は個々の「教師の声」における「多声性」に注意を促している。彼女は上記のハーグリーブズの論文を、「声」を既に完成し文脈から切り離されたものとして扱っている点において批判した。彼女によれば、声は再生されるものでも創られるものでもなく、共同的な語りの探究において主張される。すなわち、どの声も文化的な状況に埋め込まれた複数の声の「異言語混交」であり、それは個人の単独な声を通して「腹話術」として主張されるという。グズムンズドッティルの多声性の提起において重要なのは、語りに内在する政治への着目が喚起されている点である。語りは必ずしも解放をもたらすものではなく、しばしばジェンダー化され、ハイアラーキー化された家父長制的な文化の再生産に終わる。「単一の主体」という男性中心主義によって創られた神話によって、女性の主体性が継続的に断片化されてしまうからである。研究者に要請されるのは、研究協力者との仕事において、解釈的な「非―単一の主体」を拡充することである［Gudmundsdóttir 2001］。

エルバズ（Elbaz-Luwisch, Freema）もまた、『教師の声』と題された著書において、「教師の声」の概念に「多声性」の導入を企図している。エルバズによれば、仕事において大切なことはなにかと教師に尋ねると、「多様な声」を異なる教師から聴くのみならず、個々の教師においても「多様な声」を聴く。そのように多様な側面と多様な声をもつティーチングの描写こそが、その複雑さと可能性の理解を可能にするという。ここでは教師の声が、教師のアイデンティティの多声的で対話的な語りとして理解されている。そしてティーチングを理解する際には、「個人」としての教師と「グループ」としての教師の双方に着目する必要性が指摘されている［Elbaz-Luwisch 2005］。

私たちの検討は、教師の声の概念に込められた政治的な企図をふまえ、その困難の認識から出発する必要がある。声の概念は、教育研究が教師の経験を看過してきたことを批判し、教師の語りに現れている経験や知識や思考に「真正な関心」を認めることを目指した。その過程で必要なのは、まずは、教師の語り、とりわけ従来の教育研究や私たち自身の概念マップとの齟齬や葛藤を含む語りに耳を傾け、そこに含まれている関心を真正なものとして受け取り再構成することである。しかしながら、エルバズが「声を与える」という言葉で表現したように、声は単に聴かれ得るものではない。「女性教師の声」が覆い隠されてきた文化的状況を超えるためには、異なる概念を発明する、あるいは導入することが要請される。ここではフェミニズム教育学の概念を導入することによって、女性の声を聴くことを試みたい。その際に、多様な教師の多様な声を聴くこと、個々の教師の声を多声的に聴くことによって、複雑で困難な実践の中に異なる可能性の萌芽を探る。

女性教師の声

女性教師の声は、教師の声と同様に、公的な教育の言説に抑圧されてきた言葉として見出された。すなわち女性教師の声もまた、教育研究、政策立案、学校運営等において聞かれてこなかったものとして見出されてきた。ただし女性教師の声の研究は、ギリガン（Gilligan, Carol）の『もうひとつの声』を出発点とするフェミニズムの系譜に位置づいている点に特徴がある。

女性教師の声の研究は、教師のライフヒストリー研究の系譜に見出すことができる。グッドソンは教師の生活に関する研究の可能性を、アメリカの進歩主義教育に従事する女性教師の離職をライフヒストリーの手法によって検討したケイシー（Casey, Kathleen）の研究に指摘している［Goodson 1992a］。ケイシーが明らかにしたのは、離職した女性教師が生成する語りには、教師の減少に関する研究に見られるような「市場志向」は現れていないこと、彼女たちにとって特定の学校における仕事が給与以上の「根源的な実存的アイデンティティ」になっていることだった［Casey 1992］。ケイシーは自身の研究方法を「フェミニストの研究手法」と呼び、その特徴として、元教師の女性研究者によって多く使用される点、女性の経験の理解を研究の中心に置く点、語り手の声にアカデミックな研究者と同等の地位を与える点を指摘している［Casey and Apple 1989］。その後のケイシーの研究は、教師のライフヒストリー研究にフェミニズムの観点を積極的に取り入れつつ展開されている。「母としての教師」では、「母的（maternal）」という概念を鍵としつつ文化的背景に即して女性教師の語りを検討し、その多様性の提示によって「母的」ということの脱構築が試みられた。左派的な世俗ユダヤ人の公立学校教師たちと社会正義支援の活動を行うキリスト教の教区学校の教師たちは、基本的に「母としての教師」を語ることを拒絶したが、退職した白人の女性教師たちとブラックコミュニティーにコミットする公立学校の黒人の女性教師たちは「母としての教師」を語ったことが指摘されている［Casey 1990］。ケイシーの著書『私は私の人生で応える』では、上記のうち退職した白人の女性教師を除く三グループのインタビューが検討され、これらの社会変革のために働く女性たちが、自らをカソリック、マルキスト、アフリカンアメリカンという特定の歴史的な人間関係のネットワークに位置づけるとともに、「ケアとつながり」というフェミニストのエートスに参与していることが示されている。そしてそのような女性教師の声に、公的な言説を構成する「軍事的‐産業的論理」への抵抗が見出されている［Casey 1993］。

ケイシーの関心は、イギリスの教育研究者サイクス（Sikes, Pat）によって、「母的」という概念を「親的（parental）」という概念に拡張して引き継がれている。サイクスはこの著書において、自分の子どもの親である経験と生徒の教師である経験との関係を直接的に問い、親であることと教師であることのジレンマの描出と、母的経験による女性教師と男性教師の教師としての変化、すなわち親になることにおいて教師が獲得する知識、スキル、理解の解明を試みている。ここで重要なのは、親的経験と、「プラウデンレポート」（1960）の内含する「親としての教師」の公的イデオロギーとが、注意深く区別されている点である。それらは必ずしも一致せず、後者を批判することは前者を否定することではない。必要なのは、一方でカリキュラム、教育理論、教育実践を再構築すること、もう一方で母的規範と父的規範をラディカルに再構築することの双方だとされる［Sikes 1997］。

イギリスの教師文化研究では、サイクスと文脈や関心を共有する研究が推進され、小学校の教師の文化がケアとして表現しうること、一九八〇年代以降の新自由主義の教育改革がそのケアを困難にしていることが指摘されてきた。教師の語りを検討したナイアス（Nias, Jennifer）は、教師文化を「ケアの文化」として表現し、その特徴を、子どもからの依存、子どもへの責任感、子どもとの愛情関係、子どもの福祉や幸福への深い関心に求めた。そして、教育改革においてコストとその効果が問題にされ、競争の圧力が増大することによって、教師たちが抑圧され無力感に悩まされていることを指摘した［Nias 1999a］。またナイアスはその「ケアの文化」を「母的」「女性職」を鍵概念として分析し、「感情性」「学習者への責任」「学校における関係への責任」「自己犠牲」「極端な誠実性」「アイデンティティ」の六つの側面に分節化している。ここで試みられているのは、感情と対人的責任から引き出される倫理的な概念としてのケアと、それと社会的に結びつけられてきた従属性や自己を無視する習慣との差異化である［Nias 1999b］。小学校でフィールドワークを行ったアッカー（Acker, Sandra）は、教師のケアリングの様相を検討し、子どもへのケアの営みが自己犠牲やケアの限界といった母親と同じような困難をはらんでいること、その維持が同僚間のケアによって可能になっていることを指摘した［Acker 1995b］。またケアリングを正しい仕事の方途として内化した女性教師たちが、コミュニティに評価されていないと感じて自分を責める状況を見出し、その背景を標準化されたナショナルカリキュラムを推進する政府の方針との葛藤に指摘している［Acker 1999］。フォアスター（Forrester, Gillian）もまた、教育に目標やテストや評価を導入しパフォーマンスを求める近年の政策が、多くの教師に「パフォーミング」と「ケアリング」との軋轢によるストレスを感じさせていること、小学校の文化が養育という女性的な性質と関わるものから経営やパフォーマンスといった男性的なものへと変化していることを指摘している［Forrester 2005］。

女性教師の声や経験の研究は、「ケア」や「母的」といった概念を通して女性の果たしてきた役割や女性的とされる価値の再評価を試みてきた。またそのことを通して、一九八〇年代以降の教育改革における新自由主義のイデオロギーを、教師の経験に即して批判してきた。女性教師の声や経験への着目は、教育研究や教育政策における家父長制的な男性中心主義の批判を可能にしている。ただし留意しなければならないのは、その過程で家父長制における母性のイデオロギーもまた批判的に対象化されている事実である。ケイシーは「母的」という概念、ナイアスは「ケア」の概念の文化的な多様性を提示することによって、女性を抑圧するかたちで機能してきた自己犠牲的な母性と、母的経験とを差異化している。サイクスもまた「母的経験」「親的経験」という言葉を用いつつ、それらと「親としての教師」のイデオロギーを区別しようとしている。女性的な経験や価値の再評価は、母性のイデオロギーを批判しつつ母的経験を意味づけるという矛盾に満ちた検討を要請する。そのことを認識しなければ、女性を抑圧してきた母性のイデオロギーを無批判に再生産してしまうだろう。

また女性教師の声の研究は、女性の声とは誰のどのような声なのかという困難な問いを喚起している。ケイシーは性別が女性である教師の語りを通して母的規範とカリキュラムの規範の再構成を企図しているが、サイクスはその関心を引継ぎながらも親になるという経験を重視し男性教師の語りを検討の対象に含めている。またナイアスが小学校教育の文化としてケアを見出し、そのケアの文化と母的なものや女性的なものとの関係を問うているのに対して、アッカーは女性教師のジェンダーを問う文脈において女性教師の仕事としてのケアリングを見出している。女性であることと女性的な経験や価値は、重なり合いながらもずれている点に留意する必要がある。

女性研究者の声―フェミニズム教育学

女性教師の声の研究は、それ自体が女性研究者の声としての側面をもっている。ケイシーは著書の冒頭で自身のライフヒストリーを語り、「社会変革のために働く女性教師」という自らのアイデンティティを確認している。彼女は教師一家に生まれ、底辺校に勤務する母親から「母の他の子どもたち」である生徒の物語を聞いて育ち、ヘッドスタートプログラムに従事してからは母と同じく生徒の物語とともに帰宅するようになった［Casey 1993：8–9］。サイクスは親になることによって教師教育者として変化した自らの物語を語っている。彼女は妊娠、出産、育児を通して幼い子どもを好きだと思うようになり、教職希望者は

「すべての子どものためにベストをつくす批判的で省察的な実践家になるべき」だと考えるようになったという［Sikes 1997：2-10］。

女性教師の声の研究に理論的な基盤を与えたフェミニズム教育学の知見も、教育研究の世界に提示された女性の声としての側面をもっていた。フェミニズムの教育学者たちは、自らの女性としての経験から、学校教育と教育学が家父長制と男性原理に支配されていることを指摘し、ケアや再生産の経験の学校への導入を企図した。カリキュラム研究者グルメットの軌跡は、その過程を鮮明に表現している。教育的経験の自伝的研究を行っていたグルメットは、パイナー（Pinar, William）との共著『貧困なカリキュラムに向けて』において、自らが執筆した最終章を「異なる声（another voice）」と名づけている。そこに記されているのは、生徒が書いた教育的経験のエッセイに対して、「判断をくだす」のではなく「対話的観点」をもたらすようなかたちで返答した時に、グルメット自身の「私」の性質と出来事に満たされた記述が可能になったというエピソードである。この経験は、他者との関係によって部分的に規定される応答者の役割が、「私自身の声」を探すこと以上に「私自身の表現の様式をもつこと」を容易にしたと意味づけられている［Grumet 1976］。グルメットは後に、「異なる声」の概念をギリガンの「もうひとつの声（a different voice）」の概念［Gilligan 1977］に重ねつつ、その概念が「私の仕事」を「男性の仕事」から、「私のテキスト」を「男性のテキスト」から区別することを可能にしたと述べている［Grumet 1990］。

グルメットの主著『ビターミルク』は、教えることの女性にとっての意味を、対象関係理論と解釈学に依りつつ分節化している。彼女はその冒頭で、公的な言説における「私たちの沈黙」が、既存のシステムを承認し、自らの歴史と教育の仕事における「養育の親密性」の関与を否定することになると述べている。

ここで問題にされているのは、学校のカリキュラムが男性の領域、生産領域、公的領域の関心によって構成されていること、教師である女性たちが、家父長制家族のジェンダーを導入した学校において、子どもたちを私的な世界から公的な世界へと手渡す役割を担わされているということである。グルメットは女性であることと教師であることとの矛盾を抱え込んだ女性教師の言葉と身体に定位して、学校における「公的」と「私的」の二項対立を組み替えることを試みる。それは家父長制が命じる「母性」から女性の経験を救い出し、教育の関係に親密さと女性の絆を回復することを要請する [Grumet 1988]。なお『ビターミルク』が女性の声を響かせる試みであったのに対し、グルメットは後の論考「声」において、そのような自身の方略への違和感を語った。ここでは女性の声がそれ自体と区別されたものに対置され続けていること、すなわち男性のナレーションのもとで女性の声が見出され意味付けられる構図において、女性の声の称揚がその枠組みを変えられないでいることが問題にされ、声の概念を多声として理解する必要性が提起されている [Grumet 1990]。

グルメットはノディングズ（Noddings, Nel）の『ケアリング』（1984）を、自らと同様に教育を考えるために家庭の生活世界へと向かう試みとして位置づけている [Grumet 1987]。実際に、ノディングズのケアリングの議論の出発点を構成しているのは「母の声」である。『ケアリング』の冒頭には、既存の倫理学は原理や命題の形式あるいは正当化や正義や公正といった用語、すなわち「父の言語（language of the father）」によって議論され、その中で「母の声（the mother's voice）」は沈黙させられてきたとある。またノディングズは「ケアリング」を概念化するにあたり、母親である「私」、すなわち彼女自身とその子どもたちとの関係を多く事例として挙げている。その特徴は個別的で具体的な関係性を強調する点にある。

ノディングズはそのように母子関係を基盤とする「ケアリング」を学校教育における教師と生徒の関係と重ね合わせている［Noddings 1984］。『学校におけるケアの挑戦』では、「ケアリング」のカリキュラムへの導入が企図されている。その議論の冒頭には、「私たちは養育と教育のために、大きな異種混交の家族を有しているかのように振舞うだろう」と記されている。そして、自分は哲学者、元数学教師、理論家、実践者としても語るが、「異種混交の家族の実際的な母」として多くを語ると述べている。「ケアの中心」によるカリキュラムの構想の出発点は、「異種混交の子どもたちの非常に大きな家族」を育てているのだとしたら「私たちの多くは子どもたちが幸福（well-being）になることを望むだろう」という想定にある。「幸福」の具体的な内容は、ルディクの「母的思考」を参照しつつ、「重い病気や傷害を避けること」「賞賛すべき才能を示し発展させること」「愛を受ける人を愛し、家族生活、職業生活、コミュニティの生活を味わうこと」の三点に求められている［Noddings 1992］。

家庭の生活世界へと向かうフェミニズム教育学の試みとして、グルメットはマーティン（Martin, Jane Roland）の『スクールホーム』にも言及している［Grumet 1987］。マーティンは論文「教養ある人になる」において、メキシカンアメリカンの作家ロドリゲスの自伝『記憶に飢える』を参照しつつ、再生産の過程を排除したリベラルエデュケーションの問題を議論した。『記憶に飢える』では、低い階層の出身でスペイン語を話す少年が、英語を話せるようになり、歴史、文学、科学などを習得し、作家となる過程が描かれる。マーティンはこの成功の過程に喪失と疎外を見出す。教育のためにスペイン語を放棄した家族からは、以前の陽気さ、暖かさ、愛情に満ち溢れた雰囲気が失われた。ロドリゲス自身も両親との親密な関係を失い、子どもらしい多弁さを失い、メキシコの文化への関心を失い、自分自身の感受性や情緒から分離される。マーティンはこのロドリゲスの疎外と喪失の経験は、すべての子どもに共通する「私的世界」から「公的世界」への移行の経験であるという。教育は公的世界における生産過程を遂行する準備として定義され、そこからは親密で関係的な私的世界における再生産過程は排除されてきた。それゆえ疎外と喪失の克服のために必要なのは、女性性を価値づけカリキュラムに位置づけること、カリキュラムにおいて生産過程と再生産過程、思考と行動、理性と感情、自己と他者を統合することである［Martin 1985］。『スクールホーム』では、ロドリゲスの喪失と疎外が、女性であるマーティンの経験でもあったことが明かされている。ロドリゲスが家族、スペイン語、メキシコというルーツから疎外されたとするならば、マーティンは政治学を学ぶ過程で女性として育った経験とその財産から疎外された。『スクールホーム』で模索されているのは、学ぶ者自身を疎外することのない学校教育のカリキュラムである。マーティンは必要なケアを受けられない子どもたちの苦境を出発点に、家庭が担ってきた役割をどのように再評価し再配置すべきかを問う。彼女によれば、家庭の機能は単なる労働者の再生産ではない。調和した社会生活に必要な親切、協力、愛情、共感の教育、「ケアの倫理」（ギリガン）を教える機能もまた、家庭に期待されてきた。家庭の機能を前提できないなら、学校が「家庭の道徳的等価物」となり、三つのR（読み reading、書き writing、算数 arithmetic）よりも基底的な三つのC（ケア care、関心 concern、結びつき connection）をカリキュラムに位置づける必要がある［Martin 1992］。

私たちは女性研究者として、これらのフェミニズム教育学が提示した問題に共感し、そこから女性的な経験や価値を評価するための概念マップを得ている。フェミニズム教育学が提起したのは、学校において、再生産領域の関心、養育的な関わり、ケアリングといった女性的な経験や価値が排除され抑圧されているという問題、あるいは換骨奪胎されて母性のイデオロギーとして導入されているという問題である。その問題を語る女性研究者の声は、私たちの声に編み込まれ、インタビューにおける問いかけを通してその物語を構成し、さらにその解釈を支えている。

なかでも女性教師の葛藤を孕んだ身体と言葉において、分断された生産過程と再生産過程を再編する道筋を探ろうとするグルメットの試みは、私たちの探究の基本的なアイデアを形作っている。グルメットは家庭から学校へと子どもたちを導くことの意味、その過程に内包されている問題、そして異なるあり方を模索するための方向性について、次のように述べている。

> 託された子どもを学校へと送り届けるギリシャの奴隷パイダゴーゴスのように、私たちも家庭から学校へ、家庭的なものから政治的なものへ、再生産から生産へ、個人的な生活から公的な生活へと子どもたちをひき渡す。……（中略）……教師として、教師の教師として、親として、女性として、私はこの家庭と学校の通り道、私と公の通り道を、中間の場所（middle place）へと変容させる道筋を探している。私たちはこの通り道の両端を掴み、その敵対、二元主義、排除、犠牲を拒絶する結び目へと繋がなくてはならない［Grumet 1987］。

ギリシア語の「パイダゴーゴス」は「子どもに付き従っていく者」「付き添っていく者」を意味し、教師を意味する「ペダゴーグ」、教育学を意味する「ペダゴーギックス」の語源となっている［林 1981：127］。子どもたちを私的な世界から公的な世界へと「ひき渡す」女性教師の役割を、グルメットはその「パイダゴーゴス」になぞらえる。それはどのような役割なのか。家庭が再生産過程の営まれる私的な領域であるならば、学校は生産の領域、公的な領域に属している。家庭から学校へと参入する時、子どもたちは親密さや暖かな雰囲気、愛着を含む関わりから離れ、身体的な関わりや自らの身体から分離される。子どもたちは二つの分断された世界を往復しつつ、再生産の経験を抑圧することによって生産者となる。目指されるのは抑圧されたものの復権である。しかし単なる復権ではない。グルメットは私的な領域と公的な領域が分断されていることを問題にし、その二元主義を変容させる方途を模索することが必要だという［佐藤 1999］。

グルメットは学校教育そのものを主題化している。そのことを確認したうえで、私たちは次のように問うてみたい。学校の入り口となっている低学年教育には、この私的領域と公的領域の分断の問題が集約的に現れているのではないか。そして女性教師たちは、低学年教育という「引き渡し」の経験において、二元主義の困難と痛みを引き受けつつ異なるあり方を模索しているのではないか。

3　研究の方法

研究の概要

私たちは首都圏の小学校に勤務する女性教師一二名（退職者三名を含む）の協力を得て教職経験を中心とするライフヒストリー・インタビューを行った（具体的な手順については1章を参照）。研究協力者の教職歴の概略は表6の通りである。

インタビューを検討する際には、以下の二つの経験に焦点化した。一つめは、「トレーニング」の経験である。生活習慣と学習習慣の基礎基本を構成するための実践であり、子どものその後の学校生活を準備するものとして位置づけられている。男性教師が初めて低学年を担任した時の語りには、こと細かで単調な訓練やしつけの経験が特徴的に現れていた。もう一つは学年で「足並みをそろえる」という経験、すなわち学習の進度や教材を同じにするという経験である。低学年の担任は頻繁に学年会を行い、持ち物や日課、掲示物、宿題、授業の進み具合等のすべてを統一する。男性教師たちの幾人かは、「足並みをそろえる」とい

表6　研究協力者の一覧

名　前	教職歴	低学年回数／学級担任回数	高学年回数／学級担任回数	最初の1年生担任	最初の2年生担任
綾子先生	35年	4/20	12/20	9年目	6年目
郁恵先生	35年	11/35	14/35	2年目	3年目
絵里先生	38年	18/38	6/38	3年目	4年目
佳代先生	33年	10/12	0/12	3年目	1年目
沙織先生	32年	12/32	10/32	12年目	8年目
貴子先生	24年	13/24	6/24	1年目	3年目
直美先生	35年	14/31	7/31	2年目	1年目
寛子先生	30年	3/29	18/29	24年目	13年目
雅代先生	30年	3/30	15/30	11年目	10年目
優子先生	30年	8/27	16/27	11年目	3年目
洋子先生	22年	9/17	2/17	3年目	5年目
和歌子先生	8年	5/8	2/8	2年目	3年目

うことを、隣のクラスと同じであることを求める保護者への対応として納得しながらも、自らの実践の創造を抑制する側面をもつものとして経験していた（2章）。

男性教師の経験と語りを分析した私たちの研究は、低学年教育のある部分を照らし出しているだろう。しかし女性教師にインタビューを行った際には、トレーニングの実践と「足並みをそろえる」ことのそれぞれの語りにおいて、男性教師とは「異なる声」の響きが感じられた。男性教師が新参者として外側から語ったトレーニングの営みを、女性教師は内側から語った。具体的には、高学年型の女性教師はトレーニングを批判し、低学年型の女性教師のトレーニングの語りはその困難を内包して成立していた。また女性教師は多くの場合、「足並みをそろえる」ことに、子ども、保護者、そして同僚へのケアとしての積極的な意味づけを行っていた。この「異なる声」の感覚を手がかりに、私たちは、トレーニングの経験と「足並みをそろえる」という経験の再検討を試みる。

異なる声を聴く

ここでギリガンの『もうひとつの声』の議論を確認し、「異なる声」を聴くという観点を明確にしておきたい。彼女はコールバーグによる道徳的な発達の理論を検証する過程で、女性たちによる道徳的な問題の語り方が男性とは異なっていることを発見する。彼女はその人間関係を重視する文脈的な思考様式を「ケアの倫理」と名づけて「正義の倫理」に対置し、コールバーグの図式における女性の道徳性の劣位が図式そのものの男性中心主義によることを指摘した。ここで留意したいのは、ギリガンが「異なる声」を、「女性の声」と密接に関連するもの、「女性たちのいろいろな声」から聴こえるものであるとしながらも、性の違いによる「異なる声」ではないとしている点である。すなわちギリガンは、女性の経験に依拠して「ケアの倫理」を見出し称揚しながらも、それを体現する「異なる声」を「女性の声」と同一視することは避けている［Gilligan 1982］。

政治哲学者のコーネル（Cornell, Drucilla）は、ギリガンの貢献の中心は、道徳的推論におけるジェンダーの差異の「現実」を示す試みではなく、女性の語りや経験を価値あるものとして正当化しようとする政治的倫理的な企図にあると指摘した［コーネル 2003］。ケアの倫理の検討を通してフェミニズム政治学を構想した岡野八代は、コーネルの議論を参照しつつ、「女性的な価値」に依拠しながらも「女性らしさ」のファンタジーと戦わなければならないというフェミニズムのジレンマに、逆説的にフェミニズムの「可能性」を見出している［岡野 2003］。フェミニズムの系譜をひく教育研究が、「母性」のイデオロギーを批判しながらも「母的」な経験を救い出そうと試みてきたことは、この文脈において理解できる。そして私たちの試みも、その系譜に位置づいている。私たちは女性である教師の語りを聴き、その経験の語りを「声」として教育研究に位置づける。それは女性であり研究者である私たちの声を内包するものとなるだろう。ただしその目的は、女性である教師と男性である教師の語りや経験の差異を解明することにはない。私たちは、女性教師が主に担ってきた仕事における経験を検討し、そこに内包されている価値と関心を真正なものとして肯定することを目指す。

多声的な語りを聴く

多声的な教師の語りをどのように聴くかについては、エルバズの『教師の声』を参照して確認したい。

彼女はバフチンによる「権威的なことば（authoritative discourses）」と「内的説得力のあることば（internally persuasive discourses）」の区別を参照し、前者を社会、制度、学会、科学的な研究などの家父長的で社会的に権力をもつことばとして、後者を権威がなく社会的には認められていないが個人の意識の変化において重要性をもつことばとして特徴づけている。[1] そしてその区別をふまえつつ、ニーナという一人の女性教師の物語を構成する多様な声のあり様を検討している。ニーナの物語の中心を構成しているのは、一一年生の女の子のクラスでグループ活動を行った際の出来事である。車の事故で家族を失った経験をもつ白人の女の子が教室から出て行こうとする。女の子は、追いかけたニーナに、誰も私を好きではない、誰も私に話しかけてくれないと告げる。そしてニーナに自分が書いた詩を手渡す。ニーナは学級担任と交渉し妥協しつつ、女の子が受け入れられる学級のビジョンを描く。エルバズは以上の物語を提示するニーナの語りに、専門的な知識を基盤とする「言語教育の専門家の声」と自分の価値を基盤とする「教育者の声」の葛藤を指摘している。そしてさらに、ニーナにとっては個人的だが「権威的なことば」を反映している「母親の声」、女の子やクラスの他の子に同一化する「生徒の声」、「女の子のために戦う者の声」、学校教師のハイアラーキーがもたらす「失敗した教師の声」、そして「夢見る者の声」を聴いている。

　ニーナの物語の中で、エルバズが「内的説得力のあることば」が明確に現れている場所としてとりあげているのは、現在形のみでニーナの姿が目に浮かぶように描写されている身体的な行為の語りと、協同的に学ぶことのできる静かで安全で平等な学級のビジョンを描いている夢の語りである。そして「権威的なことば」を問うために有効な手段として以下の二つの声があるという。一つめは身体に近い声、すなわち直接的に身体的な経験を分節化することによって、過度に理性的で脱身体化された言葉を問うことを可能にする声である。もう一つは、感情、夢、想像、ビジョンの余地をつくりだし、非直線的で隠喩的で直接的に詩的な想像に訴える思考のかたちをつくりだす声である［Elbaz-Luwish 2005］。

以下、私たちも教師の語りに多様な声を聴くことを試みる。私たちの声にフェミニズムの政治的な企図が編み込まれているがゆえに、女性の声、母親の声は優先的に聴かれる。「内的説得力のあることば」が明確に機能している語りの場所への着目は重要である。私たちの検討においても、複数の声の葛藤が夢見る空隙を穿ち、異なる教育の希望が垣間見える語りが選択される。

4　トレーニング再考

トレーニングの困難

本節では、女性教師の語りの検討を通して低学年教育におけるトレーニングの経験を再考する。

男性教師へのインタビューでは、初めて低学年を担任した時の経験の語りにおいて、生活習慣と学習習慣の基礎基本を徹底するための実践が印象的に語られた。低学年教育の特徴として立ち現れたその営みを、私たちは「トレーニング」と名づけた。そしてトレーニングの語りの検討を通して、低学年教育は一面でその後の教育のための準備として位置づけられていること、準備という点で従属的な性格をもつ仕事が女性教師に割り振られていることを指摘した。また低学年の担任を繰り返した男性教師が幼い子どもの可能性に依拠した創造的な授業を行っていることを見出し、そのような実践を「トレーニングを超えて」行われるものとして位置づけた。

　以上のような私たちのトレーニングの記述は、その営みに対して批判的な視線を内包している。それは男性教師の語りに、細かくやり方が規定されたトレーニングの実践に対する違和感が含まれていたからであり、私たちがその違和感に共感したからである。ただし私たちは、半面で、そのようなトレーニングの姿を、低学年教育を初めて担当し、もう二度と担当できないかもしれない男性教師が外側から見た一面の真実として捉える必要を感じていた。そして低学年教育を自らの実践のフィールドとしている女性教師の語りを通して、トレーニングの経験を内側から記述する必要があると考えていた。ここで試みるのは、その内側からの記述である。

　私たちは当初、男性教師が細かなトレーニングとして語った実践を、女性教師が細やかなケアとして語り直すことを予想し期待していた。それは、低学年教育における男性教師の経験を検討した英語圏の研究が、男性教師に規律化を、女性教師にケアを期待する学校の文化的な状況を記述していたからである（2章）。また日本の教職が女性化される過程において、女性教師は幼い子どもに愛情を注ぎその世話をする存在として位置づけられていたからである（5章）。しかし私たちが女性教師から聴いたトレーニングの経験の語りは、女性性を帯びた「異なる声」が響いているとは単純に言い難いものだった。男性の語りにおけるトレーニングは、女性の語りにおいてもトレーニングだった。とはいえ重要なのは、彼女たちのトレーニングの語りが多様かつ多声的だったという事実である。女性教師たちの集合的なトレーニングの語りにも、個々の女性教師のトレーニングの語りにも葛藤が含まれている。トレーニングの実践は女性教師たちによって、遂行される一方で懐疑され、そのアイデンティティに亀裂を入れ、ときに教職の危機をもたらしていた。私たちが記述を試みるのは、その過程におけるトレーニングの意味の複数化と再編である。

トレーニングの経験

以下ではまず、低学年を初めて担任した男性教師の語りにおいて、トレーニングがどのように発見されていたかを確認する。第二に、高学年型の女性教師によるトレーニングの批判を検討する。彼女たちは、ときに明確に、子どもたちを学校に適応させ型にはめる営為としてトレーニングを批判した。ではなぜトレーニングはそのようであり得てしまうのか。その問題を考察するために、第三に、ルディクによる母親業におけるトレーニングの検討を参照し「真正性の喪失」という視点を設定する。

① トレーニングの発見

主に高学年教育を担当してきた男性教師たちは、初めて低学年を担任した時に、子どもたちが「できない」ということに驚いていた。傘やランドセルカバーを片付けられない。ぞうきんを絞ることができない。給食の納豆をきれいに食べることができない。ハンカチやちり紙を忘れず持ってくることができない。ノートや鉛筆を正しく使うことができない。その発見は、高学年や中学年の子どもたちが、低学年でのトレーニングを経てさまざまなことができていることへの気づきを促していた。

亘先生の経験を参照しよう。彼が担任した二年生は、一年生の時に学級が崩壊状態にあった。それゆえその子どもたちの姿は、トレーニングを行うことの意味を、適切なトレーニングの欠如という側面から照らし出している。また亘先生が教職三年目だったことによって、そのような子どもたちに対して期待される指導の様相が、学年主任であるベテラン女性教師の助言として可視化されている。

亘先生は「できない」子どもの様子を、ノートに書くということを例に次のように語った。

ノートに升目があるじゃないですか。それを、ここだったら右から普通に書きますよね。子どもによっては、左から書く子とか、横に書く子とか、本当にばらばらなんです。それも、そういうことでプロジェクターを使って、黒板の文字を全部、ノートに書いたものを拡大して、こういうふうに書くんだよ、写すんだよというところからしてあげる。とにかく具体的な見本を見せてあげて、どうすればいいのかということを積み重ねていくと、それでいいんだなということなんです。いろいろなことが、僕らには当たり前のことが、実はそういうことの積み重ねだったりするんですけど。逆に今回勉強になったのが、そういうことを知らなかったらこんなふうにノートを使うんだとかというのは、すごく勉強になりました。自然にできていることが、知らない間に、低学年の間に身についていたりすることだったりするんだと。【亘先生1】

子どもたちは既に二年生になっているにもかかわらず、升目のノートに右上から縦に文字を書くことができなかった。まだ高学年しか担任経験のなかった亘先生は、その様子から、高学年の子どもたちが「自然にできていること」は、実は「低学年の間に身について」いたのだということを知る。子どもたちができなかったのは、ノートを使うことだけではない。亘先生は隣のクラスの教師に助言をもらいつつ、さまざまなことが「できない」子どもたちへの指導を行う。

（隣のクラスの先生から助言をもらったのは）授業の進め方とかです。こういうふうに教えたら子どもはわかりやすいとか。たぶん子どもはこんなふうに考えるから、そのときにはこういうふうにとか、それもすごく細かく。たとえば生活で、給食当番とかも、初めは給食の準備をしてみなと言われても、子どもだとできないんです。当たり前ですけど。何も知らないから。だけど、出席番号順で、一番の人はごはん、二番の人は牛乳とか、役割を全部徹底的に分散してあげて、それをローテーション化してあげると、もうあとは入ってくるので、そういう細かいところです。高学年はそういうのはもう身についているので、やってと言うとできていたけど、低学年は、はい、やってと言うと、子どもがきょとんとしている。それで初めはわからなかったので、どういうふうにしたらいいんですかというところも、視点というか、こういうところに目を向けて子どもに仕掛けると、子どもは動きやすいというのを教えていただいて。【亘先生2】

亘先生は「給食当番」を例に挙げながら、役割をきちんと決め、ローテーションを組むという「細かい」ことによって給食の準備が可能になると説明している。

勇治先生はこのような「細かさ」を女性の特質と結びつけて語った。次に引用するのは、私たちが素朴に、なぜ女性教師が多く低学年に配置されるのかを問うた際の彼の語りである。

どうしても小学校は保育園から小学校に上がるということで、わりと保護者の思いとしては、しつけ的な部分というのをよくいいます。また、連絡帳のやりとり、ずっと一年生、二年生から保育園の延長みたいな感じで続くんですね。だから、先生に求めるのは、教科ももちろん求める方もいるけれども、基本的にはしつけというものがきちんとできているか、できていないかで、この先生はすごいとか判断する部分が多い。また、低学年はそれをやらなきゃならない部分もあります。先ほど入門なんて言いましたけど、学校の入り口できちんと学校生活のルールを学ばせる。そういう部分ではしつけという部分がすごく大きいと思います。そのしつけを担う方というのが、語弊が生じるかもしれませんが、男性よりも女性の方が適切だと思います。……全部が全部じゃないから、一般的には言えませんよ。だから、語弊が生じると言ったんですけどね。女性の方がわりと細かい。そして、とくにそれが子どもをおもちの女性であればなおさら、自分の子どもの経験もあるし。わりときめ細かく指導する。男性はわりと別にいいじゃんというか、アバウトな部分が意外とありがちである、ということで、低学年は女性に任せた方がいい部分があると思います。【勇治先生】

勇治先生はここで二つのことを述べている。一つめは低学年には「しつけ」が求められるということである。それは「保護者」が求めることとして示されているが、勇治先生自身も「学校の入り口」で「学校生活のルールを学ばせる」ことは必要だと捉えている。二つめは、その「しつけ」を担う存在として女性がふさわしいという考えである。勇治先生は「一般的には言えません」と留保しながらも、「女性の方がわりと細かい」という。そして「細かい」こと、「きめ細かく指導する」ということを、「自分の子どもの経験」すなわち母親としての養育の経験と結びつけている。

入学してきた「できない」子どもたちを「できる」ようにすることがトレーニングである。そこには学習のための基礎基本と、給食、掃除など学校生活の方法の指導が含まれている。指導のやり方は細かく手続化され決められていることが多い。そのような学校における細かな「しつけ」のイメージは、母親が家庭で行う「しつけ」と重なり合う側面をもっている。以上のようなトレーニングのあり様は、私たちが女性教師にインタビューを行う以前の理解、すなわち本章でトレーニングの異なる意味を模索する際の出発点を構成している。

② トレーニングの批判

男性教師が初めて低学年を担任した時の語りでは、こと細かなトレーニングが行われていることに対して驚きや違和感が表明されることはあっても、批判がなされることはなかった。それに対して高学年型の女性教師の語りには、ときに、トレーニングを中心とする低学年教育への明確な批判が含まれていた。それは私たちが最初、困惑とともに気づいた「異なる声」だった。私たちが困惑したのは、それを高学年型キャリアの女性教師による低学年型キャリアの女性教師の実践に対する批判として聴いたからである。しかしその聴き方は誤っている。低学年教育から排除されがちであるがゆえに他人事であるしかない男性教師のトレーニングの語りと比べるならば、女性教師はトレーニングを自らの実践として引き受けている。だからこそ批判が行われる。集合的な「女性教師の声」に響く「異なる声」は、まずそのトレーニングを自らの実践として語るという語りの方途に見出されなければならない。そしてトレーニングに対する批判は、内側からトレーニングの経験を語る多様で多声的な「女性教師の声」の中で、とりわけその困難を照らし出すものとして聴かれなければならない。

トレーニングへの批判がどのように行われたか、すなわちトレーニングの困難がどのように見出されていたかを確認しよう。雅代先生は最も直接的にトレーニングの問題点を指摘している。低学年の担任が学校において担っている役割と、それに対する自分の考えを、彼女は次のように語った。

一年生、二年生って、学校ってこういうものですよって、学校に適応しなさいって教えるのが多いんですよ。……それで、適応できないのはあなたが悪いと教える役割を一年の担任がやっている場合が多いんですね。……学校に入ったら学校仕様にしなさいというのが多いので、いや、そうじゃなくて、そうやってとくに一年を過ごして、二年生になると、もうコチコチしていて、そこに当てはまらないからわーっとなっていくみたいな感じになっているから。いや、まずあなたがありきで、あなたがあって学校があるという、学校に合わせるために生きているんじゃないよみたいなところを、低学年は意識しますね。【雅代先生1】

雅代先生は低学年教育において、子どもが学校に合わせることを求められること、学校の秩序に合わない子どもが「悪い」とされることを問題にしている。学校のために子どもがいるのではなく、「あなたがあって学校がある」。雅代先生が子どもたちに伝えているのは、学校と子どものあるべき関係にほかならない。彼女が指摘しているのは、そうであるにもかかわらず、トレーニングの実践において、学校のために子どもがいるかのような反転が生起してしまうということである。

優子先生はトレーニングを直接的には批判していない。むしろ彼女の語りは低学年の指導においてトレーニングが必要であることを示しつつも、トレーニングの問題を示唆している。優子先生は亘先生と同様に、一年生の時に「ぐちゃぐちゃ」になったクラスを二年時に担任した。そのクラスの一年時の担任だったベテランの男性教師について、優子先生は、「学問的にはすぐれた方」だったけれど「低学年の指導が下手」だったという。「下手」とはどういうことかという私たちの問いに、優子先生は次のように答えた。

下手って、何か細かいところで、教室もとっても汚くなっちゃったり（笑）。それこそ、何か給食当番のルールがちゃんとできてなかったり。高学年って、そういうのがなくても、みんなで何となくやっちゃうじゃないですか。だけど低学年って、誰が何番でこういうふうに動くよみたいなのがないと、それはぐちゃぐちゃになっていくんだけど、そういう状態になっちゃっていて、それで、またすごく何か個性豊かな面白いクラスだったんだけれども、その先生がもっていたからかもしれないけど、子どもたちが結構ぐちゃぐちゃで、学級崩壊じゃないんだけど、ぐちゃぐちゃで、面白くぐちゃぐちゃで、ちょっと校長が、もう代えた方がいいかなと（笑）。【優子先生】

優子先生の語りは、一面で亘先生と似ている。彼女は「低学年の指導が下手」であるということを、「何か細かいところ」の不足として、やはり給食当番の役割りを例に説明している。しかし着目すべきは、クラスの様子が、「ぐちゃぐちゃ」という否定的な言葉だけではなく「個性豊かな面白いクラス」という肯定的な言葉でも表現されている事実である。この「ぐちゃぐちゃ」になったクラスの子どもたちを肯定的に表現する言葉は、トレーニングによって失われるものが「個性」や「面白」さであることを裏側から示唆している。

寛子先生は初めて一年生を担任した時に、子どもたちの「夢が砕かれちゃう」ような感覚をもったという。その語りはトレーニングを批判しつつ、その背後に、規律を要請するような小学校教育のあり方を見出している。

やっぱり小学校一年の学習指導要領を考えなくちゃいけないなと思ったのは、今、幼稚園も保育園もすごく高度というか、五感を使ったりいろいろして、すごく子どもたちを豊かにして、小学校に送り出しますよね。それで、その豊かになった子どもたちを、小学校は受け入れるんだけれども、何かすごく小学校に入ってくると、子どもが夢が砕かれちゃうみたいな、何かそういう感じがしました。決まりを守らせて、椅子にずっと座らせて、それでルールに基づいて発言してとかというふうに。ある程度の規律は必要かと思うんですけれども、何か必要以上にそういうのがあるような気がします。

【寛子先生1】

寛子先生によれば、保育園や幼稚園では「五感」を使う活動で子どもたちを豊かに育てている。ところが小学校は、子どもたちに「決まりを守らせて、椅子にずっと座らせて、それでルールに基づいて発言」させようとする。そこでは「必要以上」とも思われる「規律」が課されている。問題を低学年のカリキュラムに見出した寛子先生は、実際に、子どもの「五感」を生かせるような実践を試みている。「木のしあわせ」と名づけられた長期の実践は、教室の前のコブシの木に「お客さん」が訪れるという物語がベースになっている。子どもたちは春、夏、秋、冬の木を描いた四枚の模造紙に葉っぱや虫をつけ、「見つけたよカード」、自由作文、詩などに探究を表現したりしながら、木と自分たちの「しあわせ」を考える。

寛子先生の実践に即して考察を続けるならば、行き着く先は2章の結論と重なるだろう。私たちは繰返し低学年を担任した男性教師が展開していた実践、すなわち低学年の子どもを「できない」ことにおいて捉えるのではなく、その生き生きとした身体や感覚を可能性へと転換させる実践に「トレーニングを超え」る方途を見出した。そこには確かに低学年教育の異なる可能性がある。しかしここではトレーニングの中に留まり、葛藤を孕んだその実践の理解を試みたい。問いは以下のようになる。なぜトレーニングの実践において、学校に子どもを従属させ、過剰な秩序に子どもを従わせ、子どもたちの個性的なあり方が抑圧されるような状況が生起しうるのだろうか。そしてそのようなトレーニングを中心的に担う女性教師たちは、何をどのように経験しているのだろうか。

③ 真正性の喪失

学校におけるトレーニングの経験を理解するために、ルディクの『母的思考』の議論を参照したい。『母的思考』は母の仕事に「思考」を認め、その特質を平和主義へと結びつけることを試みている。ルディクはその一章をあてて、母親業におけるトレーニング（train）とは何かということを実践の経験に即して考察した。そこではトレーニングが、母親の「良心」を出発点としながらも母的権威の喪失の契機を内包する危うい実践として捉えられ、その母的権威の喪失の問題が「真正性の喪失（inauthenticity）」という言葉で表現されている［Ruddick 1989］。

トレーニングとは子どもを社会的に受容可能な存在にすることである。社会的文化的グループに受け入れられ、母親自身が賞賛できる人物となることを目指して、母親は子どもたちをトレーニングする。その営為はあらかじめ葛藤と困難を内包している。母親自身の倫理的なスタンスはしばしばゆらぎ、他の人たちのアドバイスは矛盾しがちであり、子どもたちは容易にトレーニングを受け入れようとしない。それゆえ多くの母親にとって、トレーニングは混乱し自己懐疑に満ちた仕事となる。しかも母親は、子どもをしつけるよう期待されており、しつけられないと非難される。この状況において母親が直面しうる経験が「母的権威（authority）の放棄」と「真正性の喪失」である。

ルディクによれば、トレーニングにおいて母親は「権力（power）」を用いる。その母的権力を大文字の「父」に属する「権威」への屈服のために用いることが、母的権威の放棄と真正性の喪失をもたらす。母的権威の放棄とは自己喪失である。母親が、他者のまなざしを恐れて子どもの小さな逸脱を厳しく叱責するとき、また自らの価値への自信を喪失するときに、それは生起している。そして真正性の喪失とは、自分自身の認識と価値の拒絶を意味している。真正性を喪失した母親は、権威を放棄し良心を従属にすりかえる。留意したいのは、母親たちが真に真正性を喪失するのは、大文字の「父」や他者に服従したり慎重だったり怯えたりするときではなく、問答無用の服従を子どもに求める時だという指摘である。

ルディクは母親の真正性の喪失において、とりわけ子どもと母親自身の「自然・本性（nature）」が敵視されることを問題にしている。そこでは意志は否定されるべきものとなり、衝動は抑えるべきものとなる。子どもの精神生活を発達させる複雑さは「理由（reason）」と「理性（reason）」に還元され、自発的遊び、感覚的喜び、嗜好や満足が恐れるべきものとなってしまう。そのようにして「自然」という御しにくいものが敵になるならば、母親の「本性」である「見守る愛」の性質や、基底的な成長の「自然」な恩恵を否定することになり、母的な思考に敵対することになる。

ただしルディクによれば、多くの反省的な母親は、真正さを喪失した支配が養育や「見守る愛」とは一致しないことを知っている。真正性を失う瞬間は、確かに多くの母親のトレーニングの経験の一面である。しかし同時に、しばしば母親は大文字の「父」の規範に対立し自律性を発揮している。また子どもの「自然」は、良さに対立するものではなく、良さを目指すものとしてみなされうる。トレーニングの実践が、敵対的な「自然」の支配ではなく応答的な「自然」の教育となるならば、トレーニングは良心の仕事となる。トレーニングの希望、すなわち受容可能性のオルタナティブな概念は母的実践に潜在している。

重要なのは、トレーニングにおける成功が、問答無用の服従に置かれるか、子どもの良心に置かれるかという違いである。母親と子どもは異なる存在であり、その差異はトレーニングに対する子どもからの異議申し立てとなりうる。しかしその差異は、母親が子どもの「声」を見出すことを可能にする差異でもある。母親が問答無用の服従を目指して子どもを支配しようとするならば、その「声」を聴くための差異が否定されてしまう。それに対して、トレーニングが良心の仕事となるならば、母親は子どもの中に自分自身を発見するのではなく他者の「声」を聴く。そのことによって、子ども自身における省察的判断への責任を維持発展させ、子ども自身にとっても魅力的であり、母親にとっても受け入れ可能となるような受容可能性を見通すことができる。ルディクは「美徳としての信頼」への同定と「注視する愛情（attentive love）」の試みが、トレーニングを、不確実で消耗するが、ときにわくわくする良心の仕事にするだろうと結論づけている。

ルディクによる母親のトレーニングの検討から得られる示唆を、学校に即して整理しよう。雅代先生は、学校の秩序に子どもを合わせようとすることによって、子どもがいて学校があるはずなのに、学校のために子どもがいるかのような反転が生起しうることを指摘していた。それは、良心の仕事であるはずのトレーニングが、「問答無用の服従」にすり替わっている状態である。また寛子先生は、保育のカリキュラムが「五感」を育てようとしているのに対して、椅子に座ってルールに基づいて発言することを求める学校のあり方が、入学してきた子どもの「夢」を砕いていると感受していた。彼女の指摘は、学校のカリキュラムが、自発的遊びや感覚的喜びといった「自然・本性」の敵視を含んで成立していることを示唆している。これらの転倒の背後に存しているのが、教師における「真正性の喪失」である。その時に教師は、大文字の「父」の「権威」に屈服し、自分の価値への信頼を失っている。そして他者としての子どもの声を聴くことなく服従を求めている。

ルディクの議論の出発点はトレーニングの営みの困難にあった。しかしルディクは、その実践の中に、真正性を喪失する危うさばかりでなく、真正性を回復する可能性が潜在しているという。問答無用の服従ではなく子どもの良心の育成を目指すこと、また「注視する愛情」という情緒的であると同時に認知的な営みによって他者としての子どもの声を聴くことに、トレーニングの希望が見出されている。ただしここで私たちは、家庭ではなく学校のトレーニングを問うていることに留意しなければならない。学校という一人の教師が多数の子どもと向き合う場所で、「注視する愛情」による声の聴取は可能なのだろうか。学校において、女性教師が真正性を失わずにトレーニングを行うことは可能なのだろうか。

トレーニングの物語

以下では、トレーニングの葛藤が鮮明に表現された二つの物語を検討する。それぞれの物語に、学級の崩壊と教育の関係の編み直しの過程が含まれている。一つめは佳代先生の物語である。佳代先生は身体のレッスンを受けたことによって、学校で自らが無理をしていたこと、子どもたちに無理を強いてきたことに気づき、トレーニングに従事できなくなる。彼女が可能なあり方として選択したのは、一人ひとりの子どものニーズに応える特別支援教育に従事することだった。二つめは貴子先生の物語である。貴子先生は初年度に一年生を担当した時にトレーニングの失敗を経験するが、その後、繰り返し低学年を担任しその教育を通して学校を支える役割を果たす。この二つの物語をとりあげるのは、そこに真正性の問題が明確に現れていること、しかも異なるかたちで現れていることによる。二つの物語の背後には、女性教師と男性教師が語った多くの異なる物語がある。

① トレーニングができなくなること

佳代先生は一二年目に四年生を担任した際に、教室で守るべきルールを子どもたちに提示することができず、学級が「混乱」し「成り立たなく」なるという事態を経験している。その経験は、教室において真正であろうとすること、自らや子どもの「意志」や「衝動」を認め肯定することが内包しうる危うさと、異なる子どもとの関係を模索する可能性を表現している。

佳代先生は、前年に受けた身体のレッスンが契機となって子どもにルールを提示できなくなった。彼女はそのレッスンを通して、教師である自分が「ねばならぬ」という規範に縛られていたことに気づいた。彼女その時の経験は次のように語られている。

一番最初に「大きな歌」というのをみんなで歌いましょうとなって、何か私、あの歌、今までは何ともなく普通に歌っていたのに、そのときすごく歌いたくなかったんですよ。……そのときに初めて、私は音楽が好きだから、自分のクラスでも子どもたちも結構楽しく歌ったりやっていると、踊りだす子たちもいたんだけど、でもそれについてこられない子もいるんだろうなと。だいたいの人が楽しいと思っても、なかには楽しいと思えない人がいるんだというようなことを、その「大きな歌」のレッスンのときに初めて実感したというか。だからといって、歌わなきゃいけないと言われたら、すごい拷問のようなもので、逃げる自由もあるんじゃないかと思ったりね。でも、それまで私は教員としてこれをやるんだったらやらねばならぬみたいなものがすごく強くて、みんな同じことをある程度の線までは嫌でも我慢してやりましょうというようなことをやってきて、だからこそ漢字も覚えるし、計算もわかるようになるんだと思っていたんだけど、なかにはすごくそれがなじまない身体と心の子どももいるんだろうなという体験をしたんですね。【佳代先生1】

歌うという活動の中で、歌いたくない気持ちの自分がいる。その気づきの経験は、教室の活動を「楽しいと思えない」子ども、「拷問」のように感じている子どもがいるかもしれないという想像を導いた。それは学校という「ねばならぬ」という規範が強く働く場で「とても無理をしていた自分」の発見、教師として「ねばならぬ」という規範で子どもを縛っていたことの発見であった。

何か私の心の中では素っ裸になったような。今までこんなに無理していたのね、あんた、かわいそうにというような。もう一回、同じ面の皮をかぶれといったってかぶれなくなっちゃったみたいな心細さを感じたんですよ。それで、やっぱり教員というのはわりと、ねばならぬと、子どもたちをがんじがらめに網を掛けて引っ張っているような感じがあって、もっと本当はフリーにしてあげなければ人権尊重にならないんじゃないのかという振り返りがあったんだけど。かと言って、次の年の混乱というのは、一人ひとりの自由性を認めれば、学級としての総体が成り立たないという。やっぱり、ねばならぬって学校生活ではいっぱいあるし、教員としても、ねばならぬがあるし、子どもの生活の中でもねばならぬがあるから、どこまで強要したらいいんだろうという揺り戻しが来て、すごく苦しんだんですよね。【佳代先生2】

佳代先生は自分の「無理」に気づいた時のことを、「素っ裸になったよう」「心細さを感じた」と表現している。それは彼女に「ねばならぬ」と命じていた学校の秩序が、彼女自身の身体の声によって懐疑され機能しなくなったからだろう。彼女は子どもたちを縛って引っ張っていたと感じ、もっと子どもたちを自由にしなければ「人権」の尊重にならないと考える。

学校において真正であろうとすること、すなわち自らや子どもたちの身体の声に耳を傾けることは、危うい企図である。翌年に佳代先生が担任した四年生の学級は、かつて経験したことのない「混乱」に陥った。「家庭の問題を抱えた何人かの子」が「徒党」を組んで暴れる。ボスと子分の関係になって使い走りをさせたり、他の子にお金を持ってこさせたり、専科の先生の授業を抜け出したりとさまざまな問題が噴出する。「ノイローゼ」と表現される苦しみの中で、佳代先生は「とにかく車に乗って学校へ行った」。一度休んだら「二度と行けなかっただろう」という。

佳代先生は学級が混乱した要因を、子どもに「網を掛ける」ことができなかったと表現している。

今までは最初に締めていたんですよ。網を掛けて。これ以上、外へ行っちゃだめだよというのをすごくきちっと出していたから、子どももたちもわりと素直にきていたんだけど、何かその網を掛けることにためらいがあったものだから、うまく提示できず、かと言ってコントロールもできず、何かだんだん子どもたちの自由というよりはわがままが出てきちゃって、一人ひとりがまとまりがつかなくなってきちゃったんですね。【佳代先生3】

「網を掛ける」というのは、「こういうことはやっちゃいけない、こういうことは頑張ってやりましょう」、「勉強に関しては好き嫌いはあるけれども、授業には臨みましょう」といった「クラスのルール」を提示することである。ところがその時の佳代先生は、「そんなことやっちゃだめでしょう」と言うことや「こうやるんだ」と強く押し出すことにためらいがあった。子どもがルールに乗った時に褒めるという従来のやり方も「もうできなかった」という。

「網を掛ける」ことができなかったがゆえに学級が混乱したという物語は、「網を掛ける」べきだったという反省を予想させる。しかし佳代先生は「網を掛ける」べきだったとは述べていない。

その徒党を組むというのは、徒党の中では自分の存在を一応認めてもらえる場だったんだろうと。だから、いい意味で自分の存在を認めてくれる場所を人間は一つ以上、できるだけたくさんもつべきなんじゃないかというのがそのときの結論かな、私の。マイナスのじゃなくて。いうことをきくから認めてやるじゃなくて、こういうことでお前は頑張っているぞと認めてもらえる場所を、やっぱり子どもでも小さい子でも大人でも必ずもたないと。【佳代先生4】

佳代先生の語りは、子どもを「ルール」に服従させることとは異なるビジョンを描いている。暴れる子どもたちに欠けていたのは「自分の存在を認めてくれる場所」である。しかもそれは、「いうことをきく」から、すなわち教師の権威に従うからではなく、「こういうことでお前は頑張っているぞ」というかたちで、すなわち子ども自身の真正な関心において認められる必要がある。「そのときの結論かな」という言葉に「私の」と付されている点に着目したい。この言葉は一般的な結論とは異なる結論かもしれないという佳代先生の感覚を示唆している。すなわち佳代先生は、この「結論」を語る時、「私」の身体と言葉において思考し、真正であろうとしている。

ここで語られているのは時間が流れる間に整えられた物語である。当時の佳代先生が直面していたのは、教師でいられるかどうかという追いつめられた状況だった。その中で彼女は特殊学級への異動を選ぶ。そこでならば「一人ひとりの子どもにもっと応じたカリキュラムが組めるんじゃないか」と考えたからだった。特殊学級での勤務を経て「ことばの教室」の担当になった時に、彼女は実際に個々の子どもに応えつつカリキュラムを創ることができるようになる。「ことばの教室」に通って来るのは、「普通学級にいると、なかなかついていきにくかったり、言葉の問題が原因で、一人悲しくひっそりしていたり、周りの子に、何々ちゃんの言っていること、全然わからないと言われて傷ついていたり、親御さんが心配で何とかしたいと思ったり、そういう子どもたち」である。

その子たちに、一対一で、この子は今、一番困っていることは何なのかということを見極めて、それをどう克服していったらいいか、あるいはよりよくしていったらいいか、それから、親子関係が崩れていたら、立て直していったらいいかということを、何か本当にフルにパワーが出せる場所なんですよ。……面白かったのは、クラスで本当になかなか授業についていけなくて大変な子だったんだけど、虫が大好きな子がいて、虫かごを作ろうということになって、その虫かごを作るにはどうしたらいいかというのを、材料は何がいいか、どこから集めてくるかとか、何センチぐらいにするかとか、彼の思いを言葉で出させて、それを記録させて、それで、わかった、じゃあ、先生がこれとこれを持ってくるからというふうにやって。それを縫うのに、針に糸が通らないんですよ。これは身障学級で学んだことなんだけど、とってもしっちゃかめっちゃかだった子が、針に糸を通すことができるようになったらぐっと変わったんですね。目と手の協応と言うんだけど、目と手に神経を集中して、通せて、できた後、彼はのれんが作れるようになったんですよ。最初はこれができなかった。それで、やっぱり目と手の協応作業というのは子どもをすごく育てるんだなと思ったので、その子にも縫い仕事をあえて入れたんですよね。何か木の枠を使って、洗濯ネットで虫かごを作ったんですよ。それを縫うのに、その子の針に糸を通すのをやらせてみたら、全然通らないんだけど、あるときにその子が針を逆さにしてテーブルの上に立てたの。それでこうやって通したら、通ったのね。面白いなと思いましたよ。

【佳代先生5】

佳代先生の語りは、トレーニングができなくなった後に可能な教育がどのようなものであったかを伝えている。ここに示されているのは、一人ひとりの子どもの真正な関心を認め、それに応えていくという教育のあり方である。たとえば「虫が大好き」で「目と手の協応」に問題を抱えた子どもとともに「虫かご」を作成する。その過程では子どもの関心に応えることと、子どもの困難への専門的な支援を行うことが、教材と活動の準備において結び合わされている。そしてその語りでは、子どもをケアする者の声と、ことばの教室の専門的な教師としての声が織り合わされている。佳代先生はこのような「ことばの教室」での仕事について、「本当にフルにパワーが出せる」と述べている。この言葉は、自分自身の意志や思いに沿って教育し指導することが、子ども自身の関心とニーズを聴き応えることにおいて可能になっていたことを示唆している。

佳代先生の軌跡は、トレーニングが教師自身と子どもたちの真正性を奪う契機を内包していること、異なる関係に真正性を回復する可能性があることを示している。しかし一人ひとりの子どもの関心とニーズに応えるというあり方は、多くの子どもがいる教室では困難であるようにも思われる。教室で子どもをトレーニングしつつ教師が真正であることは、どのようにして可能なのだろうか。

② トレーニングを引き受けること

貴子先生は学級を担任した二四年間のうち、一三年間を低学年の担任として過ごしている。私たちがインタビューした中でも、最も低学年教育の経験が豊富な先生の一人であるばかりでなく、最も積極的に低学年担任とそのトレーニングの仕事を引き受けてきた先生である。

貴子先生の物語は失敗から始まる。彼女は教師になって最初に一年生を担任した。一学年二クラスで、隣のクラスの担任は青井先生というベテランの女性教師だった。貴子先生は青井先生に教わりながら、週案を書き、指導案を書き、評価を行った。毎日朝早くから夜遅くまで仕事をしたが「一生懸命やればやるほどクラスは乱れていくという状況」だったという。

青井先生から教えていただいたことは、週案の書き方から。週案の書き方で最初びっくりしたのは、入学式のときに、トイレの使い方、それからげた箱の中の入れ方、それから給食のときの手洗いの仕方。えっ、こんなことを教えるのって私なんかもう本当に思って、トイレなんかすぐ入れるものだと思ったら、そうじゃなくて、トイレットペーパーは三回引くのよとか。それからここで切って、ここにまたいでちゃんとしたら、こうやって水を流すのよとか、そういうことを教えたんです。ぞうきんというのはこうやってゆすいで、絞って、ここへ掛けるのよとか、それから上履きはここに入れて、外履きはこう入れるのよとか、そういうのから教えたんですよ。だから、私は大学出てすぐだったので、すぐ平仮名から教えるのかと思ったらとんでもなくて。休み時間と遊びの時間があって、遊びの時間と勉強の時間があるのよとか。勉強の時間はちゃんとお座りして、ちゃんと先生の方を見て聞くのよとか、そういうことを一つひとつ教えてくれたわけですよ。だけど私はそれをちゃんとやらなかったんですよ、初めに。だからそれで、学校というのはどういうものかというのかな、学校の集団生活というのはまずどういうものなのかということが子どもたちの中でわかってないと、二列に並んで真っすぐ歩くということができない。……それからお返事はと言って、誰々君って呼んだら「はい」ってお返事するのよという、その「はい」というのができないと、これが乱れる原因だったんですね。それから、手の挙げ方はこうよとかね。手の挙げ方をこうして、はいと言ったら立ってお話しするのよとか、お話の仕方、発表の仕方、お友達の顔を見てちゃんとお聞きするのよ、とか、そういうことを教えてくださったんですけれども、それがよくわからなくて、私はめちゃくちゃ何か知らないけど時だけが過ぎていっちゃって、もうとにかく自分の仕事が終わらないので、子どもたちのことなんか見ていられなくてみたいな感じで。子どもたちの名前を覚えるだけでも必死だったし、出席を呼ぶので誰々君って「はーい」と言って、誰々君、「はーい」と言ったときに、私がちゃんと顔を見て確認しなきゃいけないのに、下を見てついていくのに必死でね。子どもたちに目が行き届かなかったからぐちゃぐちゃになって。だから最初のスタートというのは、学校のスタートというのかな、集団の中で暮らすということがどういうことか、どういうふうな約束をしてあげると、みんながよくお話を聞けるようになるとか、お互いに大切にするようにと私は思っているのに、その大切にする仕方を教えてあげなかったもんだから、ぐちゃぐちゃになっちゃってもうどうにもならない。本当に。もう一回それをやり直して、みたいな感じで。【貴子先生1】

貴子先生の語りは、一見、低学年教育におけるトレーニングの必要性を、その失敗の経験を通して表現しているように見える。入学してきた子どもたちにトイレの使い方、げた箱の使い方、手の洗い方を教える。休み時間と勉強の時間があること、勉強の時間には先生の方を向いて話を聴くことを教える。並び方、手の挙げ方、発表の仕方を教える。そのようにして「集団の中で暮らす」ということの「約束」を教えなかったがゆえに、クラスが「ぐちゃぐちゃ」になってしまった。ここで語られているのは規律化としてのトレーニングの失敗の物語である。

しかし注意深く耳を傾けるならば、この語りにはもう一つの声が響いている。「みんながよくお話を聞けるようになるとか、お互いに大切にするようにと私は思っているのに、その大切にする仕方を教えてあげなかった」という言葉に注目したい。この言葉では、教室が乱れないこと、すなわち規律化することは、それ自体が目的とはなっていない。「お互いに大切にする」という関わりを築くための方法として位置づけられている。そのことに留意するならば、規律化の失敗の物語に潜在しているケアの失敗の物語が浮かび上がってくる。貴子先生は子どもに「お友達の顔を見てちゃんとお聞きする」ということ、すなわち互いの言葉を受け取ることを教え損ねる。自身も子どもの名前を呼んだ時に、返事をしている子どもの「顔を見て確認」することができていなかった。

二つの物語を構成する貴子先生の声のあり方は異なる。規律化の失敗の物語において、子どもへのトレーニングは、青井先生から教えてもらったもの、外から要請されるものとしてある。「学校の集団生活というのはまずどういうものなのかということが子どもたちの中にわかってないと」という言葉は、学校の秩序にあわせて子どもを規律化する訓練としてのトレーニングを表現している。それに対してケアの失敗の物語は、「みんながよくお話を聞けるようになるとか、お互いに大切にするようにと私は思っている」というように、「私」の願いとして語られている。後者のケアの語りを「私」の真正性の回復を表現する語りとして捉えたくなるが、そう簡単ではない。その後の経験を語る貴子先生の語りにおいても、規律化の物語とケアの物語は絡み合い続けている。規律化とケアは、おそらくどちらも貴子先生の「真正な関心」を表現しているのだろう。

とはいえ留意したいのは、「お友達の顔を見てちゃんとお聞きする」「友達を大切にする」といった言葉で表現される子どものケアの関係への着目が、授業の語りにおいても聴かれる事実である。貴子先生は一年生の担任を繰り返した最初の三年間の授業づくりについて次のように述べた。

それで、研究授業というか、授業の研究、それを一生懸命やって。黒板にいろいろ絵を描いたり、絵を描いているものを貼ったり。それから私たちが深く研究しているから子どもたちへの発問も全然違うわけですよ。先生が今まではべらべら、べらべらしゃべっていて、子どもたちの発言は全然ない。そういうことに非常に気がつくわけですよ。それじゃいけない。そうしたら、子どもたちが答える。答えたら、「誰ちゃん、どう思う?」というふうに、子どもたちの中で返してあげなくちゃいけない。一年生は一年生なりに。そうすると授業というのはできていくわけですよ、だんだん。先生はそれを、まとめ役だけなんだよね、本当は。ところが何か前は私は教え込んだりとか、こうやるのが先生の仕事だと思って勘違いしていたもんだから、それが子どもたちが騒ぐ原因だったんですよね。「誰ちゃん」って私がはじめ発問しますよね。「このときどう思ったと思う?」なんて言って、誰ちゃんが「これはうれしかったと思う」と言うでしょう。そうしたら、「じゃあ、うれしいってどういうことなんだろうね」って。「うれしいという気持ちがわかる人はいる？」と言って、その友達の子どもの発言を受けてまた発問する。その子どもがまた発言したことで、また、「誰ちゃん、どう思う？」というふうにして、授業が成り立っていくことを考えていったわけですよ。【貴子先生2】

貴子先生が語っているのは、子どもたちの言葉をつなぐことによって授業をつくる過程である。教材研究をふまえて先生が発問する。それに対する子どもの答えを「どう思う？」と他の子に投げかける。そうして「子どもたちの中で返してあげ」ると「授業というのはできていく」。このやりとりは、先生が「教え込」むことに対置され、そのような授業をしていたことが「子どもたちが騒ぐ原因だった」とされている。ここではケアの関係における授業の失敗と成立が語られている。

貴子先生が低学年におけるトレーニングを最も積極的に引き受けているのは、二つめの学校においてである。次にその経験を聴こう。彼女の経験の概略を言語化するならば、荒れている学校を低学年のトレーニングを通して秩序化する過程として表現しうる。

五年生に配置された貴子先生は「想像できないようないじめとか問題行動」に直面する。画鋲をストーブで熱して押し付ける、逆さに身体を持ち上げて頭から落とすといった暴力が行われる。テストの点数をからかわれた子が、「俺、死んでやる」と教室から走り出し道路に飛び出す。給食当番は機能せず、食缶のグレープフルーツを手づかみで食べ、パンを投げ合う。状況を変える糸口を見つけることは困難だった。管理職は頼れず、一緒に高学年をもった男性教師は体罰によっていうことをきかせ、学校全体が荒んだ雰囲気の中にあった。貴子先生はその子たちが六年生になる時、教務主任に「この五年生の担任を続けることはできない、六年生はとてももてません、ごめんなさい」と伝え、一年生の担任になることを希望した。彼女の選択は積極的なものだった。「びしっびしっとやります」と言い、自ら学年主任を引き受けた。「低学年のときのしつけというのが学校全体を決める」と考えていた貴子先生は、一年生のトレーニングを通して学校をつくり変えようとしていた。

必ず並んで行くこととか、それから学校の中のトイレとかもきれいに使うとか、げた箱の使い方を教えるとか、とにかく廊下は右側を歩くとか、走ったら危ないんだよとか。びゅんびゅん、びゅんびゅん走っているわけだから。危なくてしょうがないんだから。本当にそういう基礎基本で。それでありがたかったことに、一年生しか下の階にいなかったの、四階だてだったから。だから上が全然見えないわけ。子どもたちは一年生だけの集団で過ごせたから、それが徹底できたんですよ。【貴子先生3】

校舎の一階で生活していたのは一年生だけだった。学校の同僚関係は必ずしもよくはなかったが、一年生を担当する先生たちとは良好な関係を築き、学年で足並みをそろえて指導を行った。貴子先生は一年生、二年生と持ち上がりで担任したのち、もう一度一年生の担任となる。「まだまだと思った、この学校はだめだと思ったから、もう一回一年に下ろしてもらっ」たという。再度一、二年生を担任した翌年は、三度目の一年生を担任した。この頃には校長も交替し、先生方の仲がよくなり「いい教師集団」ができてきた。「問題行動がある子」がいても「全体の先生がばばばばって行ってやるという態勢」になり、「問題行動を起こす子のことをみんなで見守っていくという感じになってきた」という。貴子先生はその後、高学年と中学年を担任し、次の学校へと異動している。

貴子先生はこの学校で自らの行った低学年教育を「土台づくり」と表現している。トレーニングを通して子どもたちの学校生活の土台をつくる。その言葉は、高学年教育に従属させられたシャドウ・ワークとしての低学年教育（2章）を表現しているかのように聴こえる。しかしここで、もう少し貴子先生の言葉に耳を傾けよう。

> 教育というかな、読み書きそろばんの下にもう一つ大きな土台があって、学校生活を支えるというかな、集団生活をするルール、また係活動とか掃除の仕方とか給食の配膳の仕方とか、友達との話の聴き方とかルールとか、そういうものが身についている土台があってこそ、初めて読み書きそろばんができるんですよ。その土台をつくるのが、一年生の、低学年の先生の仕事なんですよ。それができないと全部崩れていっちゃうんですよ。【貴子先生4】

まず「読み書きそろばんの下にもう一つ大きな土台」があるという言葉に着目したい。この言葉はマーティンによる「家庭性（domesticity）」のカリキュラムの議論を想起させる。マーティンはモンテッソーリのCasa dei Bambiniの実践の再解釈を通して、教育における基礎は「三つのR」すなわち「読み書きそろばん」ではない、その学習をより基礎的な「家庭性」や家庭の教育機能が支えていると述べた。マーティンによれば、Casa dei Bambiniの子どもたちは、家庭にいるときと同様に愛情を受け、親密さと結びつきを経験する。また身体を洗い服を着ること、時計をよむこと、上手に話し注意深く聴くこと、他者に親切に寛容に接すること、幼い子の面倒をみること、協働すること、最後まで仕事に向かうことを学ぶ。ここにおいて学校は「家庭の機能的等価物」となり、そのことによって「道徳的等価物」となる（Martin 1992：18-19）。マーティンは、モンテッソーリは「野生児」の教育に示唆を得て家庭の教育機能の重要性に気づいたのだろうという。文字通り家庭のない環境で育った「野生児」の指導では、衛生状態、食物、衣服、そして外部との接触に母親のような注意がはらわれ、私的な家庭の外部の教育に家庭性が導入された。マーティンは「三つのR」を基礎基本と呼ぶ時には、それより基底的な家庭における「人間の文化」の習得が前提とされているという（Martin 1992：27-31）。

貴子先生は家庭を失った子どもたちのことを考えているわけではない。しかし彼女のいう「読み書きそろばんの下」の「土台」は、少なくとも部分的に、マーティンのいう「家庭性」と重なりあっている。他者の話を聴く、お互いを大切にするというかかわり方は双方に共通している。そして「家庭性」という視点に照らしてみると、「係活動」「掃除の仕方」「給食の配膳の仕方」は単なる学校生活の訓練ではなく、学校における再生産の活動を表現していることに気づく。

給食も本当に大変なんですよ。二〇分間しか食べられる時間がないのに、給食の支度が（あって）。二〇分食べる時間がないんですよ。そうするとみんな一〇分ぐらいで、はい、終わりなんていって。そうすると子どもは落ち着かなくなっちゃうんですよ。ところが生活指導をちゃんとしておくと、誰ちゃんの当番で誰ちゃんがミルクをやったり、誰ちゃんがやるというのをもう決めてあると、ぱっぱっぱっぱっとスムーズにいって、ちゃんと二〇分間よくかんで食べられて、歯磨きもみんなでよくできて、はい、昼休みねというのでできるわけですよ。それを初めやるまでが非常に大変だったけどね。だからつまらないことが大変なんですよ、低学年って。そうするとリズムが乗ってきて、みんなが元気に勉強もできるし遊びもできると。そうすると意地悪だとかいじめも少なくなるんですよ、実に。みんな認められてくるから。そうじゃないとみんな欲求不満、ストレスになるのよね。【貴子先生5】

「給食の配膳」の手続化されたやり方は、食べる時間を確保するためにある。ゆっくり食べられることが、生活にリズムをもたらし、「元気」に学び遊ぶことを可能にし、みんなが「認められ」る関係につながる。貴子先生の言葉は子どもの生活の場としての学校をどのように捉えるかということを語っている。そのようにして、給食を食べることとして捉え、掃除や係活動を生活の場を整理し清潔さを維持することとして捉えるならば、それらの営みへの問いは学校における「家庭性」の位置づけの問題となる。子どもが学校で「リズム」に乗って生活することを模索したところに、貴子先生のトレーニングの実践は位置づいている。

子どもの生活への関心を忘却して「係活動とか掃除の仕方とか給食の配膳の仕方」の指導に携わるならば、それは「集団生活のルール」を指導する規律化の実践へと一面化されるだろう。低学年におけるトレーニングが、雅代先生が「学校に合わせるために生きている」と表現したような転倒を引き起こしてしまう要因の一端は、おそらくその忘却の容易さにある。問題は学校のみにかかわるわけではない。マーティンはアメリカの文化そのものに「家庭性」の抑圧を見出している。

家庭の教育機能についての記憶喪失は、教育思想を厳しく抑制している。…（中略）…なお悪いことに、子どもたちの教育における家庭の役割を記憶から消し去ったために、私たちは、三つのRよりもさらに基本的な学びを軽んじている。家庭の家庭性のカリキュラムの貢献を忘却して、私たちは、文化的な生活にとって欠くことのできない美徳を軽蔑している。家庭性の抑圧の症状は、単に国民の生活にとって無益なばかりではない。有害と言ってもまだ正確ではない。家庭性に真っ先に恐怖を抱くようでは、私たちは、毎朝親達が橋を渡って（働きに）行った時に残される子どもたちの世代をどのように教育すればよいのかという問題をとても解決することはできない（Martin 1992：160）。

マーティンは学校が家庭の道徳的等価物になるならば、愛が日常的な活動を変化させ、三つのC（ケア care、関心 concern、結びつき connection）がすべてのカリキュラムに正当に位置づき、日々の学習に喜びが伴うだろうという。それは「家庭性」の価値を回復しようとする試みもである。佳代先生の「ことばの教室」での実践が「ケア」と「関心」を基盤とし、貴子先生の授業が「結びつき」によって構成されようとしていたことを、私たちは「家庭性」への真正な関心として受けとめねばならない。そして日本の学校教育における「家庭性」の忘却を問わねばならない。

「育成すること」としてのトレーニング

私たちは女性教師の語りを通してトレーニングの経験を内側から記述することを試みた。そしてそのことを通して、トレーニングがどのように営まれているか、営まれうるかを考察してきた。

女性教師によるトレーニングの多様で多声的な語りは、トレーニングに内在する困難を表現していた。トレーニングの実践では、学校に子どもを従属させ、過剰な秩序に子どもを従わせるような抑圧的な状況が生じうる。それはトレーニングの実践が「社会的な受容可能性」にかかわり、トレーニングを行う教師自身が自らの価値や判断を放棄する危うさにさらされているからである。

それゆえ学校において教師が自らの身体の声を聴くことには危うさが伴っている。身体のレッスンを通して自らが「ねばならぬ」という声に縛られていたことに気づいた佳代先生は、子どもも大人も認められることが必要だとの結論を得る。そして「ことばの教室」を実践のフィールドとすることによって、一人ひとりの子どもをケアしその関心にこたえつつカリキュラムをつくることが可能になった。その経験は、子どもの声を聴くことを通して教師が真正性を回復する過程を映し出している。

一方、低学年の子どものトレーニングを積極的に引き受け続けた貴子先生の語りは、たえず複数の声による複数の物語を提示していた。一つの中心は、集団生活のルールを子どもに知らせなければならないという規律化の物語である。もう一つの中心は、子どもたちがお互いの話を聴きお互いを大切にしてほしいというケアとつながりの物語である。貴子先生は後者をベースに授業をつくり、「読み書きそろばん」の「土台」に「家庭性」の教育の存在を示唆しつつも、規律化の物語を手放すことはない。その多声による語りは、低学年教育におけるトレーニングを引き受けつつ真正であり続けようとする葛藤を孕んだ経験を表現している。

もう一度ルディクの『母的思考』の議論に戻ろう。ルディクは母親業を、子どもの生命を維持するために「保護すること（protect）」、子どもの成長を促すために「慈しむこと（nurture）」、子どもが世界に受け入れられるように「育成すること（train）」の三つに分節化する。そしてその戸惑いや葛藤を描くことを通して、異なる存在である母と子どもの間にわき上がる思考方法を「責任や愛情にもっと相応しい理性」として捉えようとする〔岡野 2012：211-213〕。ここで着目したいのは、岡野が train にあてた「育成すること」という訳語である。私たちが2章で「トレーニング」と呼んだのは、生活習慣の「しつけ」であり、基礎基本の「訓練」であった。この「トレーニング再考」と題された項の出発点においても、「トレーニング」は「しつけ」と「訓練」であり、「育成すること」というやわらかな言葉に置き換えることはできなかった。女性教師の声を通して「トレーニング」を再考し、そこに内包された子どもへの関心を確認してきたここにおいて、私たちはようやく「トレーニング」を「育成すること」でありうるかもしれない営みとして表現することができる。

5　足並みをそろえる

「足並みをそろえる」ことと「共同歩調志向」

「足並みをそろえる」という経験は、男性教師へのインタビューにおいて、低学年教育における経験として特徴的に語られていた。そして女性教師へのインタビューでは「異なる声」の響きが感じられた。その素朴な印象が、私たちの検討のひとまずの出発点である。

まず「足並みをそろえる」ことの教育研究における位置づけを確認しよう。その慣習を検討してきたのは教師文化の社会学的な研究である。「足並みをそろえる」ことは「共同歩調志向」と呼ばれ、個々の教師の創造的な実践を抑制する同僚関係として、基本的には否定的に捉えられてきた。その指摘は、永井聖二の一九七七年の論文「日本の教員文化」に遡ることができる。彼は小学校教員への質問紙調査をもとに、評価されない同僚の行動特徴として「学年全体の調和を考えて指導しない」との項目が最も強く作用していることを指摘し、「同僚との調和を第一にする」ことが「教員文化の根底をなしている」と述べた。そしてそのことについて、「教育活動について清新な試みを求める機会はおのずと少なくなり、個々の教員の独創性を生かす余地もまたほとんどなくなる」と評した［永井 1977］。永井は約一〇年後の論文「教師専門職論再考」においても、「同僚との調和」「学年の調和」を重視する「日本の教師文化」に言及し、学級通信を発行しようとしたら同僚から抗議されたという新任教師の事例を参照しつつ、専門職としての自律性の強調が「現状維持の正当化」に陥る危険性を指摘している［永井 1988］。

永井の研究は、教師の「同僚性」（リトル）や「協働文化」（ハーグリーブズ）への着目に伴い、近年の教師文化研究においても参照されている。紅林伸幸は、近年の「同僚性」の称揚に対して、日本の教師の同僚関係がマイナスに作用する側面を有していることを指摘し、「共同歩調志向」が高く「自身の教育活動、教育実践を行うにあたっても、隣のクラスや同僚教師の教育活動や実践に関心を注ぎ、同僚と共同歩調をとることによって、自身の活動や実践を自己制御する傾向がある」と述べている。ただし同時に、「伝統的な学級王国的な性格」と「プライバタイゼーションの進行」によって、同僚間の関係性が希薄になっていることも指摘している［紅林 2007］[2]。今津孝次郎は「日本の文化」としての「集団主義」を「共同歩調志向」と結びつけて理解している。すなわち「集団主義」を「組織メンバー全員の協調や同調」「皆と同じように行動するという行動様式」の重視として説明したうえで、永井の指摘する「『同僚との調和を第一とする』規範」を、その学校における現れとして否定的に評価している［今津 2000］。

「足並みをそろえる」ということが、個々の教師の創造的な実践を妨げ、授業の質を低く抑制する方向で機能しうることは、私たちの男性教師へのインタビューにおいても確認されている。博先生は新採一年目に授業がうまくいかず、いろいろな民間教育運動に学んだ。翌年低学年を担当した際に「キミ子方式」で絵を描かせたところ、展覧会ではクラスの子どもたちの「立派」な絵が並んだという。ところが彼は、女性であった当時の校長から「あなた、自分さえよければいいと思っているの」と叱責を受ける。この校長の言葉には、「足並みをそろえる」ことを求め、より良い教育実践の追求を抑制する響きがある。

しかし女性教師の語りは、「足並みをそろえる」という同僚関係に肯定的な意味合いを付与していた。具体的には、学年で「足並みをそろえる」ということが、保護者へのケア、子どもへのケア、同僚へのケアを含む営みとして語られた。私たちはその語りを解釈し、「声」として教育研究に位置づけることを試みる。理論的枠組みの検討において示したように、「教師の声」を聞くということは、教師の語りに従来は沈黙させられていた価値や観点を聞きとること、その語りに真正性を認め、公的な空間において位置づけることである。また「女性教師の声」を聞くということは、女性教師の語りに女性的とされる経験や価値を見出すこと、具体的にはフェミニズムが「ケア」や「母的」という概念において洗練させた経験や価値と結びつけることによって、教育研究や教育政策を貫く男性中心主義を批判的に検討することである。私たちは、「足並みをそろえる」ことの語りに内包されたケアの倫理を開示し、「弱さ」において連帯するという教育のあり方の可能性を描きたい。

「足並みをそろえる」という経験

まず男性教師である圭吾先生の「足並みをそろえる」という経験を再考する。私たちは女性教師に先立って男性教師の低学年教育の経験を聞き、その語りを通して「足並みをそろえる」ということの意味を理解した（2章）。ここではその理解を確認するとともに、その時には聴こえていなかった「もう一つの声」の存在に注意を向けたい。次に女性教師の語りから、「足並みをそろえる」ということを肯定的に意味づける「異なる声」を聴く。さらにその「異なる声」を、子ども、親、同僚へのケアを語る声として解釈し、その声が開く同僚関係のあり方を描き出す。

① 男性教師の声を聴きなおす

圭吾先生の経験を確認しよう。圭吾先生は体格のいい男性であること、荒れた学級の立て直しに力を発揮してきたことによって、なかなか低学年に配置されなかった。教職一七年目にようやく一年生の担任になり、翌年二年生に持ち上がる。彼の三五年間の教職歴において低学年の担当はその一度きりだった。低学年教育の特徴的なあり方への驚きや違和感を内包する圭吾先生の語りは、「足並みをそろえる」という同僚関係のあり方を、鮮明に照らし出している。

圭吾先生が低学年における経験として印象的に語ったエピソードの一つが、学年で各クラスの学習の進度や持ち物をそろえることについてである。一年生の入学当初の国語の授業は、「あ」から順番に一時間に一文字ずつひらがなの書き順と読みを教え、その文字のつく言葉集めを行うのが一般的だった。しかし圭吾先生はその方法に「苦痛」を感じ、「あいうえお…」の五十音を先に覚えてしまうという方法を考案する。そして隣の学級を担任する女の先生に、その方法では「子どもは絶対に覚えない」と「さんざん文句を言われ」ながらも実践する。子どもたちはグループごとにメロディーを作り「あいうえお…」を唱える活動を一週間楽しみ、五十音を覚えてしまった。ところが保護者から、「隣のクラスは、もう『き』まで書けるようになりました。書き言葉は全然やっていないのはどうして」という連絡帳がくる。「まずいな」と思った圭吾先生は書き言葉を教えはじめた。ただし「あ」からではなく、それぞれの子どもが自分の名前から覚えていくという方法をとった。

この出来事について圭吾先生は、一方で「何ができるか子どもと相談しながらやる」ことの楽しさを知ったと語った。そしてもう一方で、そのように実践したときに同僚と「必ずぶつかる」ことがわかった、「教師と歩調を合わせる」ことが「案外大事」だとわかったと語った。

　　低学年の先生は、毎日学年会をやるの。明日は何をやるか、全部決める。それが何でなのか、ずっと不思議に思っていたんだけど、やっとわかったのは、そうやっていくと自分が前に進むあるいは他の人が遅れているというふうなことを、必ずどこかで調整できるわけ。それで学年の共同の実践だから、責任は必ず二人がもつ。どちらかが先に行くと、どちらかに責任が出てくるわけです。その責任を回避するわけじゃないけど、共同の責任をもちながら実際にやるというスタイルを、低学年の先生は、ずっともち続けている。……後でわかったことは、保護者に対応するときに、あるいは子どもに説得するときに、うちの先生と隣の先生は同じことをやっています、変わらないです、どの先生が来ても教える内容については同じですということが、実は安定的に学習する。子どもらにとってもそうだし、親にとっても保障だったということがわかった。……だから低学年をもった先生というのは、親の立場というのをとにかく考えないとだめだということは、はっきりわかった。しかも、初めて子どもを入学させた親御さんの方が、実は毎年そうなんだけど、圧倒的に多いのよ。……だからそういう親御さんを安定的に学校に参加させたりだとか、あるいは安心感をもたせるというのは、うんと大事なことなんだということがよくわかった。【圭吾先生】

圭吾先生は続けて、二つのクラスがそれぞれ六色のクレヨンと一二色のクレヨンを指定すると「すぐに学校に電話」がきて「これはどうしてですか」とか「数が少ない方がいいと思います」とかいう議論になってしまうという事例を語った。そして隣のクラスの女の先生から「だめよ」と言われたら「はい」ときくようになった、「こういうふうにやりたい」というのをお互いに出して「教材」や「プログラム」を決めるようになったと述べた。ただし「お互いに縛りっこをする、統一性のあるような実践」は避けよう、同じことをしても「それぞれ特徴がある実践」をしようということについては合意していたという。「学年を組んだときに、統一しながら、何か日程から教え方から、全部同じにして歩調をあわせますというのは、ものすごい嫌いなんだよ」と圭吾先生は付言した。

私たちは圭吾先生の話を聞いた時に、「足並みをそろえる」ということを、低学年において必要なこととして、しかし否定的なこととして捉えた。それは一つには、圭吾先生の五十音の実践が、文字の導入の学習として十分に工夫されていたからである。隣のクラスの進度を気にして文字の導入を促す一年生の親の声は、無理解による理不尽な要請であるように感じられた。もう一つの理由は、圭吾先生自身の「足並みをそろえる」ということの説明が帯びていた消極的なニュアンスにある。引用中の「保護者に対応するとき」や「子どもに説得するとき」に「同じことをやっています」「変わらないです」と言うことが「安定的」であることにつながるとの語りは、理不尽な要求への防御として「足並みをそろえる」とも受け取れる。私たちはインタビュー時、実際に「(足並みをそろえることには)保身的な面もある?」と圭吾先生に尋ねた。それに対して圭吾先生は、「それもある……自分自身を守りながら、自分のやりたい実践についてはやる」と答えている。この時に私たちは、創造的な実践に価値を認め、その実現を阻むものとして「同じ」であることを求める低学年の親の要求を捉えた。すなわち「足並みをそろえる」ということを、親のクレームを防ぐためには必要だが、個々の教師の創造的な実践を抑制するものとして理解した。

その後私たちは、「足並みをそろえる」ことを日常的に行ってきた女性教師の語りを聞いて、そこに肯定的な意味があることを知る。そのうえで圭吾先生の語りを読み返した時、彼が「共同の実践」や「共同の責任」に重要な意義を認めていることに気づく。「共同歩調志向」を否定的に捉える教育研究の常識の中にあった私たちは、圭吾先生の語りを多声的に聴くことができなかった。女性教師の明確な「異なる声」を通して、ようやく圭吾先生の語りに内在する「異なる声」を聴くことができた。

② 異なる声

女性教師に低学年を担任して印象的だったことを尋ねた時に、「足並みをそろえる」ということはほとんど出て来なかった。男性教師へのインタビューを通してそれを低学年教育の文化として捉えていた私たちは、語られないことを不思議に感じ、「足並みをそろえる」ことについての経験や考えを尋ねた。すると多くの場合、低学年で「足並みをそろえる」のは当たり前だとの答えが返ってきた。当然すぎて語られなかったのだ。それればかりか複数の研究協力者が、高学年においても「足並みをそろえる」ことは必要だと述べた。その語りは、親と子どもの「安心」を優先課題として提示し、「同じ」であることを求める親の声を共感をもって受けとめていた。そして「足並みをそろえる」ことを、同じ学年を担任する教師の協働の一つのかたちとして意味づけていた。

各学年をほぼ同じ割合で担当してきた沙織先生は次のように語っている。

低学年は足並みをそろえます。そろえてあげないと、親子が不安になるので。そんな、そろえることは、平仮名ぐらいなら簡単なことなんですよ。今週まではここの字まで行こうねみたいな。それで、行かなかったと言ったら、じゃあ、足踏みして待っているからと。そんなことたいしたことじゃないじゃないですか。【沙織先生1】

沙織先生は低学年の学年運営の特徴として「足並みをそろえる」ことを示しつつ、その理由を「親子が不安になる」と語っている。すなわち子どもと親の「安心」のために「足並みをそろえる」必要がある。低学年担任を多く経験した洋子先生も「足並みをそろえる」ことを当然のこととして語った。

最初に一年生をもった時の主任に教えてもらったんですけど、やっぱりある程度はそろえておかないと。同じ一年生なのにこっちのクラスにはこれが貼ってあって、こっちは貼ってないとか。最初の年のことはよく覚えてないんですけど、ある程度はそろっていたと思うんですけど、一年生はさらにすごく気にして、配布物なんかも。宿題なんかも、違う日に出しちゃったりするとね。……申し訳ないなと反省したこともあるんですけど、私、勝手にお誕生日列車みたいなのを作っちゃったんですね。……そのときに主任の先生も作ったから、あ、そうだよなと思って。一言声をかければよかったなって。でも主任の先生は何も言わなくて、真似をさせてという感じで言ってくれるようないい人だったんですよね。本当だったら怒られちゃいますよね。勝手なことをしてね。【洋子先生1】

洋子先生は「足並みをそろえる」ことを、最初に一年生を担当した時に主任の先生から教わったという。進度だけでなく、掲示物、配布物、宿題などもそろえる。「お誕生日列車」のエピソードの語りは印象的である。洋子先生は子どもたちの名前と誕生月を記した掲示物を作成した。すると後日、隣のクラスの学年主任の先生も同じものを作って掲示した。この出来事について洋子先生は「申し訳ないなと反省した」「一言声をかければよかった」「勝手なことをして」と語っている。この言葉は足並みをそろえないと同僚に迷惑をかけたり負担を強いたりするということを示している。ただし、ここで留意しなければならないのは、洋子先生の「反省」が、「お誕生日列車」をつくったことではなく、そのことを主任の先生に伝えなかったことに向けられている点である。ここでは個々の先生が何かを行うことではなく、それを伝えないことが問題にされている。

そもそも洋子先生は「足並みをそろえる」ということを、実践を抑制され規定されることではなく、隣のクラスの先生と協働することとして経験している。単学級の学年から二学級の学年に変わった時のことを、彼女は次のように語っている。

二クラスあって何がいいかって、複数あると授業に使うプリントとかを共有できるんですよね。また、親も、同じものを持って帰るかどうかというのを気にする親もいるので、じゃあ、国語は私が担当するねとか、分担ができるんですよね。一クラスだとすべて自分でいちからやるというのが、二クラスあると分けて、そこにちょっと改良を加えて、クラスに合うようにしたりして。……組んだ人がすごくまた合ったので、いい先生だったので、大事ですよね、それって。いろいろなことを協力して、行事も分担とかしてできるという。【洋子先生2】

洋子先生は「同じ」であることに対する親の要請に、さらりと言及している。しかし「足並みをそろえる」ということは、「共有」「分担」「協力」という言葉の使用によって、親の要請に応える経験である以上に、積極的で肯定的な協働の経験となっている。

やはり低学年を多く担当してきた貴子先生も、一年生を担任した時に、同じ学年の先生たちと一緒に教材をつくった経験を語っている。

授業の中のその「くじらぐも」を作るなんていうのは、学年でみんなで協力しないとできないんですよ。学年の先生で残って効率よく作っちゃおうねなんて言って、みんなで、一組終わり、二組終わり、三組終わりって、みんなで力を合わせてやっていたんですよ、その教材づくりを。だから楽しくみんなでできちゃったので、そんな一人こつこつこつこつやっているという形ではなかったので、大学のサークルののりでみんなでやっていたからすごく楽しかったんですよ。【貴子先生6】

「くじらぐも」の物語を読む時、貴子先生は学年の先生とともに大きな「くじらぐも」を製作した。大きな製作は「協力」しないとできないし、共同作業は「効率」もよく「楽し」い。「大学のサークルののり」という貴子先生の言葉からは、和気あいあいと教材作りを行う様子が伝わってくる。

「足並みをそろえる」という経験が語られたのは、低学年教育についてだけではなかった。僻地の単級の学校から教師としての歩みを始めた絵里先生は、規模の大きな郊外の学校に異動した際に、中学年や高学年においても「足並みをそろえる」ということを経験したという。

大きい学校は学年会ががっちりしていて、何しろ足並みをそろえなきゃいけないというのがあったんですよね。今は何か、学校によってはないみたいだけどね。足並みをそろえるというのがあって、すごく一緒に研究したり一緒に教わったりしましたね。こういうふうに進めるとか、それから進度もそろえていたし。図工の作品なんかを作るのも、「次は何にしましょう」と言うと、「こういうふうにして」ということも一緒に、同じものを作って同じものを掲示するという形で。どの学年もみんな、そういうことはそろえていましたね。……親が、やっぱりそろっている方が安心する。あのクラスはあれだとか、このクラスはとか。あの先生は何をやっているとかあの先生はこうしてくれるのにとか、そういうことがあるんじゃないですかね。我が子のときに、娘のときですけど、隣のクラスはきれいに絵を描いているのに、その先生は絵の具を使わなかったり、何か寂しい絵で。「クレパスは使わないんですか」とか保護者会で言ったことがあります。でも結局使わずに終わって。やっぱり寂しいですよね、だって隣が華麗にやっていて、(娘のクラスは) 絵を描いてないみたいだったら。親としてだってね。【絵里先生1】

絵里先生によれば、その学校では「どの学年」でも、教育の方法、進度、どのような作品をつくるかといったことをそろえていたという。当時若手だった絵里先生は、それを自らの実践への制約としては受け止めていない。「一緒に研究したり一緒に教わったりしました」という語りは、「足並みをそろえる」ことを教師どうしの協働として、また自らの成長の機会として意味づけている。また「足並みをそろえる」ことが必要とされる理由は、他の多くの先生たちと同様に「親」の「安心」に指摘されている。その語りは興味深い。絵里先生は、親は「あのクラス」と「このクラス」を、「あの先生」とこの先生を比べるだろうと想像している。そのような比較し評価するまなざしは、教師としては心地よいものではないだろうが、ここで絵里先生は「我が子のときに…」と自分の子どものことを、親として語りはじめる。自分の娘のクラスの絵は「寂しい絵」で、隣のクラスの絵は「華麗」だった。「やっぱり寂しいですよね……親としてだってね」という絵里先生の言葉は、教師の声を離れ、あえて親の声で語られている。このように教師が自分の子どもの親の声で語ることの意味は、後に改めて考察する。

③ 子ども、親、同僚へのケア

郁恵先生の語りは「足並みをそろえる」ことがケアの営みであることを鮮明に伝えている。彼女の語りに即して「足並みをそろえる」ことに付与された意味を考察しよう。彼女が「足並みをそろえる」ということの重要性を認識したのは、高学年を担任していて男の子との関係がうまくいかなくなった時である。男の子たちと女の子たちがもめた時に先生が女の子の肩をもった、ある男の子のお母さんが子どもを叱責する時に「先生が言った」ことにしてしまった、そういった小さな不満がたまり「心がすれ違って」しまった。男の子たちの不満の中には隣のクラスとの比較が含まれていた。隣のクラスの女の先生は「お楽しみ会で一時間目から四時間目まで外で野球大会をした」のに郁恵先生は「させてくれない」。隣のクラスの先生は男の子皆に「バレンタインのチョコレートをくれた」のに郁恵先生は「くれない」。男の子たちはそれを「不公平だ」と訴えた。郁恵先生はこのエピソードに続けて、学年で「そろう」ということの重要性を次のように語った。

私もそのチョコレート事件みたいなものがあったから、後に学年主任みたいなのをしたときに、絶対に何かやるときには学年でそろわないと、子どもというのは絶対、違うクラスだって、前に同じクラスだったとか、前に地域でとか、もうクラスでやっていることはツーカーでわかっているから、自分のクラスがやっぱり一番いいクラスであってほしいと思うから。だから何ていうのかな、うちの先生はいいよと思わないと、すごく不満が出ちゃうんだなと。だから何かやるときに、学級王国という言葉があるけど、うちだけが学級王国にしちゃったら、絶対子どもたちが不幸なのね。だから実践書なんかの問題点は、そういう実践が意外とあるのよね。……それを読むと、うわー、すごいと思って、親なんかも、自分のクラスはわーっと言うけど、隣にいる人とか隣のクラスの子は、もうとても嫌な思いをしているという。だからね、学校ぐるみの実践はできなくても、少なくとも学年ぐるみの実践にしないと。親だってそんなの、ツーカーで連絡を取り合っているから。だからいろいろニュアンスの違いが、みんな先生が違うからニュアンスの違いは出て当然なんだけれども、何か実践するときにはやっぱり学年ぐるみにしないと、子どもが不幸というか。だからその後の実践のときにはいつも、自分がこれをやるとき、「ねえ、こういうことをやるけどこういうのを一緒にしない？」と言って。それでもう、「こういうことは嫌だ、その代わりこっちをやる」と言ったら、それはその人の実践だからそれでいいんだけど、何も言わないで、私はこれがいい実践だからこれをうちのクラスだけでやるというのは、絶対もう学年をばらばらに、子どもたちも分断するし、教師も分断するし。いくらそれがいい実践だとしても。だから何かするときは、「私、今度こういうことをしようと思っているんだけど」と言わないと。【郁恵先生1】

郁恵先生が重視しているのは子どもたちの「不幸」を避けることである。子どもたちは皆、自分のクラスが「一番いいクラス」であって欲しいし、「うちの先生はいいよ」と思いたい。だからこそ他のクラスと断絶された状態で突出した実践を行ってはいけない。郁恵先生は、書籍として出版されるような実践には、「隣にいる人（先生）」や「隣のクラスの子」が「嫌な想い」をしているものもあるという。各学級が孤立した「学級王国」では子どもたちが「不幸」になってしまう。

郁恵先生が問題にしているのは、個々の教師が創造的で個性的な実践を行うことそれ自体ではない。必要なのは実践の抑制ではなく「学年ぐるみでの実践」を行うことである。郁恵先生が学年主任をつとめる年齢になった頃、同じ世代の女性四人で中学年を担当したことがあった。その時には、学生時代に人形劇のサークルで活動していた郁恵先生が主導し、学年で人形劇づくりに取り組んだ。

このときは人形劇をやるなんていうのは、人形劇なんかできるのは私しかいなかったんだけど、こういうふうに作って、それで教室に舞台のセッティングをして、こうやって組み立てれば舞台ができるからと。跳び箱とあれと棒を作って、こうやって幕を引けばかっこいい舞台ができるからと暗幕を使って。それでそれぞれ「何組人形劇場」といって。それだけじゃなくて、クラスから一つずつ、学年全体で見せ合うようなこともやったりして、じゃあ、次は今度、低学年の子たちにも見せてあげようって。それもみんなで。だからこのときくらいから、自分が学年主任になったときから、そうやってとにかく一緒にやると子どもたちも喜ぶし。だからたとえば逆にうちのクラスだけで人形劇をやったとしたら、きっとほかの人たちは、ふん、と思うんだとね。きっとその後の学年運営なんてうまくいかないというか。【郁恵先生2】

郁恵先生は「一緒にやる」と子どもたちが「喜ぶ」という。自分のクラスだけで人形劇をやったなら、学年団を組む教師たちは「ふん」と思うだろうし、学年経営は「うまくいかない」だろう。ここで郁恵先生が想像しているのは、人形劇の実践が共有されなかった場合の「不幸」である。実践を共有しないということは、子どもたちが喜びを失うこと、教師たちが協働を失うことである。

ただし【郁恵先生1】の語りを丁寧に読むならば、「足並みをそろえる」ことさえも、必ずしも求められてはいないことに気づく。郁恵先生は「こういうのを一緒にしない？」と声をかけるけれど、違う実践をやるというならば「その人の実践だからそれでいい」と述べている。しかし、どんな「いい実践」であっても「何も言わないで」やることは、「学年をばらばらに、子どもたちも分断するし、教師も分断する」。ここで問題にされているのは関係の切断である。実際に「足並みをそろえる」こと以上に、声をかけ、アイデアを共有し、共に実践する可能性をつくることが重視されている。

子どもと親の安心において重要なのも、実際に「足並みをそろえる」ことよりも、学年の先生たちで学年の子どもたちをみるという関係である。郁恵先生はいう。

ベテランか若い人か新米かによって、やっぱりどうしても差というのはあるから。子どもたちも、この先生は力があるとか、何ていうのかしら、新米でも、たとえば若くても遊んでくれるからいいと思っている場合と、何だ力のない先生、みたいに思っちゃったり。だからそういうとき学年で、みんなで応援しているから大丈夫だよと、そのクラスに入っていったりすると、子どももすごく落ち着くというか。大丈夫だよ、みんなで見ているんだもん、という感じで。だから先生たちが何か打ち合わせしているなみたいなことになると、それこそ字を教えるのに二、三個進んでいるとか、一時間か二時間くらいたとえば先に進んでいたって別に大丈夫よ。……うちの学年は大丈夫よとなっていれば、新卒の先生とか二年目でも、親は、大丈夫、学年でみてくれているからという。それは今の学校経営ですごく大事なところじゃないかなと。だから学年でちゃんと。やっぱり個人だと、どうしたって得意なところ、不得意なところ、その先生のもち味はみんな均一ではないわけだから。ベテランだからすごく力があるかというとそうでもないし、若い人の方が力があったりすることもあるわけだから、お互いにいろいろ補い合うというかね。だからこの学年は大丈夫だよと。それがすごく一番親が安心する、子どもが安心する学校じゃないかなという気がする。【郁恵先生3】

郁恵先生は教師の「差」に言及している。「新米」の先生が子どもたちから「力のない先生」と思われてしまう時がある。その時に「みんなで見ている」ことが伝われば、子どもたちが「落ち着く」。親も学年でみてくれているから「大丈夫」と思える。弱さを抱えているのは初任期の教師ばかりではない。みな「不得意なところ」がある。それを「補い合う」関係、学年の子どもを「みんなで見ている」という関係があれば、進度の早い遅いが問題になることはない。ここに示されているのは、子どもたちのケアを通してつながり、弱さを「補い合う」という学年団のあり方である。

和歌子先生の初任期の経験は、郁恵先生のいう「補い合う」学年団の重要性を伝えている。和歌子先生は教職三年目に二年生を担任した。その時の学年団は、ベテランの男性教師と若い女性教師三名からなり、日常的に一緒に教材研究や行事の準備をしていた、和歌子先生はその様子を、「お父さんと娘たちみたいな家族のような感じで、毎日夜遅くまで会議をやっていました」と語っている。皆で「教科書を広げてあだよ、こうだよ」と話をし、「郵便ポスト」等の教材を製作し、行事の企画を練り直す。それは既に身につけつつあった「やり方」を崩される経験を含み、「勉強にはなる」が「大変」でもあった。その時の子どもたちについて、和歌子先生は次のように述べている。

学年が、たぶん先生たちがつながっている感があるので、子どもたちもすごい安心感は基本的にあるような感じで、どのクラスもそれなりに落ち着いてやっていたかなと思いますね。ちょこちょこやっぱりそれぞれありますけれども、何かみんなで見ているということを子どもも感じていたのかなという。私も感じていましたし、クラスを取り換えてよく授業もやっていたので。【和歌子先生】

和歌子先生は、子どもたちが「落ち着いて」いたのは、「みんなで見ている」ということを感じていたからではないかという。そのことを示唆しているのは、彼女の翌年の経験である。和歌子先生は五年生の担任になった。その同僚関係のあり方は、二年生の担任時とは大きく異なっていた。ベテランの男性教師が学年主任をつとめ、和歌子先生と新任の男性教師二人の四人で学年団を組む。学年主任の先生は、「僕が責任を取るからいいよ、好きにやっていいよ」というスタンスをとる。しかし、初めて高学年をもつ和歌子先生と初めて教職についた男性二人はとまどうばかりだった。和歌子先生は孤立を余儀なくされたまま、高学年の子どもたちへの関わり方に悩む。教材研究が必要だと思いながら、その余裕もなかったという。このような初任期における危機の経験は彼女だけのものではない。私たちのインタビューでも、男女を問わず何人もの先生から、学級づくりや授業がうまくいかなかったエピソードが語られた。

郁恵先生の語りに戻ろう。彼女は「足並みをそろえる」ということを、基本的には学年主任の立場から、学年経営の方針として語っている。その思考の方途はギリガンによる「ケアの倫理」を想起させる。岡野の議論によれば、ギリガンが見出したケアの倫理は、第一に「他者を傷つけないこと」「危害を避けること」を命じる。それは特定の他者が置かれた文脈を注視する「具体的な思考」を要請する。しかも子どもとの関係性への埋没ではなく、自身の「葛藤」の注視を通して社会への疑念と批判が提起される過程を含んでいるという［岡野 2012：156-158］。郁恵先生は「足並みをそろえる」ことにおいて、一つの学級の教育実践を、学年、学校、家庭といった関係の中に置き、その関係の中における「不幸」の回避を重視していた。その考察から導かれた「学級王国」への批判は、特定の学級で行われた優れた実践を賞賛してきた教育研究が、隣のクラスの子ども、親、そして教師の思いへの想像力を欠いていることへの批判の声として聞かれなければならない。

さらに郁恵先生は、個々の教師の弱さを「補い合う」という学年経営のあり方を示している。教師の弱さはクラスの子どもと親の不安や危害につながりうる。そのような状況を避けるために、新米の教師をケアし、互いの弱さをケアしあう。隣のクラスの子どもをケアし、「みんなで見ている」状況をつくり出す。岡野はケアの倫理から提起される「社会で分有されるべき責任」を、「一部のひとたちを専ら危険にさらすようなことのないように配慮すること、すなわち傷つきやすさ vulnerability における不均等をなくすこと」と表現している［岡野 2012：161］。郁恵先生の「足並みをそろえる」ことの語りは、学年団で「責任」を「分有」する関係をつくる営みとして理解できる。すなわち個々の教師の弱さを前提に、ある学級の子どもがケアされなかったり教育されなかったりする危険を避けるために、「足並みをそろえる」というかたちで実践が共有される必要がある。

ここには教師の「責任」のオルタナティブな概念が現れている。岡野はグディン（Goodin, Robert）の提起する「傷つきやすさを避けるモデル（ヴァルネラビリティ・モデル）」に依拠し、ケアの倫理を社会的責任論へとつなげている。契約論的責任論が誰が責任をとるかを問題にするのに対して、「傷つきやすさを避けるモデル」は誰が危害を受けているのか、危害を誰が最も効果的に緩和しうるかに着目する［岡野 2012：176–184］。個々の教師の自由な実践を尊重しつつ「責任」は自分がとるという一見まっとうな学年経営の方針に内包されている問題は、ここに明らかになる。ここでいう「責任」は契約論的責任論に基づいている。その論理に内包される弱さと依存の排除が、不十分なケアと教育という危害、より深刻な場合はケアと教育の欠如という危害をもたらしうる。

私たちの子どもたち

「足並みをそろえる」ことの背景には、隣のクラスと「同じ」であることを求める親の要請があった。次に「足並みをそろえる」という経験に限らず、そのような教室の子どもの親との関わりを女性教師がどのように語っているかを検討したい。彼女たちの語りは、保護者の思いに共感し、その共感を通して保護者と連帯し、また保護者どうしの連帯をつくる道筋を示している。

① 親とつながる

女性教師の語りにおいて、保護者たち、実質的には母親たちは、共感し理解する者、ともに子どもを育てる者として立ち現れていた。その語りには親とつながる複数の方途が示されている。その一つは自分の子どもの親としての声である。「足並みをそろえる」という経験の語りにおいて、絵里先生は、自分の娘の親として語ることを通して、他の教室や教師と比較する親のまなざしを共感的に受けとめていた。絵里先生は四人の子どもを育て、それぞれの子どもの各学校段階においてＰＴＡの役員を引き受けている。その経験は何よりも、親の思いを知ることができた点でよかったという。

親の声で語ることによって保護者に共感するという道筋は、他の先生の語りにも見ることができる。寛子先生が語る「モンスターペアレント」のエピソードを参照しよう。寛子先生は組合の要望を通すために、自らは担当学年の希望を出さずにきた。それゆえ希望者の多い低学年にはなかなか配置されず、最初に一年生に配置されたのは実に教職二四年目のことだった。それは「モンスターペアレント」がいるとの噂がたったことによって、持ち手のなかった学級だった。その「モンスターペアレント」との評判があった保護者について、寛子先生は次のように語っている。

私はそんなにうるさい親だとは思いませんでしたけど。私は別に、小学校一年に入るんだから、不安な親が多いだろうから、先生にこれもしてもらいたい、うちの子はどうだっていろいろ質問するのは当たり前だろうなというふうには思いましたけど。私も、自分の娘を一年に入れたときは、やっぱり自分の子どものことを、自分の子どもの長所・短所知っているわけだから、うまくこの子と付き合っていってくれるかなって、親としては誰でも思うでしょう。だったら、どこのお母さんだって、一年に入学したときは、うちの子どもとうまくやっていけるかしらって思うのは当たり前だろうなって思っていたので、そんなに嫌ねっていう感じはしませんでしたけど。ただ、いろいろな質問はしてきました。「うちの子のことを、もっときちんと見てください」って連絡帳に書いてあって、重要なところ

に赤ペンが引いてあったりして、そういう親もいましたけど。【寛子先生2】

「モンスターペアレント」とは、自分の子どものことだけを考え、理不尽で過大な要求をし、不満や批判を学校や教師に向けてくる親のことである。寛子先生はそのような「モンスターペアレント」であるとされた母親の要求を、自分の子どものことを教師に理解して欲しいという親として「当たり前」の願いとして捉えなおしている。その転換を可能にしているのは、寛子先生の親としての声である。彼女は「私も、自分の娘を一年に入れたときは」と語り始め、娘教師に対して感じた「うまくこの子と付き合っていってくれるかな」という思いを述べ、「親としては誰でも思うでしょう」という。この言葉は「モンスターペアレント」とされた母親と自らを、子どもへの思いを共有する「親たち」にしている。「モンスターペアレント」とされた母親の要求に、寛子先生が過剰なものを感じていなかったわけではない。親が「うちの子のことを、もっときちんと見てください」と連絡帳に書き「赤ペン」で線を引いてきた出来事は、若干の違和感をもって語られている。そのような教師として感じた親の行為への違和感を、親の思いへの共感へと転換しているのが、親の声による語りである。換言すると、教師としての声と親としての声を内包する多声的な語りが、教師として親の要求を理解し受け入れることを可能にしている。

「親として」の語りが一人称による共感であるのに対し、洋子先生は親との二人称の関わりにおける共感を語っている。洋子先生は教室の子どもの母親との関係について「仲良くなる」という言葉を使った。一つめの引用は、洋子先生が二人めの子どもの育休あけに、ベテランの女性教師とともに四年生を担任した時のことを語っている。前年度に荒れた学年で、子どもの人数は四〇名以内だったが、TT(ティーム・

ティーチング）の枠を弾力的に運用し二クラスに分けてあった。

やっぱりお友達とうまく関係を結べない子とかがいたんです。男の子とか、女の子とかもいたんですけど、今はいい方向にいったんなったかな、お母さんと仲良くなったりとか。すごく休みがちの子がいたんです。必ず月曜日になると休んでいる子。私は聞いていて知っていたんですけど、まず、その子と仲良くなろうと思って。そうしたら休まなくなったんです。それがいい手なのか悪い手なのかわからないんですけど。……お母さんとも仲良くなって、そうしたら徐々にお母さんが、前の年にこんなことがあってつらかったんだという話をしてくれるようになって、やっぱり保護者との連携ですよね。そういう話ができるというのがいいのかもしれないかな。こっちから聞いたわけじゃなくて、向こうからそういうふうに相談してくれるようになって。【洋子先生３】

洋子先生は子どもとの関係についてもその母親との関係についても「仲良くなる」という言葉を使用している。そのことによって母親は「つらかった」ことを話せるようになり、不登校気味だった子は学校に来られるようになった。ここでは母親の友人としての声が経験を意味づけている。洋子先生が「いい手なのか悪い手なのかわからない」と述べているのは、「仲良くなる」という親密な関わりかたが、教師として批判されかねないものであると意識されているのかもしれない。

二つめの引用は、洋子先生が二年生のクラスを担任していた時のエピソードの語りである。そのクラスには特別支援のＫくんが在籍していた。あるとき洋子先生は、Ｋくんのお母さんが校長先生に特別支援学級の担任を変えてほしいと涙ながらに訴えているところに居合わせる。

この男の子（Kくん）は（先生を）嫌だとか言うお子さんじゃないと思うんです。お母さんが見ていていろいろ感じたのかな。私、このお母さんとまた仲良くなっちゃって、やっぱり交流で、苦しい女どうしだし、ちょうどそのお母さんも私と同じくらいの年齢で、交流で話をしたりして。授業参観なんかも（Kくんがクラスの子どもたちと）一緒にやれるように、私はわざと音楽にしたりとかしたんです。国語と算数にしちゃうと、この子が一緒にやっているところを見てもらえないから、……一緒にやれるのは音楽かなとか。お母さんもきっと二年生と一緒にやっているところも見たいかなって。……「（他の子どもたちと一緒に授業を受けているところを）初めて見ました」なんてお母さんも言ってくれて。

【洋子先生4】

洋子先生はここでも、Kくんの母親と「仲良く」なったと表現している。注目したいのは「苦しい女どうし」「私と同じくらいの年齢」という言葉である。この語りにおいて、洋子先生にとってのKくんのお母さんは、女であることの苦しさを抱えた自分自身の分身となっている。洋子先生は「一緒にやっているところも見たいかな」とKくんの母親の願いを分有する。それはKくんをケアする責任を分有することでもあり、母親をケアすることでもある。Kくんの母親の友人としての声、さらにはKくんの母親の声で語ることが、そのケアと責任を形づくっている。

雅代先生の語りでは、親がケアされるべき存在として立ち現れている。雅代先生は荒れたクラスの立て直しを期待され、その期待に応えることによってまた荒れたクラスに配置されてきた。問題を抱えた子どもたちに向き合う時に、彼女はその親との関係を大切にしているという。大変な子の親たちと面談を重ね、コミュニケーションをとり、一緒に子どものことを考えていくというスタンスである。その出発点となるのは、子どもをケアする存在であることによって傷ついてきた親のケアである。

基本的に親と最初に出会って話すときに、一番大変な子の親にはまずねぎらう。「本当にここまで大変な思いをしてこられて、お母さん、大変だったでしょう」というところから始まって、「今年は一緒にやっていきましょう」と、「お母さんのせいじゃないから」というところから始まるので、ほかの子についてもそうだけど。……とくに高学年の親の方が、繰り返し、繰り返し言われているから。「おたくの子さえいなければうちのクラスは」みたいなことをさんざん言われているから、相当傷ついてへこんでいるか、開き直っているか。高学年は、「そんなにうちは悪いですか」みたいな感じの人とか、もう「すみません、すみません」と言う人かですよね。【雅代先生2】

「大変な子」に向き合ってきた雅代先生は、子どもが「大変」なとき、そのことによって親が、実質的には「お母さん」が責められ傷ついてきたことを知っている。それゆえ、そのようなお母さんを「大変だったでしょう」とねぎらい、「大変」さの原因はあなたではないと伝える。そうして「一緒にやって」いく関係、ともに子どもをケアし育てる関係をつくっている。

なお寛子先生、洋子先生、雅代先生の語りは、「親」が基本的には「お母さん」であることを示している。男性が子育てに参加するようになったとはいえ、子どもの養育を主に担っているのも、保護者として学校にかかわっているのも、多くは女性である。女性教師と「親」は、母親どうしであったり、女どうしであったりする。むろん何よりも重要なのは、教師と親が子どもへの関心と責任を分有していることであり、親とつながり親に共感することは男性教師にも可能である。ただその方途は、親と呼ばれる養育者が実質的には母親である限り、おそらく女性教師の方が多くもっている。

② 親をつなげる

女性教師たちは、親とつながることについてのみならず、親をつなげることについても語っている。佳代先生の「がんばりノート」と呼ばれる個別学習の実践の語りを参照しよう。子どもは一人一冊「がんばりノート」を持ち、計算をしたり、日記を書いたり、本の感想を書いたりする。

算数の計算のもうちょっと習熟が必要な子には、私がその「がんばりノート」に何題か問題を書いてあげるんですね。……本が好きな子は、だんだん発展してくると『泣いた赤鬼』の二、三冊を読み比べて比較検討してきたり、お母さんの手伝いをして何か作ってきた話を、お台所で料理した話とか、そういうのを書いてきたり。……すごく出来のいい子なんだけど、なかなか気持ちを書き込めない子がいたんですよ。（その子が）「今日は僕、（気持ちを書いたという印であるハートのマークが）取れると思うんだけど」と言って、見ていて、「あっ、あったね、ハートがあったよ」と言って付けてあげると、喜ぶみたいな。……子どもと一本一本、糸を毎日縒り合っていくというか、心の糸がね。……（ノー

 トの内容を）学級通信でフィードバックしていくから、親同士も、顔は直接、会ってなくても、つながり合えるというか、「ああ、あのときの何々ちゃんね」みたいな、授業参観に来ても、「ああ、あの子が何々ちゃんね」という。【佳代先生6】

「がんばりノート」は、単に個々の子どもの不得意なところを補ったり、得意なところを伸ばしたりするための道具ではない。子どもと先生が「心の糸」を「縒り合って」いく媒介である。そればかりでなく、「がんばりノート」を学級通信で親にフィードバックすることによって、佳代先生は子どもたちの経験を親に伝えていく。その語りは興味深い。佳代先生は学級通信の意義を、親が自分の子どもについて知ることより、自分の子どもではない子どもを「何々ちゃん」という固有名で認識することに求め、そのことによって親が「つながり合える」と述べている。

郁恵先生は「大変」な男の子が四、五人いた単学級のクラスを担任したときに、「読み聞かせ」の活動の組織を通して親をつなげることを企図した。

一人じゃとてもだめだと思って……親の力をやっぱり（借りたい）といって、「子どもに読み聞かせなんかしませんか」とか言って。……一年生の親というのはそういうのはまじめで、子どものために何かしたいとかって思っているし、学校に何とか出ていきたいというのがあるのから、「やりましょう」といって「読み聞かせの会」が始まって。職員朝会している間に、朝（親が）来て、それでちょっと読み聞かせをして、周りに親が何人か見ているの。そうすると、飛び出している子なんかを見ても、

「あの子すごい大変な子だけど、でも何回かやっているとあの子も成長したわ」といって、そういうのを見てくれるようになったの。そういうのを知らなかったら、たとえば授業中に「キーッ」て奇声をあげたりしたら、「先生がちゃんと指導できていないから」って思っちゃったり、「何ていう子でしょう」とか、そう思っちゃったかもしれないけれども、「あの子なりに成長したわ」とかそういう感じで見てくれてね。このクラスは結局六年生まで一クラスだったんですよ。でも親はそうやって読み聞かせを通してすごく仲良くなって、だからすごく支え合う。【郁恵先生4】

郁恵先生の「読み聞かせの会」の語りが照準しているのも、佳代先生の学級通信の語りと同様に、教室の子どもの親と他者の子どもとの関係である。出発点になっているのは郁恵先生の「一人じゃとてもだめ」だとの思いである。それゆえ「親の力」をかりるために「読み聞かせの会」を組織する。教室を飛び出していくような「大変な子」をみているうちに、親はその子の「成長」を感じるようになる。その過程がなければ、授業中に奇声をあげるような行為は、その子自身やその子を指導できない先生への批判に結びつきうる。「読み聞かせの会」は親たちを、「大変な子」を含む教室の子どもたちをケアする者へと変化させている。そして親たちはケアする者として連帯する。

佳代先生や郁恵先生の語りは、「私の子ども」の養育を「私たちの子どもたち」の養育へと拡張することに「利己主義」を克服する方途を見出そうとしたグルメットの議論を想起させる。グルメットによれば、学校は親密さやその束縛とは相容れないように仕組まれ、親密性から匿名性への跳躍を可能にするのに必要な訓練を提供している。またカリキュラムの中立性の原則が、子どもたちの選別、階層化、分類を正当化するメリトクラシーを正当化し、暴力性を帯びた利己主義を合理化している。それに対してグルメットは、学校に親密さを導入すること、女性教師の経験を他者の子どものケアとして定位すること、教師と親が「私たちの子どもたち」を育む者として連帯することを提起する。

もし教師と親が互いに信じ合おうとするなら、教室における親の存在は重要である。しかし、親が互いの子どもへの関与を発展させようとするなら、むろん学校教育の絶対的で競争的な特質の土台を崩すこともまた重要である。私があなたの子が読む物語をタイプしたり、その靴を結んだり、そのスカーフを見つけたりした時、あなたが私の子にあなた自身の物語を語ったり、そのバスの乗車を助けたりした時、他者の子どもは私たちの子どもたちとなる。このような接触は、持続が許されれば、明示的なものと暗示的なもの、達成と可能性を同時に含む抱擁となる。それは他者の子どものみならず、他者にも新たな寛容を差しのべることを約束する。なぜなら私たちは、子どものケアをその親と共有する時、彼らの養育の習慣と同様にその希望にも接近することによって、子どものみならず、その親とも模倣し感情移入する関わりに従事することになるからである。他者の子どもを知るだけでは十分ではない。私たちは、荒々しくあるいはおずおずと、必死に、アンビバレントに、また鋭敏に、その子を愛する他者を知り、世界を共有せねばならない［Grumet 1988 : 179］。

グルメットは教師と親たちによるケアの共有に、学校の競争的な特質を崩す道筋を見出している。それは抽象的な感情ではなく、「私」から「あなたの子」への、「あなた」から「私の子」への具体的なケアの営みによって可能になる。またそこには、他者の子どものみならず、その親との「模倣」と「感情移入」の関係が伴う。女性教師たちの語りには、親とつながり、親をつなげる具体的な過程が現れていた。その語りは、「大変」な子どもとその親を批判するような利己主義の支配のもとで、「私の子ども」の幸せを願うことから生じうる攻撃を、「私たちの子どもたち」をケアし育てる連帯へと変えていく。女性教師の声は、そのような可能性を開く声として聴かれる必要がある。

きずなとつながり

「足並みをそろえる」という経験の語りが示していた教育の関係と、その可能性を確認する。

第一に、女性教師の語りは、「足並みをそろえる」ことに内包されたケアを浮かび上がらせていた。彼女たちにとって「足並みをそろえる」ということは、子どもとその親を安心させることであり、その不幸を避けることであり、同じ学年を担任する同僚と協働することであった。彼女たちの語りは、隣のクラスと比較するまなざしを当たり前のものとして受けとめ、それに応えていた。

第二に、「足並みをそろえる」ということは、学年の子どもたちをともにケアし教育するという同僚関係のビジョンを浮かび上がらせていた。創造的で優れた実践は、一クラスだけでなされるならば、隣のクラスの子どもと親と教師の不満、関係の分断という不幸につながりうる。同じ学年の教師が協働で行うならば、喜びを共有することができる。また個々の教師は弱さを抱えうる。学年の子どもたちをともにケアし教育する同僚関係は、そのような弱さにおける連帯であり、教師の弱さによる子どもたちの危害を避けようとするものだった。

第三に、親の願いを共感をもって受けとめる女性教師の語りは、教師と親たちが「私たちの子どもたち」を育てる者として連帯するビジョンを描いていた。彼女たちは、親として語ることによって、あるいは親との親密な関係を語ることによって、親の願いを自らの願いとしていた。また彼女たちの語りは、自らと親をつなげるのみならず、親と親をつなげるものでもある。彼女たちの語りは、親が他者の子どもを固有名で認識し、親が他者の子どものケアと教育に携わることによって、教師と親たちが連帯する過程を表現していた。

教育研究が「足並みをそろえる」ということを、創造的な実践の抑制としてのみ捉えるならば、それは以上のような女性教師の語りを沈黙させることになる。それは「真正な関心」の表現として認識され、声にされねばならない。同僚とつながり親とつながる女性教師の実践と語りは、おそらく日本の小学校教育を静かに支えてきた。しかしそれがこれからも可能であるとは限らない。一九九九年に開催された日本における国際カンファレンスで、ハーグリーブズは次のように述べている。

とくに日本のようなところでは、次のように言うことができるだろう。すなわち、ティーチングと学習を改善しようという必然的な努力がなされる中で、グローバル化されてはいるものの本質的には西洋的な自由主義的な改革言説によって、教師と保護者間および同僚間の情緒的きずなとつながりを破壊するような、学校の新しい情緒的地形が産み出されるようなことがあってはならない。というのも、そうした情緒的きずなは、日本のシステムが何十年にもわたって保持してきた、最も賞賛すべき長所の一つなのであるから［ハーグリーブズ 2000］。

ハーグリーブズは教師と保護者の間、同僚の間の「きずなとつながり」が、日本の教育システムの「最も賞賛すべき長所」であるとしている。そして教育改革の言説によってそれが失われることに警告を発している。必要なのは、この「きずなとつながり」がどのようなものであり、どのようにして可能になっているかを、教師の経験に即して明らかにすることだろう。私たちが行った「足並みをそろえる」ことについての語りの探究は、その試みの一つである

注

1 "authoritative discourse"と"internally persuasive discourse"の訳は『小説の言葉』[バフチン 1996]による。

2 紅林伸幸は質問紙による教師文化の継続的な共同研究において、「共同歩調志向」の問題を日本の同僚性の特徴として検討し、「共同歩調志向」は必ずしも「同僚のまなざし」への囚われを意味せず「教師の連帯」が教育活動においてポジティブに機能しうること[藤田ら 1996]、日本の教師文化とされてきた「共同歩調志向」がイギリスと中国の教師集団にも見られること[藤田ら 2003]、学年や学校で一致して行う教育活動の増加と組織としての教育活動への要請の強まりから「共同歩調志向」が高まっていることを指摘している[油布ら 2010]。

column

世界の女性教師／男性教師⑥

男女平等の国スウェーデンにおける教員のジェンダーのアンバランス

北欧はジェンダーギャップの小さい地域として知られる。スウェーデンでは一九七四年に世界で初めて男性の育児休業制度を導入し、現在では育児休業の四分の一を父親が担っている。女性の就労率は約七七％、国会議員に占める女性の割合は約四四％に達する。政府は差別禁止法の制定、平等大臣の配置、オンブズマンの設置など、女性の社会進出を推進し、その理念を内外に積極的にアピールしている。

表⑬　教員・管理職の女性比率（2013年度）（%）

	教員	管理職
幼稚園等	96	90
基礎学校	76	66
高校	51	47

出典：Skolverket（2013）より筆者作成。

学校教員の男女比

　ところが、教育現場での男女共同参画は他国と同様にまだ道半ばといえる。各学校種の教員の女性比率は、幼稚園が九六％、基礎学校が七六％、高校が五一％となっている。基礎学校では、低学年を担当する教員ほど女性が多く、学年が上がるに従って男性が増える。教科による偏りも大きく、語学や絵画、家庭科は九割以上を女性教員が担っているのに対し、保健体育や木工では六割弱に留まっている。

　スウェーデンの特徴として、女性管理職の多さが挙げられる。管理職の女性比率は幼稚園で九〇％、基礎学校で六六％、高校で四七％となっている。また、教育長の五一％が女性である。

　スウェーデン政府は教員の男女比率を是正すべき課題として認識しており、以下の四つの理由から学校に男女の教員がいるべきだとしている。

　①教師と生徒は日常生活で女性と男性の両方に会うから。

②子どもたちのアイデンティティと社会性の発達のためには両方の性のモデルが必要で、両方の性と関わる可能性をもつことが重要だから。
③長い目で見れば、より平等な態度と社会的価値を達成するために、女性と男性が協働し、分担し、補完し合っている場面を子どもに見せる必要があるから。
④働き方、問題解決、そして意思決定の場面において、女性と男性の協働が職場をうまくまわすことがよくあるから。そのためには、女性と男性の双方が教育現場や職業に参加することが大切である。

教員志望の男性が少ない

教員の男女比率を是正するには、より多くの男性を教員養成課程に入学させる必要がある。しかし、最近の傾向を見ると状況はさらに悪化に向かっていることがわかる。教員養成課程はこれまで常に女子学生が多く、入学者の約七五%を占めてきた。とくに幼稚園と特別支援教育の教員養成課程では入学者の九割を女性が占めてきた。かつてほとんどが男性だった数学と理科でも、一九八〇年代後半から女性が増え続け、最近では男性が少数派になってしまった。

この背景には、教員養成課程の人気の低迷と男子生徒の学力低下がある。教員養成といえば、かつては高校で優秀な成績をとった女子が入学するというイメージがあった。しかし、一九九〇年代以降、教員養成課程に入るために必要な成績が下がり、高校で低い成績を収めた男子がより多く教員養成に入るようになった。最近の入学者では、裕福な家庭で育った学力の低い男子学生と、労働者階級出身の女子学生の割合が増加する傾向がある。また、教員の親をもつ新入生の割合は近年減少しているが、とくに男子の減少が大きい。教職は女性にとっては社会上昇のための重要な選択肢となっているが、男性に対しては比較的魅力が少ないようだ。

入学者のうち、卒業する割合は男性で六〇%、女性で七四%となっている。ただでさえ少ない男子学生は、さらにその四割が卒業せずに他の進路に移ってしまう。高等教育庁の調査では、教員養成課程の男子学生が卒業しない理由として、①教職は一般的に男性的な職業領域でないため、学生が自分の進路選択に最初から納得していない、②教員養成には伝統的に女性の文化があり、それらに対抗しなければならない場面に遭遇し、困難が伴う、③教員養成に入る男性には同性のロールモデルが乏しい、という三点が挙げられている。

キャリア形成の男女差

　それでは、入職後のキャリアに男女差はあるだろうか。高等教育庁が教員養成課程を卒業した学生を追跡調査したところ、男性はまず基礎学校等に就職し、五、六年の経験を積んだ後に高校に転職するケースが多かった。一方、女性はまず幼稚園や基礎学校に就職するが、時間の経過とともに多くの人が離職していた。他の仕事に転職する割合は男女とも同程度だが、女性は育児などさまざまな事情で教職を離れる機会があり、その際により好待遇の仕事へのキャリアアップを目指して職業教育を受けに行くことがある。教職の離職率は男性の方が低く、学校種別では幼稚園や基礎学校では高く、高校では低い傾向にある。これらの複数の要因から、男性は数年すると高学年の担当として定着し、低学年は経験の浅い教員が流動的に担当する状況になり、結果的に高学年は男性、低学年は女性が担当する傾向が生まれている。

（林　寛平）

引用・参考文献

Högskoleverket（2009）"Man ska bli lärare! Den ojämna könfördelningen inom lärarutbildningen –beskrivning och analys", s.19.
Skolverket（2013）"Barn, elever och personal – Riksnivå 2013".
"Statistiskacentralbyrån（2014）"På tal om kvinnor och män, Lathund om jämstelldhet 2014".
World Economic Forum（2014）"The Global Gender Gap Report 2014".

column

世界の女性教師／男性教師⑦

ノルウェーにおける教員の男女比と議論の行方

ノルウェーというと、男女平等の模範的な国だという印象が強い。確かにノルウェーは男女平等に力を入れてきたし、子ども・平等・統合省という専門の省も置いている。しかし、二〇一一年に出された政府のアクションプラン『平等２０１４』によると、未だ「職業生活には男女差があり、女性の多くはパートタイムで働いている」、「権力と資源は経済的・政治的に男女間で均等に配分されていない」という問題意識が示されている。

同プランでは、幼稚園と学校において男女平等についての意識を高めることを目標の一つに掲げている。その中で、男性教員の割合を幼稚園で二〇％に、基礎学校で四〇％にすることを目標に据えている。また、教員養成課程における男女比をより均等にすることを目指している。

教職および教員養成における女性比率

ノルウェーにおける教員および校長（園長）の女性比率は表⑭の通りである。スウェーデン同様、女性管理職の比率が高いことが特徴だ。初等教育を除いては、女性教員とほぼ同等の割合の女性校長（園長）がいる。一方、他国と同様に学校段階が下がるほど女性の割合が高い。前述のプランでは、低学年における男性教員の割合を上げることが望ましいとされていることから、学年による偏りもあ

表⑭　教員・校長の女性比率（%）

教育段階	教育機関	教員	校長(園長)
就学前教育	幼稚園	92.6*	91.7
初等教育	基礎学校	80.2	60.2
前期中等教育		60.9	58.2
後期中等教育	高校	52.0	49.2

注：＊就学前教員養成課程を修了している Pedagogiske Ledere の数値。

出典：幼稚園の教員・園長の数値は Statistisk Sentralbyrå, 2014，初等教育・前期中等教育・後期中等教育における教員・校長の数値は OECD-TALIS2013をもとに，筆者作成。

ることが推察される。

教員を目指す学生についても、対象となる子どもの年齢が低い養成課程ほど出願する女性の割合が高い。幼稚園教員養成課程では七九・八%、基礎学校教員養成課程のうち一~七年生対象の課程では七三%、五~一〇年生対象の課程では六一%の出願者が女性である［Samordna opptak 2015］。

教職に男性をリクルートすることの意義と障壁

ノルウェーでは、幼稚園や学校において男性教員の割合を増やそうという取組みがいくつも行われてきた。二〇〇一年には『男性を男性のままに—学校により多くの男性をリクルートするには』というレポートが発刊された。これは、教育省主催のブレインストーミングでの議論をまとめたものである。参加者はいずれも男性で、教師、教員養成課程の教員と学生、生徒、研究者など一七名である。このレポートは、なぜ教員養成課程および教職に男性が少ないのかについて、男性自身がどう捉えているかを知るのに興味深い。まず前提として、なぜ男性が教職に必要かについては、子どもたち、とくに男の子にとってのロールモデルという点が重視されている。議論では、①進路選択において、男子がケアと共感を重視するキャリアを選択すると「弱い」と見られてしまうため、文化的に難しいこと、②教員養成機関は伝統的な教師観をもっており柔軟性と科目選択の自由に欠け、男性にとって魅力が少ないこと、③教職は給与と地位が低く、女性文化に支配されているため、男性は教職を選びにくく辞めやすいこと、④今日では男性の役割が拡充されているにもかかわらず、未だ男性とケアは自然な結びつきとして捉えられにくく、むしろメディア等によってマイナスのイメージが浸透していること等の課題が取り上げられている。男性が教職という進路を選択してから、教師を続けるというところまでのあらゆるフェーズで文化的な障壁が大きいことが伺える。

男性教員の減少

さまざまな取組みにもかかわらず、基礎学校における男性教員の割合はここ一〇年で減ってきている。教員全体における男性比率は、二〇〇五年度は二九・三%であったが、二〇一四年度には二五・五%となっており、約一〇年間で三・八ポイント減少した（Grunnskolens Informasjonssystem）。アクションプランにおける四〇%

という目標からは遠ざかる一方である。

学力向上政策の中での議論

一方で、教員の男女比についての議論が誇張されすぎているとする研究も出ている。バッケンは、約五〇〇の中学校（基礎学校の八～一〇年生が通う学校）を調査し、教員の男女比と生徒の成績との関係を調べた［Bakken 2009］。学校で男子が女子よりも学力等の面でうまくやれていない理由として、ロールモデルとしての男性教員不足がしばしば指摘されるが、本研究はそれを検証しようとしたものである。研究の結果、学校における教員の男女比と男子・女子の成績はほとんど関連がなかった。教育省はこの研究を「より多くの男性―それでは解決しない」というタイトルで紹介している。バッケンは、これからのノルウェーの学校研究で重要なのは、教員の男女比に焦点を当てることではなく、男女の別にかかわらず教師の潜在能力をどのように活用できるかについて理解を深めることだと述べている。ノルウェーでは、二〇〇〇年前後から知識水準の向上に焦点に当てた教育改革をしてきており、子どもたちの学力にどのように影響するかという視点での上記の研究もその文脈の中で理解する必要があろう。同時に、教職におけるジェンダーを考える際に子どもの学びと経験という観点から問い直すことの重要性を、この研究は示唆していると言える。

（中田麗子）

引用・参考文献

Bakken, Anders（2009）Er mannlige lærere viktige for gutters skoleprestasjoner? Tidsskrift for Ungdomsforskning 2009, 9(2), pp.25-44.

Barne-, likestillings- og inkluderingsdepartementet（2011）Likestilling 2014 – Regjeringens handlingsplan for likestilling mellom kjønnene.

Grunnskolens Informasjonssystem.

Kirke-, utdannings- og forskningsdepartementet（2001）La menn være menn – Hvordan rekruttere flere menn til skolen? Rapport 2001.

OECD-TALIS, 2013.

Samordna opptak, 2015.

Statistisk Sentralbyrå, 2014.

4章 女性校長はなぜ少ないか
——女性管理職のキャリア形成——

1 はじめに

本章では、女性が学校管理職になる過程を、ジェンダー化された経験として描き出す。女性管理職のキャリア形成を、教職におけるジェンダーが可視化されるフィールドとして捉え、その多様性に即して検討することを目指す。なお本章は二〇〇四年の論文を加筆修正したものであり、本文の記述は当時のデータに基づく。以後のデータと研究の展開については別に補論を設けてある。

二〇〇三年度現在の公立小中学校における女性管理職の比率を見てみると、[1] 小学校校長二万二六〇八人のうち女性は三九九四人（一七・七％）、中学校校長一万四六人のうち女性は四二八人（四・三％）である。また、教頭職では小学校二万二八五七人のうち五〇三四人（二二・〇％）、中学校一万六五八人のうち七八〇人（七・三％）が女性である。教師全体に占める女性の割合が小学校六三・〇％、中学校四一・三％であることと比較するならば、学校管理職の女性比率はかなり低い。職場における性差別の一つ、昇進機会の男女格差は学校にも存在している。とりわけ中学校では、女性教師は一般的な存在であるのに対して、女性管理職は稀といっていい状況にある。女性の中学校校長の数が一桁の都道府県の数は三八にのぼる。とはいえ、上記の女性校長の割合は歴史的には最大である。女性校長は一九八〇年代後半から急激な増加をみた。一九八五年時点で、小学校、中学校の校長に占める女性の割合は、それぞれ二・二%、〇・三%に過ぎない。それが一九九〇年には小学校四・〇%、中学校〇・七%、二〇〇〇年には小学校一五・六%、中学校三・五%となる。二〇〇三年の数字は、この右肩上がりの変動の延長上で、学校の女性管理職の順調な増加を表現し予期させている。

ただし女性の管理職比率の拡大は、必ずしも昇進機会の男女格差の解消を意味していない。河上婦志子は一九七一年と一九九五年のデータを比較し、この間に女性教師のみならず男性教師の管理職輩出率（教員数に対する管理職数の割合）も上昇している事実を指摘している［河上 1990：83-96］。二〇〇三年の管理職輩出率は、小学校では男性が二四・一%に対して女性が三・五%、中学校では男性が一四・〇%に対して女性が一・二%である。女性管理職は女性教師一〇〇人のうち二、三人に過ぎないが、男性の小学校教師は四人に一人、中学校教師でも七人に一人が校長か教頭ということになる。

この比率が全国平均に過ぎないことにも留意したい。学校管理職に占める女性の割合については、都道府県ごとの格差が大きい［池木 1999, 2000, 2001］。二〇〇三年度の公立小学校校長でみると、一方に女性が三割を超えている県が八つあり、他方に一割にも満たない県が五つある。[2] さらに、都道府県ごとの数値の変遷を追うと、一九九五年から二〇〇〇年をピークに女性管理職の割合が低下傾向にある地域が多いことに気づく。とりわけ二〇〇〇年から二〇〇三年にかけて、小学校校長で七都府県、小学校教頭では二七都府県で数値が低下している。その多くは女性管理職の比率が高いか絶対数が多い都府県である。学校管理職に女性がある程度進出した地域では、既に壁が見えてきているかのようである。

小中学校の管理職は女性に開かれてきた。しかし、性差別が解消しつつあるかに見える変化の裏側で、実際には昇進機会の男女格差が頑固に残っているという複雑な状況にある。多くの男性教師が当然のように管理職になる一方、女性教師で管理職を経験する人はいまだ少ない。女性教師にとって、管理職になるということは、最も明白にジェンダー化された経験の一つでありうる。

2 女性が管理職になること

日本の女性管理職研究

日本の学校の女性管理職に関する研究は、女性の校長や教頭の少なさの原因を探ってきた。説明の中心に据えられてきたのは、管理職を忌避する女性教師の意識と、その要因としての家庭責任である。田中義章は、男性教師が若いうちから管理職昇進を希望しているのに対して、女性教師の昇進希望者がとりわけ二〇代、三〇代で少ない割合に留まっていることを示した［田中 1991 1994］。高野良子も「女性教師の管理職へのアスピレイションの低さ」を問題化し、「上席」（各校で最年長の女性教師）の五割がかつて管理職を勧められ、そのほとんどが拒否していること、その背景に「主任、とりわけ教務主任経験」の少なさと「家事・育児責任」の存在があることを指摘している。ここに描き出されているのは、「メリトクラティック」で「必ずしも男性優位の社会通念に則っているわけではない」はずの学校という職場で、自らの「昇進意欲の乏しさ」によって学級担任のみの「単線型キャリア」を選択する女性教師の姿である［高野 1999］。女性の家庭責任は、当事者である女性教師自身によっても、管理職を忌避する主な理由の一つとして言及されている。青木朋江は、元校長の立場から、家庭との両立や家族との関係をめぐる問題を「家庭的ハードル」と表現した［青木 2000］。

女性に課された家庭責任は、管理職への昇進をためらわせる要因の説明として、確かに実態と実感を伴っている。とはいえ家庭責任による説明には問題もある。河上婦志子によれば、女性に家庭責任を負わせる社会システムが問われない議論や、女性は必ず家庭責任を負っている、あるいは女性は家庭を必ず優先するという前提や思い込みに基づく議論が多い。それに対して河上は、イギリスの女性教員研究を参照しつつ、家庭責任を逃れた男性モデルの職業経歴が標準となり、男性文化としての「出世志向」が内包されていることに問いを差し向ける必要性を提起している。そこでは女性教師の在り方を「もうひとつの教員像」として位置づけることによって、男性的な学校文化を変革する可能性が探られている［河上 2001］。

蓮尾直美はこうしたイギリスの研究と問題意識を共有し、女性教師の「職業的社会化」の過程を、男性教師を基準とせずに固有のものとして解明することを目指した。具体的には、「学校経営・管理型」「教育実践型」「家庭・学校両立型」「組織変革型」「個人充実型」「退職願望型」の六つの「アイデンティティ」と仕事上の役割や日常的な学級生活における経験との関係を問い［蓮尾 1993］、アイデンティティのタイプごとの女性教師の経験および女性管理職の登用に対する考えを面接調査し、女性教師は「人間個人としての本来的な充足感」を基準にして「自らのキャリア」をつくろうとしていると意味づけた［蓮尾 1994］。

蓮尾の研究は、日本において男性教師を標準とせず女性教師固有のキャリア形成の分析を試みた先駆的な事例だが、「アイデンティティの構築過程」としての「キャリア」の動的な面を捉えられていない点、昇進機会の男女格差の問題が看過されている点で課題が残る。

イギリスのキャリア研究

本書は、男性を標準としたキャリア概念そのものの問い直しを図るために、イギリスのキャリア研究を理論的基礎に据える。まずは女性のキャリアについて生み出されてきた知見を検討し、日本の女性教師のキャリアを検討するための手懸かりをつかんでおこう。

キャリアとジェンダーの問題を追究してきたアッカー（Acker, Sandra）は、教師のキャリア研究史において、キャリアの定義そのものが大きく変化してきたことを指摘する。キャリア研究の初期においては、キャリアの定義は連続的に並んだステージをより責任ある地位へと昇進していく職歴のことだった。そこでは教師とは、合理的にキャリア計画を立て昇進機会を利用しながら野心的、直線的に上昇する存在として捉えられていた[3]。しかしこのようなキャリア観は、妊娠、出産などによる中断を含む職歴を標準的でないものとし、多くの女性の経験を看過するものであった。それに対して女性教師のキャリアを描き出す近年の研究は、彼女たちの生活のあり方に即し、教師の個人的経験を基盤とするキャリアの定義を探求している［Acker 1995a］。

個人的経験への注目は、人間を状況と交渉しながら変化する存在として捉える相互作用論の立場に支えられている。教師のライフヒストリーを描いたサイクスらは、キャリアとは、主観的なもの、人生の短期的長期的な展望の中に位置づくもの、現在も進行中の発達であり個人のアイデンティティに関わるものであるとする［Sikes et al. 1985］。このように動的に捉え直すことによって、キャリアの現実を描くことが可能になる。

またアッカーは、キャリアが単なる個人の経験ではなく、その時代の政治的経済的文脈の中で生起するという側面にも注目すべきであると指摘する。職業がその内部にもっている、一連の地位の序列や、それを支える規則や慣習が、キャリアの発達をある者にとっては容易に、ある者にとっては困難にする。この観点からは、「キャリアチャンス」は個人的に選択されたものではなく、むしろ社会や職業の文化的な構造によって課されたものといえる［Acker 1989］。個人の経験をその構造と接合して捉えることによって、女性教師たちの経験を重層的に描出することが可能になるのである。

女性教師の研究は、キャリアにおける個人的経験と、社会や制度との接面を描き出すことで大きな前進を見た。三八名の既婚女性校長のライフヒストリー分析を行ったイヴェッツ（Evetts, Julia）の研究、一五名の小学校の女性副校長にインタビューを行ったグラント（Grant, Rosemary）の研究など、語りを通して女性教師たちのキャリアを描いた研究は、女性のキャリアが野心的なものでも、直線的なものでもないという重要な事実を見出した。ほとんどの女性が明確なキャリア計画をもたず、昇進への野心を否定的に捉える者さえいた［Grant 1989a］。イヴェッツの研究には、育児によって長期にわたってキャリアを中断した女性教師が多数登場する。その多くは教職の中断後に、家庭と職業の両立への見通しが立って初めて昇進を意識したという［Evetts 1987］。またグラントの研究には、副校長職を勧められながらも子どもがまだ小さいことを理由に辞退する教師が登場する［Grant 1989b］。女性教師たちのキャリアの展望や計画は、結婚や育児などの状況に左右され断続的に変遷していた。

多くの女性が出産と育児を中心とする家庭責任を果たすためにキャリアの中断を経験するが、そのあり方は後のキャリアの展開や継続に影響を及ぼしうる。イヴェッツの研究の女性校長は、離職期間が比較的短期の者や、育児期にもパートタイムで働き続けた者が多い。彼女たちは離職期間が短いことによって、不安をほとんど感じずに復職できたという［Evetts 1988］。イヴェッツは地理的安定性という要因も見出している。彼女たちのほとんどは州を越えた移動を経験せず、狭い地域でキャリアを形成していた［Evetts 1987：18–19］。ここからは、教職と家庭とのバランスが適切に取れる条件が女性の昇進に結びつくことがわかる。ただし女性だからといって必ず家庭責任が優先されるわけではない。キャリアを優先するために、積極的な選択として子どもをもたなかった女性校長もいる［Ibid, 22］。

展望の不明瞭な女性を昇進に結びつけていたのは、ゲートキーパーの支援だった。ゲートキーパーとはキャリアステージの間で昇進を規制し管理する者をさす［Lyons 1981：134］。女性管理職には昇進を後押しするゲートキーパーが存在していた。管理職への展望がなかったにもかかわらず、視学官や校長の促しを受けたことによって昇進を目指し始めた者、なかにはそうした人々から長期的に繰り返し助言を得られた者もいた［Evetts 1987：24］。一方でゲートキーパーによる支援は、対象とする教師を選ぶ尺度が不明確なため［Grant 1989b：43］、性別による昇進の不平等を支える装置として機能する可能性もある。また昇進を望む同僚が昇進を促すことは従来のキャリア研究において既に指摘されていたが［Lyons 1981：134］、女性を対象とした研究でも同性の上司・同僚の重要性が見出されている。グループを形成してお互いに強力に支援しあっていた事例［Grant 1989b：43–44］や、離職教師のリストをもつ校長の声かけで復職を果たす女性の事例［Evetts 1988］は、ネットワークによる支援の重要性を示している。一方でそうした支援が利用可能でなければ、キャリアは大きな制約を受ける。昇進を諦めた女性教師に焦点をあてた研究には、同性の同僚に支えを求めても得られなかった女性教師の語りが現われている［Boulton & Coldron 1998］。

家庭責任とキャリアとの両立しやすさや、支援の利用可能性は、教職の労働市場など社会政治的状況の影響下にある。イヴェッツの研究対象者が教師であった時期は、深刻な教師不足の状況にあったため、女性が早く帰宅して家庭責任を果たすための職場内の支援が充実していたり、復職が容易だったりした［Evetts 1988：16］。

以上のように、女性教師のキャリアの展望や計画は、家庭責任とキャリアの関係や、ゲートキーパーなど昇進を支援する要因、そしてそれらを規定する社会政治的状況と抜きがたく結びついている。女性教師たちがキャリアを形成する人生のさまざまな場面での選択と決定は、個人的な事柄にみえながらも、同時に家父長制社会における性別役割分業や、教職における性差別を体現しているのである。

問題なのは、にもかかわらず、女性教師たちの経験が個人化されて捉えられている事実である。イヴェッツは、小学校の現場で女性の昇進を制限する装置の一つとして、昇進に関する個人主義的な信念があると指摘している。その信念とは、キャリア競争は男女が平等な地点からスタートしており、昇進の不平等は個人の努力の差によって生じているという考え方のことである［Evetts 1989］。このイデオロギーは、女性の低いキャリア達成を当人の努力や選択の問題に還元してしまう。アッカーも現場における長期のフィールドワークから、女性教師たち自身がキャリア達成の低さを家庭責任と関係づけて語り、差別としてではなく個人的な問題として理解しがちであることを見出した。女性たちはしばしば、自らのキャリア達成を妨げたのは、自らの判断の「誤り」だったと語るという［Acker 1994］。キャリアに関する選択や決定を個人的次元のみにおいて捉えることはジェンダーの問題を不問とし、ひいては再生産することにつながる。

この章の目的は、日本における女性教師の個人的なキャリアを、家庭と教職におけるジェンダーの問題が経験される過程として描き出すことにある。日本の文脈では、教職を取り巻く制度や慣習が異なることによって、現れてくる経験の様相もまたイギリスとは異なったものとなりうる。たとえば大きな違いとして、昇進制度が挙げられる。先述のイギリスの研究では、在任校の校長から自らの補佐として働くよう勧められる例があるが［Evetts 1987 : 24, Grant 1989b : 40］、これは当時学校管理職には特定の資格が要件とされておらず、学校や地方教育当局の任命によっていたからである。日本では、管理職昇進が自治体単位の試験によって行われ、昇進後も自治体内で学校を異動するのが通常となっている。また、家庭責任についても制度上の違いがある。イヴェッツの扱った女性教師たちの出産育児経験は長期の離職を伴っていたが、育児休業法の整備された日本の学校では一旦退職するという形は一般的ではない。

日本の学校や家庭の状況、制度、慣習、文化が、そのキャリア形成過程においてどのように経験されているかについて、女性の校長経験者を対象とするインタビュー調査を通して明らかにしたい。

3　研究の方法

調査の概要

女性管理職のキャリアを具体的に描くために、公立小中学校の校長職を経験した一二名の女性を対象として、インタビューによる聞き取り調査を行った。まず、各女性校長に教職経験と個人的な出来事の概略を記入した年表の作成を依頼し、その内容に即して経験を語ってもらった。インタビューはレコーダーに記録し文章化して資料として用いた。調査の実施期間は二〇〇四年二月から九月である。インタビューは各々二時間から四時間を費やし、必要に応じて複数回行った。

今回のインタビューでは、東京都（五名）、茨城県（二名）、富山県（五名）の公立小中学校の校長経験者を対象とした。一〇名の現役校長と二名の元校長を含む。教職経験は二九年から三八年、校長経験は一年から九年である。五〇代前半の教師が三名、五〇代後半の教師が七名、六〇歳以上が二名であり、一九六〇年代半ばから一九七〇年代半ばにかけて教職に就いている。一二名中一一名が既婚者であり、既婚者全員が一人ないしは二人の子どもをもっている。出産の時期は一九七五年の育児休業法成立の前後にわたる。

インタビュー対象者の世代的な特性として、女性のトップエリートであること、女性教師の比率の高い世代にあたることを指摘できる。この世代の女性の大学進学率は、一九六〇年が二・五％、一九六五年が四・六％、一九七〇年が六・五％と低かった。当時の大卒女性の最大の就職先は学校で、一九六一年には大卒の就労女性のうち五三・一％が教師になっていた。また小学校の女性教師の割合は、一九七〇年に五〇％を超えており、とくに一九七〇年代前半は、子どもの増加による教員採

表7　インタビュー調査対象者一覧（名前は仮名、退職者は退職時の勤務先）

	小学校	中学校
東京都	秋田先生、井上先生	内野先生、江川先生、小沢先生
茨城県	加藤先生	木村先生
富山県	佐伯先生、清水先生、鈴木先生	関口先生、曽我先生

表8　小学校　女性校長・女性教頭の割合（%）

	1985年		1990年		1995年		2000年		2003年	
	校長	教頭	校長	教頭	校長	教頭	校長	教頭	校長	教頭
全国	2.2	4.2	4.0	11.6	9.5	19.3	15.0	22.8	17.7	22.3
東京都	5.3	8.3	11.6	22.5	21.0	24.7	22.9	26.0	20.5	26.4
茨城県	0.7	3.0	2.2	6.3	4.4	12.8	11.4	17.3	16.5	15.3
富山県	2.1	3.6	5.0	28.8	19.7	57.5	37.6	52.8	34.7	46.7

出典：学校基本調査より作成。

表9　中学校　女性校長・女性教頭の割合（%）

	1985年		1990年		1995年		2000年		2003年	
	校長	教頭	校長	教頭	校長	教頭	校長	教頭	校長	教頭
全国	0.2	0.8	0.7	2.5	1.8	5.4	3.2	7.4	3.8	7.0
東京都	1.0	1.2	2.4	6.9	6.6	9.7	9.6	8.9	8.1	8.9
茨城県	0.0	0.8	0.4	0.0	0.4	3.1	4.2	4.0	1.7	4.0
富山県	1.2	3.3	0.0	8.0	0.0	20.5	7.1	19.4	7.1	18.8

出典：表8に同じ。

用拡大の一方、好景気で男性が民間に就職したため、新採用の小学校教師の八〇%を女性が占めている。[4]

既に見たように、二〇〇三年度の校長に占める女性の割合は全国で小学校一七・七%、中学校三・八%で、増加傾向にある。しかし、都道府県ごとの小学校校長の割合は、北海道の六・一%から栃木の三八・一%まで大きな差があり、中学校では女性校長がいない都道府県もある。よって女性校長のキャリアを検討するに際し、都道府県による制度や状況の差異に着目しなければならない。

調査対象の都県における女性管理職の割合の推移と、聞き取りによって明らかになった管理職の登用制度の概要は以下のようになっている。

①東京都

東京都は早くから女性が管理職に進出した。小学校の女性校長率は一九九八年の二三・五%をピークに徐々に低下し、二〇〇三年現在二〇・五%と全体の中位にまで落ちている。中学校の女性校長に関しては、現在も多く登用されているが、二〇〇一年以降は下降気味の横ばい間の管理職の異動はない。

状態である。平成一一（一九九九）年度以前は、教員免許状をもつ三七歳以上五〇歳未満の教員が管理職（教頭）試験の受験資格を有していた。教頭三年目から校長試験を受験することになっている。小中学校間の管理職の異動はない。

②茨城県

茨城県は女性管理職の比率に関して全国平均を下回っている。小学校の女性校長率は年々増加傾向にあり、二〇〇三年には一六・五％に高まった。しかし中学校の女性校長率は一・七％と低いままである。インタビュー対象者が管理職試験を受けた当時、小学校と中学校の両方の教員免許状を取得することと教務主任経験が管理職の条件となっていた。小中学校間で境のない管理職の異動が行われる。教頭試験、校長試験ともに、校長および教育委員会による推薦が必要である。

③富山県

富山県は女性管理職の割合が最も高い県の一つである。小学校の女性校長率は二〇〇三年現在も三四・七％と高率だが、一九九九年以降は下降気味の横ばいとなっている。中学校の女性校長率は山口県、高知県、東京都に続いて高く七・一％である。ただし実数は少ない。管理職への登用については、二年に一度実施される教頭試験は四〇歳以上の教員は誰でも受験できる。校長試験は教育委員会の推薦によって受験が決まる。免許に関わらず小学校と中学校の異動が行われる点が特徴である。

4　不明瞭な見通し　女性校長のキャリアから

女性校長のキャリアは、教師と学校管理職に関する制度や慣習、女性をめぐる社会的歴史的な文化をある程度共有しつつ、異なる形で経験することによって、それぞれに個性的な軌跡を描いている。ここでは東京都の小学校校長である秋田先生の経験の記述を通して、日本の女性校長のキャリアを規定する社会的制度的要因を考察し、分析のための枠組みを提示したい。

秋田先生のキャリア

秋田先生は一九七〇年代前半に東京都の小学校の教師となった。この時点の彼女には、管理職への計画はおろか、長期にわたって教師を続ける展望さえ見えていなかった。父の勧めで教師になったものの、「一年だけで辞めようかな」という思いもあった。教師を続けようと考えたのは、一年生と夢中で向き合った初年度の終わりに「この子たちを二年生にもちあがりたい」と感じた時だった。

結婚は教職に就いて三年目である。仕事を辞めるつもりはなかったが、続ける確信があったわけでもなく、「子どもが生まれたらわからない」と考えていた。翌年第一子を出産したが、教師は辞めなかった。その理由の一つに、前年の育児休業法成立があったという。それは育児休業と職場復帰を保障し、「子どもを産んで育てても教員を続けていくんだよ」というメッセージを伝えてくれた。

育児休業が明けた後は、近くに住む母が子どもの面倒をみてくれた。ただし家事育児のすべてを任せたわけではない。朝、子どもと弁当を母の家に届けると、母が幼稚園の送り迎えをする。学校が終わると母の家に子どもを迎えに行き、連れ帰っておぶったまま夕食の支度をする。子育てへの積極的な従事は、母の方針でもあったが、「我が子が待っててくれるっていうのは、すっごい喜び」だったという自らの選択でもあった。秋田先生の「自負」は「家庭と仕事を両立すること」に置かれ、一方では子育てに「一生懸命」になり、他方では教育実践に「夢中」になる日々を送った。

秋田先生が管理職への道を歩み出したのはA小学校だった。「一番充実してた時代」で「本当に授業って面白い」と感じていた。学年主任をし、国語を中心に校内研や区教研で研究授業を行っていた。校長に研究主任を勧められた際に、「クラスでもっと研究したい」と断るものの、結局は説得されて引き受けることになる。この時、学校全体を見渡し動かすことの「面白さ」を知った。授業については「現状維持か下がっていくしかないかな」という「登りつめ」た感覚さえ抱き、実践へのエネルギーを発揮できなくなる年齢も間近に感じ始めた頃のことだった。

秋田先生に教頭試験の受験を勧めたのも同じ校長である。「考えてもみなかった」勧めであり、彼女は何度か断った。しかし、研究主任や教務主任を歴任するうちに、彼女の目は教室の外に向き始めていた。「教室の中は温室だったけども、窓の外を見たらば外は嵐」という学級崩壊の時代の到来が、学校全体に対する彼女の使命感を醸成した。家庭ではちょうど長男が高校生、長女が中学生になり、「ああ、もう私の子育ては終わったんだな」と感じた時期でもあった。「子育てと仕事との妙味のバランス」にこだわってきたあとの「空白」に、管理職という新たな目標はすっぽりとおさまった。

実際に教頭試験を受けたのは、次のB小学校に異動してからだった。女性で管理職試験を受ける人は「特別な目」で見られた当時、既に同僚との関係ができているA小学校ではお互い嫌な思いをする可能性があったからである。事実秋田先生は、同僚の女性の「私ずっとヒラでいいのよね」という言葉に、一方では自分を卑下するような印象を、他方ではあなたは地位や名誉を得たいのでしょうと言われているような印象を受けたという。管理職試験を目指す勉強会への参加が校内の女性の同僚に知れ渡り、「どうしちゃったの?」という声が耳に入るという出来事もあった。しかし彼女には既に迷いはなかった。校長になって「より多くの子どもに近づく」ことを目的と見据え、魅力的なB小学校の校長に「こういう校長先生になりたいなというイメージ」を見ていた。

一度目の試験は不合格だった二度目の教頭試験に挑んだ直後に、夫が倒れるという大事件が起きる。数か月前の打撲による脳出血が原因だった。緊急手術の間、彼女は「妻としての役割というかそういうものが……落ちてたんじゃないか」と自分を責め、「これで落ちたら、管理職試験やめよう」と考えた。幸い手術は無事に終了した。「試験が終わるのを待っててくれた、すごいご主人だね」との校長の言葉にも救われた。結果は合格で、秋田教頭が誕生する。

教頭の仕事は多忙だった。校長の意向に添った学校の運営、教員同士の関係の調整はもとより、問題を抱えた子どもへの対応も行った。ペンキ塗り、草取りなどの肉体労働が求められる場面も少なくない。学校にいる時間は長くなったが、秋田先生は「要領のいい方」で、六、七時には学校を出て、家でできる仕事は持ち帰ってこなした。区内の教頭同士の交流があり、情報交換を行ったり、教頭としての身のこなし方を学んだりした。

教頭三年目からは規定によって校長試験の受験がはじまる。校長になった秋田先生は、現在、一校目にあたるC小学校に勤務し、「自分の意志」を貫きつつ学校改革を進めている。

分析枠組み

秋田先生のキャリアもイギリスの女性教師と同様に、計画や見通しが不明瞭である。学級担任時の彼女は日々の実践に没頭し、管理職への昇進への展望はもっていない。ゲートキーパーとして彼女を昇進に方向づけたのはA小学校の校長である。管理職試験は「校長から『受けてみないか』って言われないと無理」だと語る秋田先生の言葉は、ゲートキーパーの重要性を示している。このようなゲートキーパーの機能については、自治体ごとの管理職試験の制度、実績の評価のされ方とそのタイミングに留意してみていく必要があろう。

秋田先生の昇進は、A小学校やB小学校の校長など上司と、区の勉強会や教頭同士のネットワークによって支えられている。これらの支援者や相談相手が存在することで、彼女は試験を乗り越え、職務の果たし方についてイメージを固めることができた。支援が適切に機能しなければ、管理職への昇進の意図はあっても試験の合格や職務の継続に至らなかったかもしれない。支援がいかなるタイミング、いかなる形で機能しているかを、個別の事例に即して明らかにする必要がある。

秋田先生のキャリアは、担任から学年主任、研究主任、教務主任、教頭、校長へと、小学校の中で順に蓄積されてきている。このような昇進の経験は、東京都の規則や慣習と結びついている。他の地域に目を向けると、昇進の過程で小中学校間、あるいは教育行政機関への異動を経験した女性校長の存在が目につく。自治体ごとの昇進に関する規則や慣習が、それぞれのキャリアの道筋や経験を規定している事実は看過できない。異なる都道府県における女性校長のキャリアを検討することによって、昇進の構造によってもたらされる経験とその背景を解明したい。

家庭責任との両立を左右する条件が、イギリスの女性教師のキャリア研究では検討されていた。秋田先生のキャリアにおいても、「家庭と仕事を両立すること」が重要なテーマだった。教職からの長期の離脱を免れたのは、育児休業を利用できたこと、休業後に母親の援助が得られたことによる。家庭責任をいかに担い、誰にどの程度委託するかは、各家庭によって異なる様相をとる。その中で親の援助は、日本の文脈で家庭責任とキャリアの関係を考察するうえで抜きがたい要素といえる。

家庭の状況の変化とそのタイミングはキャリア計画の決定を左右する。秋田先生が管理職の勧めを受け入れたのは子育てが「終わった」と感じた時だった。他方で状況の変化によって家庭との両立が危ぶまれ、キャリアの断念という選択肢がちらつくこともある。秋田先生の場合は、夫が倒れたときや、教頭の仕事と校長試験を両立している時期に、離職への心の揺れを感じた。家庭責任と職責のバランスの危機がいかなる形で生起するかを問う必要がある。

以上の考察をもとに、以下の三点の分析の観点を設定する。

第一に、女性校長の管理職への道筋をキャリア計画の変遷に着目して検討する。地域ごとの管理職登用制度の差異や、個々のキャリアの展望に留意しつつ、ゲートキーパーや昇進に対する支援が機能している方途とタイミングを明らかにする。

第二に、管理職への昇進、管理職としての昇進を、女性校長たちがどのように経験してきたかを描出し、昇進の構造に孕まれている問題を考察する。とくに地域ごとの昇進過程の差異が最も顕著な小中学校間、および教育行政機関への異動に注目したい。

第三に、女性校長のキャリア形成において、出産、育児、介護といった家庭責任が及ぼす影響を考察する。家庭責任の負担、委託、共有の多様なあり方を描きだすとともに、家庭の変化や職務の変化が家庭責任とキャリアとの葛藤を生み出す接面を検討する。

以下、一二名の女性校長のインタビューをもとに、女性管理職のキャリアのジェンダー化の様相を分析的に記述していこう。

5　管理職への道筋

どのように管理職へと向かったか

①　管理職試験受験の契機

今回のインタビュー調査において、新任の頃から管理職を目指していた教師は一名のみで、他の教師は管理職を目指していたわけではなかった。管理職試験、とりわけ教頭試験を受験するまでの道筋にはそれぞれの特徴が際だつ。

管理職試験を受ける契機は大きく四つのグループに分けられた。

第一のグループは、「校長の一言」が直接のきっかけとなって管理職を選択した女性校長たちである。多くの教師にとって、校長がゲートキーパーとして大きな役割を果たしている。そして校長の一言は意外なものとして経験されている。秋田先生は「そういうこと考えてもみなかった」、加藤先生も「夢にも思っていなかった」という。井上先生は声をかけられた当初「とんでもないです」と答えた。女性が管理職になるのは「ほんとに特別な感じ」だったのである。それは彼女たちがあからさまな性差別を経験してきたことと関係している。とりわけ地方の中学校には女性を歓迎しない文化があり、学級担任ですら、地域の人々や親が嫌がるからという理由で外されてきた経験が語られている。

彼女たちの管理職へ向かう意志が希薄な理由は、管理職の仕事内容が見えにくかったことにある。教頭や校長は井上先生の目には、「何してるか分からない」「楽しそうじゃない」と映っていた。加藤先生もまた、「管理職ってどんなことしているか全く分からない」し、「[授業を] 子どもたちと一緒にやっていたほうが楽しい」と感じていた。女性教師は管理職になる見通しをもたないことで、管理職への興味や関心をもちにくく、その仕事内容に着目することもなくなっている。さらに昇進への無関心に拍車をかけているのは、彼女たちが学級担任や教科担任の仕事に「楽し」さを見出していたことである。彼女たちは実際に、授業や特別活動に没頭し実績を示してきた。その力量は「[子どもに] 魔法をかけるってみんなに言われ」たという井上先生のエピソードや、部活動をコンクールでの入賞に導いたという加藤先生の指導力からも伺える。

第二のグループは、研究や研修を経験したことが管理職を志す契機となった女性校長たちである。第一のグループの女性教師たちとは異なり、彼女たちは研究員や研修の経験を通して管理職のイメージを蓄え、将来の見通しを育てていた。「研究員とか開発委員とか、こういうことをやっていると、将来はこうしたいとか、指導主事になりたいとか、何かそういう人が多いわけ。……そういう世界が身近になってきた」

との小沢先生の言葉には、研究への従事の中で管理職への見通しが形成されていったことが見て取れる。

研究や研修の経験は、彼女たちが管理職としてのキャリアを選択する布石となる。研究員は、教育委員会やその地域の教科部長である校長から「声をかけ」られて決まる。地域と教科によっては教師の数が少ないこと、あるいは女性の割合が高いことによって、女性に研究の機会が与えられている。しかし、裏を返せば、教師数が多く男性の割合も高い地域や教科ではなかなか女性が選ばれず、女性が管理職への布石となる経験から疎外されうることがわかる。

中央研修や海外研修なども、見通しを確固たるものへと変える機会だった。内野先生や佐伯先生は、「中央研修や海外研修はご褒美。……お返ししなければならない」、「[研修を]受けさせてもらった恩返しだと思ってください」と教頭や校長から言われ、「海外研修に行ったあたりから、やっぱり頑張らなきゃならない」と感じて教頭試験を受験している。

第三のグループは、富山県の中学校の女性校長たちである。四〇歳以上の教師は教頭試験を受験するという慣行によって、管理職へと方向づけられていた。「みんな四〇歳以上の人が全員受ける。だからそうかなと思って受けただけ」という関口先生や、「全員受けることになった時、管理職試験を受けた」という曽我先生の表現からも、教頭試験の受験の契機は年齢であり、「みんなが受けるもの」であるという受容の仕方が特徴的である。それゆえ、校長の一言が管理職への出発点になる地域と比べて開放性が高く、男女の区別なく機会が訪れる。このことによって人脈にとらわれないリーダーの発掘、育成が可能になった。富山県の女性管理職の多さはここに起因していると考えられる。ただし、富山県ではこの世代の教師数が極めて少なく、男性管理職の不足で女性の登用が増えた側面もある。

このグループのもう一つの特徴は、学校単位での教頭試験に向けた「勉強会」の経験である。「校長も、教頭先生も自ら出て講師になって下さって、……学校運営に関する勉強会ということで、みんなで勉強しあった」という清水先生の語りにみられるように、学校組織の中で教頭試験受験を支援するインフォーマルな組織が機能していることは特筆すべきだろう。このような学校単位での「勉強会」はもちろん他の地域では見られず、富山県の教頭試験の開放性による独特な支援形態の現れといえよう。このグループでは、ゲートキーパーは機能する必要がない。このように、富山県の中学校では、教頭試験の間口の広さという点で平等が達成されているように見えるが、このグループの年代よりも若い世代では教師数も多く、女性管理職率は横ばいから減少傾向にある。

第四のグループは、これまでのグループとは異なり、管理職を自覚的に目指していた女性校長たちである。今回の対象者の中で唯一未婚である鈴木先生は、富山県の慣行から四〇代で教頭試験を受けるが、「もともと最終的には校長になって学校運営をしたい」との思いはあった。「一人でいて、管理職にでもならないで終わるなんて、私の一生は何だったんだ」という考えは次第に強くなったという。独身であることが管理職へと向かわせる要因でもあった。

江川先生と木村先生は、女性差別と年齢差別が交錯しあうところで、女性教師が生き残る方策として管理職を選択している。江川先生は「年とって邪魔にされないためには、そっちの方向かな、というのは中学校位から思っていました」と語っている。木村先生は、当初民間教育運動への参加を通して、管理職にならないという将来のヴィジョンをもっていた。しかし、ある校長の「ばか、五〇のばあさんを誰が取ってくれると思うんだ」という言葉が彼女に方向転換をもたらす。木村先生は五〇歳を過ぎた自分について、

「五〇過ぎてああだのこうだの口ばかりのおばさん」を想像し、その「商品価値」を考えたという。女性教師には担任をさせず、五〇歳を超えた女性教師を「ばあさん」と呼ぶような侮蔑的な扱いが、学校文化の中に存在した。この意味では、男性と同じように強い見通しをもっているようにみえながら、このグループが実は最もジェンダー化された管理職への道筋であるといえるだろう。管理職にならない女性教師の多くが定年前に辞めてしまうのも、このようなジェンダー化された学校文化を経験していることに起因するのではないか。

② 女性教師への支援

女性校長が管理職を選択する際に、彼女たちを支援した人々に焦点をあてよう。

公的なネットワークとしては、加藤先生や佐伯先生の語った「女性校長教頭会」「女性校長会」「女性校長教頭等研修会」が挙げられる。これらの組織では、「真剣に学校の経営に関して……レポートを持ち寄ってやって」おり、そこで聞ける先輩女性校長の話は貴重であるという。加藤先生にとってこのネットワークの存在は大きく、「教頭で終わってもいい」と弱気になった加藤先生を激励し、校長試験を受験するうえで大きな影響を与えた。今では加藤先生は、自分が声を掛けてもらったように、一定の年齢の女性教師には「教務の仕事とかもっと学校全体のことやってみたいと思わない?」と「必ず声を掛け」るという。「女性校長教頭会」の一人として女性管理職を支援する役割を担うとともに、後輩女性教師にキャリアのモデルを提供している。茨城県の「女性校長教頭会」は、年に一回は県知事や教育長や教育委員会の人々と会う機会を設け、女性管理職を増やすために積極的に活動している。人事権を握る「男性社会」に対する積極的な働きかけの重要性が示される。

男性の昇進を推し進める機能を果たしている組織であっても、女性にとっては管理職の道を促進せず、むしろ疎外する学校組織もある。井上先生の勤務したある学校は「優秀な人ばっかりを寄せ集めて管理職を出す学校としても有名な学校であり、しかも男の人がすごく多い」という「男尊女卑」の学校だった。彼女は「そこで私、学んだっていうのは無い」と言い切る。この学校に勤務していた時に出産したが、妊娠中に苦しくても研究授業を外してもらえず、身体的に過酷な経験だった。

個人的な支援については、ほとんどの教師が教務主任を経験した学校の校長から受験の応援を受けている。ただし「[校長試験受験に関して]ずっと見てくれた人もいたし、ずっと邪魔していた人も」あったと語る人や、直接邪魔されたわけではないが、女性で年齢が若いということで嫉妬された経験がある人も複数おり、性と年齢による差別、軋轢の中で彼女たちが管理職という道を選択してきたことが浮かび上がる。

学校外の支援として、家族とりわけ夫の支援が挙げられる。とくに教員夫婦の場合、先輩教師としてのアドバイスや教職生活への理解が女性校長たちの大きな力になっている。「やっぱり精神的にも夫の支え」が大きく、「なりふりかまわず、今日悔しかったっていうようなこともいえる」と語る小沢先生にとって、教師でもあり校長でもある夫の支援は大きい。井上先生の場合、教職へのやる気を失いかけている時に、「研究生」を経験した夫の勧めで自分も研究生を目指すことにした。ところが時を同じくして校長に教頭試験の受験を勧められる。夫に相談したところ、研究生試験の予行練習として教頭試験も受験したらどうかとのアドバイスを受け、教頭試験の受験を決めたという。ただし、井上先生の経験からは、教員夫婦というあり方が女性の管理職への道を阻害しうることもみえてくる。彼女が夫の指導主事試験とほぼ同時期に教頭試験を受けようとした時、ある校長は、夫の合格までは「受けない方が良い」というアドバイスをした。井上先生は夫に相談して受験を決めたが、このエピソードは夫との関係を考え自分の昇進を控える女性教師の存在を示してもいる。女性教師は、職場だけではなく家族との関係においても、管理職の道から外れる契機と常に隣り合わせである。

昇進の構造をどう経験したか

① 中学校から小学校への異動

女性管理職における昇進の経験は、各地域における管理職登用の制度と慣習によって特徴づけられている。都道府県ごとの差異がとりわけ顕著なのは、管理職への昇進に伴う小学校、中学校、教育行政機関の異動である。東京都では基本的に小中学校間の異動はない。小学校教師は小学校、中学校教師は中学校で学年主任や教務主任から教頭を経て校長になっている。茨城県の二名の女性校長は、教務主任になる段階で中学校から小学校へと異動している。木村先生は小中学校の教頭を経て中学校校長となり、加藤先生は小学校校長として退職を迎えている。富山県では小学校、中学校、養護学校、教育行政機関の間の異動が見られる。五名すべてが教育事務所や教育センターの行政職を経験し、うち中学校出身の四名も小学校の教頭ないしは校長を経験している。

中学校から小学校への異動に着目したい。茨城県、富山県の中学校の女性教師は、学校管理職としての最初の仕事をみな小学校で経験していた。その主な理由は、中学校の管理職が女性に対して閉ざされていたことにある。彼女たちは、「女性が中学校の管理職は考えられない時代だった」、「女の人で中学校の校長やりませんから」と小学校への配置を語る。現在でも「大体男は中学の校長」で、「あとは小学校へまわす」という状況が続いている。中学校から小学校への異動は、女性校長のキャリアにおいて、明白にジェンダー化された経験の一つといっていい。

中学校から小学校に異動した女性管理職は、多かれ少なかれ、未知の世界で指導的な役割を求められることに伴う軋轢を経験している。まず「小学校教育のことは自分にはあまりわからない」という不安を抱える。「小学校は何もわからないから開き直りで、全部が心配だったので、みんな教えてもらうわという気持ち」で飛び込んでいく格好になる。小学校側の反発もある。清水先生は校長として赴任した当初、自分の提案が先生たちに受け入れられないという状況を経験した。彼女は「私が中学校的な発想で、小学校の先生に戸惑い」があったのかもしれないと推測している。鈴木先生は運動会に関する提案に対して、「年とった教務の人」から「小学校のことは校長先生よりはわかります」と言われたという。関口先生は、赴任時に「若い」、「女性である」、「小学校を知らない」といった反感があったことを後になって聞いた。むろんこのような軋轢は、通常は一時的なものである。清水先生は三学期になると提案が通りはじめ、「二十年間ぐらい続いてきた学校教育目標」と「校務分掌」を大幅に変えた。関口先生は校長在職中に、休み時間を焦点化した学校ぐるみの自主研究をベースに、チャイムをなくす、授業時間を弾力化する、会議を減らすなどの学校改革を進めた。

しかし彼女たちは、管理職として中学校に戻った時にも不安を抱えることになる。富山県、茨城県の中学校の女性校長は、一〇年以上にわたって小学校や教育行政機関に勤務した後に、管理職として中学校に戻っている。一〇年の間には制度が変わり教育課程が変わり子どもも変わる。教師としてのキャリアを積んだ中学校とはいえ、「経験的に抜けているのがだいぶ不安」だったり、「間を空けているので生徒指導がどういうふうになっているのか、そこらへんの厳しさが一番心配」だったりする。「半分でも中学校の経験ができていれば、もっとスムーズにいくかな」と語る女性校長もいた。

女性管理職の中学校から小学校への異動は、学校段階とジェンダーの構造的な問題を内包し、かつ生産している。女性はまず小学校に配置し、その後で中学校に赴任させるという人事の方針は、中学校と男性、小学校と女性を重ね合わせ、中学校と男性が上位にくるハイアラーキーを構成している。中学校から小学校へと異動する女性管理職は、中学校と小学校のジェンダー化されたハイアラーキーが孕む軋轢を引き受け、個人的な努力と力量によって解決することを余儀なくされている。

なお、教育行政機関を含む富山県の異動は、指導主事の職が相対的に女性に開かれていることを現している。東京都の女性校長のうちの二名は、指導主事試験を複数年にわたって受け、「一次試験は受かる」が「面接で落ちちゃう」という事態を経験している。当時は家庭科以外に女性の指導主事はほとんど存在せず、「女性は採らない」との噂もあったという。茨城県も女性の指導主事は少ない。富山県の女性校長によれば、教育行政機関の経験は「大変」だが「勉強」になる。仕事の内容は学校にいる時と大きく異なり、指導主事であれば、教員研修を企画運営し、視学官への報告を行い、地域の幼稚園、小学校、中学校を訪問して学校経営や授業を指導する。勉強は必要だが、多くの学校を見て回ることは「楽し」く、「現場を離れて学校の教育を見直す、とっても貴重ないい経験」となりうる。

とはいえ、異動の連続や長期化で女性管理職の昇進が遅れている事実もある。小学校や教育事務所の経験を挟むことで、茨城県と富山県では中学校の先生が教頭試験に合格してから中学校で校長になるまでの期間が長い。東京都の四年から七年に対して、一〇年ないしはそれ以上かかっていた。このことによって、他の女性管理職から「教育委員会で次長にでもなって欲しい」といわれる力量ある女性が時間切れで定年を迎えてしまうことになる。校長以降の役職を視野に入れた時、女性管理職の異動は昇進を疎外するたらい回しの相貌を帯びる。

② 中学校における進路指導と生徒指導

中学校の管理職が小学校に比べて女性に閉鎖的なのは、中学校の管理職に小学校の管理職とは異なる力量が求められているからである。ある女性校長は「小学校の人間は中学へ来て校長はなかなか難しい」と述べ、その理由は「進路指導の問題」と「生徒指導の問題」にあると指摘した。

進路指導は性差別が経験されやすい領域である。茨城県と富山県の女性教師は、女性であることによって、しばしば三年生の担任からの疎外を経験している。関口先生は二〇代前半で三年生に持ち上がる時に、「若くて女」だということでＰＴＡからのクレームを受けた。「生徒のこと一番よく知ってる」メンバーなので「譲れない」と学年主任が主張し、校長がＰＴＡと地域の人を説得してくれた。木村先生もまた、親から「三年になったら子ども頑張らせなくちゃならないと思ってたのになんで女の先生なんだ」と言われた経験を有している。その半面で、三年生の進路指導経験は周囲から認められる一つの契機となる。清水先生は初めてもった三年生のクラスで、県立高校の不合格者を一人しか出さなかった。「そしたらほめられてね。……ベテランの先生が三人やら四人やら不合格者出す中で、私だけ一人だったんです」。彼女は翌年も三年生を任される。加藤先生の場合は、クラス三九人中一一人がトップクラスの進学校に入学し、

「校長さんがびっくり」した。彼女が校長に声をかけられて教務部に入ったのは、この学級の進学実績に対する「評価もあるかもしれない」という。

他方、東京都の中学校では、女性でも初任期から三年生の担任を経験していた。内野先生、小沢先生は新採の年に二年生を担任し、翌年持ち上がりで三年生の学級担任となった。江川先生は採用二年目に一年生を担任し、卒業まで持ち上がった。三年生を続けて担任している場合でも、その理由は、進路指導の実績ではなく、教科担任のバランスの問題として語られている。

茨城県や富山県と東京都の間に見られる差異は、女性教師に対する偏見の有無よりも、地域ごとの高校受験の様相によって生み出されているように思われる。選択肢の多い東京都に比べて、茨城県や富山県では中学校の進路指導の比重が大きい。学力テストの点数と内申点をにらみつつ、序列化された公立高校の中の生徒の位置を見定めて志望校を調整し、不合格者を出さないようにすることが三年生の担任の仕事となる。高校受験の時期が近づくと、三年生の担任の帰宅の時間は、「九時、一〇時というのが当たり前」「夜一一時までの会議」といったように極端に遅くなる。女性教師の家庭責任の負担が大きい場合は、中学三年生の担任を忌避することもある。清水先生は、小さい子どもがいて二人目を妊娠していた時、「三年生の担任にはしないでくださいとお願い」していたという。

生徒指導の問題はより複雑である。生徒指導におけるリーダーシップが中学校の管理職に求められていることは、木村先生の経験に明白である。木村先生は三〇代の頃に校長から声をかけられ、女性の中で「生徒指導の中核になるような人」を集めた「女子生活指導研修会」に参加している。「だいたい今女性校長になっているような人たちっていうのは、そういうところで顔をあわせたような人たち」が多く、男性教師の減少を見越した女性管理職の養成だったと推測される。「女性でも生徒指導ができるよう」という研修会の目的には、女性は生徒指導が苦手だとする前提が透けて見える。

中学校出身の女性校長のキャリアにおいて、生徒指導は教職経験の一つの転換点を構成している。彼女たちの初任期、一九六〇年代後半から七〇年代における中学校の経験は、授業や文化的な活動の充実によって彩られている。ところが八〇年代に入ると話題は子どもの問題行動への対処が中心になる。関口先生は、七〇年代後半に勤務した中学校と八〇年代半ばに勤務した中学校での経験の差異を、「[Y中学校は]文化的な部分がとても浸透していた学校でしたね。……Z中は、生徒指導でした」と語った。このような文化的活動から生徒指導への中心の移行は、中学校教師のキャリアにある程度共通している。

八〇年代半ばの中学校は全国的に荒れていた。腕力で向かってくる子どもに教師も腕力で対抗していた。そのような状況では、たとえば運動会や学校祭に来て暴れる卒業生への対応において、最も「危ない」場所に「男性のがっちりした人たち」が配置される。女性教師に対しては、「女の人は声も大きくないし、男の子をたたき付けるとかいうこともしないし、大丈夫か」という雰囲気が醸成される。万引きした子どもを親の前で「たたき付ける」教師は「いい先生だ」と評価されるが、学級経営に腐心し小さな積み重ねを通して万引きする子どもを出さなかったことは評価されにくい。

九〇年代以降、子どもを「たたき付ける」ことは体罰と呼ばれ、親にも社会にも許容されない行為となった。その背景には、人権意識の高まりと管理教育に対する批判がある。生徒指導の中心的な問題も、校内暴力から不登校やいじめに移行し、生徒指導における女性の活躍の余地は広がった。事実、清水先生や佐伯先生のように、不登校への対応にやりがいと自信を見出している女性校長もいる。

しかし、荒れた中学校で八〇年代半ばを過ごした女性校長の言葉には、生徒指導に対する自信のなさが垣間見える。授業改善については「成果もあるし、やりがいもある」と断言する女性校長が、「生徒指導上の問題」については「生徒も落ち着いているし、何とかやっている」という口調になる。教師一人ひとりの思いをくみつつ、学校を学びの場へと改革している女性校長が、「中学校に女性校長が少ないのは、ひとえに生徒指導の問題だと思います。私も大荒れに荒れていたらやっていけるかどうか全然自信ありません」と語る。彼女は荒れへの対処が「家庭責任を放棄するくらいの時間と動き」を要請するからだというが、それればかりではないだろう。女性の中学校教師たちのキャリアは、腕力による生徒指導が男性のヘゲモニーのもとで展開されたことを伝えている。

八〇年代半ばの校内暴力と生徒指導の記憶は、中学校という場にいまだ色濃く刻印され、女性教師に対する閉鎖性とその困難を構成しているように見える。

家庭責任をどう経験したか

① 家庭責任の様相

女性校長たちは、家庭責任の委託や共有を、仕事の継続と管理職へのキャリアを支えた重要な要因として語っている。彼女たちの多くは、仕事をするうえで、親からの助けを得ていた。

女性校長たちが最初に仕事の継続の危機を感じたのは育児だった。実母からの全面的な支援を得た女性もいる。井上先生は同居していた母に、保育園の送り迎えをはじめとする育児を助けてもらった。彼女は「［子どもが］病気のときも母がいますから」、「全部母親が仕切っていました」と語り、そのことのキャリアにおける重要性を、最も直接的に「結局管理職になっていく道は、母との同居から始まるんですよね」と述べている。木村先生は中学校に移ったとき、切迫流産を契機に親と同居した。木村先生は母への委託を「子どもは生みっぱなし」と表現している。彼女は「すべて親におんぶして自分の仕事への自由が確保されている」と語った。

実母が仕事を辞めるケースもあった。加藤先生の場合は、彼女が学校を移動したときに、母が仕事を辞めて同居し育児を助けた。関口先生の母も第二子出産時に仕事を辞めた。第一子の時には、産後六週間から預かってくれる人を探し歩き、近くに引っ越して夫婦で送り迎えをしていたが、やがて実家に同居して、「近所のおばさん」に子どもをみてもらうようになる。しかし二児を抱えての「保育のはしごも限界」で、関口先生が仕事を継続するには母親の仕事の断念が必要だった。育児休業法が未だ成立していなかった時期のことである。

嫁という立場では様相が異なる。夫の親と同居していた女性教師たちは、義母に育児を託す一方、家事を精一杯引き受けていた。義母に子どもをみてもらった清水先生は「四時半ごろ起きてみんなの食事も弁当も作って」「家でも嫁としてしっかりしなくては」と家事負担を語っている。佐伯先生は義母が仕事をしていたので、子どもは親戚に預かってもらった。曽我先生は、子どもが保育園に通うようになると、迎えを別の人に頼む二重保育を選択している。ここには、「義母」と「嫁」という関係で同居した女性たちが互いに遠慮しあいながら、家庭責任の配分を調整しあう姿が見える。

保育園の利用だけで育児をやりくりすることは難しい。小沢先生は、「八カ月以上でないと公立の保育園に入れられない」ので、遠くに住んでいた母に育児を頼んでいる。自分か母親が週末に飛行機で往復するという生活が、第二子が二歳になるまで続いた。二重保育で乗り切るようになってからも「大変」さは続き、「二重保育の相手が二人、二箇所あって、それで、もし都合でできないといったら、また別の［人］に。……子どもが荒れて、やっぱり気を遣って一日我慢するから」と親子双方の苦労を語っている。育児も仕事も抱えて離さない小沢先生のエネルギーは、過去の民間企業での勤務経験が下敷きになっているようにみえる。小沢先生は「女性の仕事は軽いというか、男性とは同じような仕事はなかなか期待されない」と企業での差別を語り、その後の離職経験を「社会から忘れられた存在になる気がしたの」と語っている。

ただし、育児は単なる負担ではないことにも留意したい。育児の「楽しさ」を享受するために、育児時間を積極的に確保しようとした女性たちもいる。江川先生の場合は、育児と家事をする「お手伝いさん」を頼み、母がその補助と監督をした。出費は給料を上回ったが、母も自分も子どもも余裕がもてた。江川先生は、育児をする「喜び」を知ることは「男の人にとっても幸せなこと」のはずだと語る。休日には家にいるよう努力した佐伯先生は「親がいることで子どもは安心するの……自分の子どもから学ぶことも多いしね」と親子が時間を共有する意味を語っている。育児休業を取得した内野先生は「子どもとお料理をしたり、手芸をしたり」して、「下の子どもにも良かったけど、上の子にすごく良かった」と述べた。二児ともに育児休業を取得した秋田先生は「すっごく自分の子どもを育てるのは楽しかったです」と語っている。

これまで見てきたように、女性管理職にとって、家庭責任の一部またはすべてを担ってくれた人は主に母親であった。また、公立保育園は女性教師が仕事を続けるうえでも母親が家庭責任を委託されるうえでも重要であった。そして育児休業法は、仕事の継続を可能にするとともに、家庭責任を「喜び」とする余裕を与えてくれる制度だった。

家庭責任を担うパートナーであるはずの夫が家庭責任をどの程度担ったかについては、あまり語られなかった。そのことが関係を暗に示しているようにもみえる。夫は妻の仕事を理解し精神的な支援を行っていたが、家事育児については手伝いにとどまっていたようだ。関口先生は「主人も高校の教員でしたけど……実際の生活では負担が絶対私の方が多い」と語っている。内野先生は自分が「古い考え方」なので、「子どものことで夫が学校を休んだりするのは良くないことだと思っていた」と夫の職場の状況と自身の性別役割意識を述べている。

女性教師が育児のつぎに仕事の継続の危機を感じたのは介護であった。親の介護という局面が生じるのは、親が同居して家事育児を肩代わりしたことと連続している。介護を経験した女性教師は四名いた。佐伯先生は、義母を七年間介護しながら教頭試験の勉強もした。「朝訪ねて、夕方訪れたりしていました。仕事と介護の両方、必死でした」と語り、その間に実父も見送っている。曽我先生は、家族の複数の入院先を回りながら、仕事を続け生計を支えた。鈴木先生は校長になった年に母が入院し、母の容態を案じながらの卒業式が「一番大変やった」と語る。彼女たちは介護保険や家政婦を利用して、仕事を続けた。育児と同様、介護においても制度が重要な役割を果たしている。

親の介護の予測はキャリアの中断可能性を暗示する。義母に育児を託した清水先生は、「こんなにフォローしてくださった義母さんが病気になったら〔校長を〕辞めます」と語っている。子どもの頃から「一人っ子だったから親を看る」と意識していた江川先生は、父親の介護が必要になったら「母と主人と息子と私で看る」、母だけで看たら二人倒れるので、「おばあちゃんはおじいちゃんの手をにぎっていればいい」よう、人も頼むと語る。彼女たちの語りからは、介護に関する社会的インフラの整備が、高齢化社会を迎えて女性教師のキャリア形成に欠かせないものとなることが見えてくる。

② 家庭責任と職務との関係

彼女たちのキャリアから、一方に育児や介護を抱えて知恵を絞る女性教師の姿が、もう一方に仕事に打ち込む女性教師の姿が浮かびあがってきた。合わせ鏡の中に、さらに家族と労働の現実を見ていきたい。

育児休業法は育児と仕事の継続を可能にするうえで重要な制度である。育児休業法成立前に出産した関口先生は、「[育児休業法を求める]署名運動とかビラまきとか一生懸命やりました」と述べ、その必要性を指摘している。しかしながら、育児休業が保障された後であっても、職場の状況によってそれを利用するか否かは異なっている。勤務時間が長く忙しい学校は、妊娠や育児に厳しい眼差しを向ける傾向があり、育児休業を取得しにくいばかりか、産休あけに勤務しても育児への支援や理解が得られないことが多い。逆に、育児休業を取得しやすい学校では、育児を支える環境が整っていることが見えてきた。育児休業法成立後に出産した女性教師の選択を見てみよう。

秋田先生は第一子から育児休業を取得した。そのことは当時彼女がいた小学校の人間関係や雰囲気によって可能になっている。その学校では、年代の異なる先生がチームを組んでそれぞれの役割を担っていた。条件が整えば、小学校の教員世界は「今は育児でたいへんな時期だって部分があれば、そこを補っていけるムードのある社会」だと彼女はいう。同じく小学校に勤務する佐伯先生は、生活のために育児休業は取得しなかったが、校長が「[子どもが熱を出したら]遠慮せずに休みを取るんだよ」という人で、そのおかげで自分の子どもと十分に関われたと語る。

中学校では育児休業を取得しにくいことが多い。木村先生は、小学校から中学校に移動した時に、切迫流産の危険のために六か月入院した後、実家に帰っている。勤務時間が「エンドレス」で、帰宅時間が「七時、八時というのが当たり前」という中学校で、子どもを保育所に預けるという形ではやっていけないとの判断からだった。小沢先生は育児休業は取得しなかったが、「二人目の子どもが生まれて、その時だね。その時一番ハードだった」と語る。彼女はこの時期に、過労から肺炎になった。鈴木先生によれば、ある中学校では「真冬でも帰るのが大体一一時一二時だった」という。育児の楽しさを語る江川先生でさえ「当時は［育児休業を］とても取れない」と中学校の職務を語っている。なお、小学校であっても育児のしにくい学校は存在する。井上先生の場合は、つわりの時も研究授業を外してもらえず、「過酷にいろいろ回って」くる状況だった。彼女はその管理職を輩出する名門校の体質を「管理的」あるいは「男尊女卑」と表現している。

ただし、そのような中にあっても、語られたのは否定的な経験ばかりではない。キャリアステージが変わるごとに彼女たちは視野を広げ力をつけている。木村先生が産休明けに中学三年生を繰り返し担任したことは、学校にとっては木村先生の力量の活用であり、木村先生にとっては、中学三年生の著しい成長に「やりがい」を感じる経験だった。小沢先生も、校長から「泣き落とされ」、産休明けに中学二年の担任をした。続いて第二子を産んだ後も、すぐに中学一年の担任と学年主任を担当し、そのまま中学三年まで持ち上がっている。小沢先生が飛行機での往復生活を二重保育に切り替えたのは、中学三年の担任と学年主任を兼務していたときだった。この職務を小沢先生は「学校全体のバランスを考えなくてはいけない」仕事だと、充実感を想像させる語りをしていた。

介護との関係で注目すべきは教頭職の多忙である。彼女たちは、小学校であるか中学校であるかにかかわらず、教頭職についたときには長時間勤務を余儀なくされている。教頭は、少なくとも他の教師が出てくる一時間前に出勤し、教師全員が帰るまで学校にいて戸締り等を確認してから帰る。学校では「体を張って」草取りなどの作業もこなし、仕事を家に持ち帰り「一二時くらいまで」していたという。このときに家族の介護問題が起きると、学校の責任と家庭責任が重複して、女性管理職には辛い状況が生じる。

今回インタビューした女性校長たちは、家庭責任を誰かに委託・共有できた自身の状況を「恵まれていた」と語る。しかし、家庭責任と職務の葛藤が看過できない問題であることは、他の女性教師の事情を語るときに現れる。ある女性校長は「女性管理職の中で見ていて、一番は、やっぱり子育てでいろんな障害を抱えてしまっている人が多い」と指摘している。家族の理解を得られず海外研修に不参加だった人もいたと述べた校長もいた。また、介護することを理由に辞める女性指導主事や教頭について、「本当の理由はいくつかあるのかもしれませんよ」という声も聞かれた。女性校長の語りの裏側に、育児や介護など職務の責任が重なったとき、周りにそれを委託・共有できず、辞めていかざるを得なかった女性教師の姿が透けて見える。

6　女性校長のキャリアから見えたこと

ここまで、女性校長のキャリアの経験がジェンダーの構造とのいかなる関係において構成されているかを検討してきた。以下に三点の発見を整理し、考察を行う。

一点目は、女性管理職にキャリア計画の不明確さという特徴が見られたことである。ゲートキーパーの役割を果たすのは主に校長で、その一言によって管理職への道が開かれることが多い。多くの女性校長は昇進を、自らの教師としての力量によって切り開いた道筋としてよりも、校長のもつ価値観に委ねられた受動的な出来事として経験していた。女性教師が管理職に進むことを躊躇するのは、教師の力量と管理職の能力の連続性が昇進制度において保障されていないことによっており、家庭責任が躊躇の主因となっていたイギリスの女性教師とは異なっている。

管理職への布石となる経験やゲートキーパーの一言は、必ずしもすべての力量ある教師にひとしく与えられるものではないだろう。見識あるゲートキーパーのもとで昇進を遂げた女性校長たちの裏側には、力量をもちながらも「ヒラ」教師のまま定年を迎える女性教師の存在が垣間見える。女性校長たちがいま口にするのは、後輩の女性たちにも道を開くことの必要性である。彼女たちがゲートキーパーとなることは、現在とは異なった仕方で能力が評価されるシステムへの布石となりうる。もちろん、彼女たちの関与できる範囲には限界がある。管理職人事を決定する上級行政職のポストは女性に対し閉鎖的であり、推薦制度は女性の昇進への障壁として機能しうる。人事権への女性のアクセス、さらには昇進システム自体の変革が伴わなければ、彼女たちの努力は十分に生かされないだろう。

二点目は、中学校から小学校への異動が女性管理職の困難を形作っていたことである。この種の異動が昇進ルートに組み込まれる地域では、中学校を小学校の上位におくハイアラーキーによる男女の不平等な配分が存在しており、女性は昇進の遅れや職務遂行への不安を経験していた。女性教師の昇進に対して閉鎖的な中学校の構造は、中学校内部において進路指導、生徒指導が重視されることによって支えられている。

同じ構造の中で、小学校の女性教師が管理職への機会を狭められていることにも気づかされる。小中学校間異動のある地域では、中学校教師が小学校の管理職になるパターンが多く、小学校の女性教師はあまり管理職試験を受けないという。小学校出身のある小学校校長は、「小学校の先生が、認められないというか、管理職になる、教頭になるかたが少ないということなんです。そこが悔しいの」と語った。この異動の構造は、男性中学校教師の管理職ポストの確保につながっている。

三点目は、女性教師たちの家庭と教職の両立が、主に家事や育児を親に委託することによって可能になっていたことである。就業の継続と管理職への昇進における母の支援の重要性は、イギリスの研究には見られなかった特徴である。しかし母の支援は育児による離職の危機を軽減する一方、介護による離職の危機をもたらす。近年の晩婚傾向を鑑みると、介護の問題は今後キャリアの早い段階で現れてくる可能性があり、この面での支援の整備が女性の管理職進出には重要となる。

現在、女性のみが家庭責任を負うという形態は変化しつつある。一九九二年四月には「国家公務員の育児休業等に関する法律」および「地方公務員の育児休業等に関する法律」が施行され、教師は男女を問わず三年間の育児休業を取得することが可能となった。女性教師における家庭責任と職責のバランスの問題は、男性教師も家庭責任を担うことによって様相を変えていくのかもしれない。

女性校長たちのキャリアに立ち現れている困難は、教職のジェンダー化された制度や慣習、女性と家庭との歴史的社会的に規定された関係によって構成されている。にもかかわらず、彼女たちの多くは、その困難を差別の経験としてよりも個人的な問題として語った。実際に彼女たちは、体を張った個人的な努力によってその困難を乗り越えてきた。その努力は評価されてしかるべきである。しかし同時に、性差別の問題を個人的努力による解決のみに任せることは、多くの能力ある女性の活躍の場を狭めてしまうことにつながりかねない。女性のキャリアの困難が社会的制度的にもたらされるジェンダーの問題である以上、その解決は制度や組織の変革を通して遂行される必要があろう。

これらの発見は、女性教師のキャリアに関する二つの重要な示唆を与えてくれる。

その一つは、教師としての実践と管理職の仕事との連続性を保障するような昇進システムの必要性である。女性教師が将来を展望する際に、管理職の仕事は教職から断絶するもののように見えていた。しかし実際に校長となった彼女たちの語りは、校長の仕事が教師としての実践との連続性のもとに成立しうることを示してくれる。彼女たちが校長として学校を見る視点は、一人の教師が授業や子どもを見つめるまなざしと重なっていて、「授業を改善しなければいけないということが常にある」と語る井上先生や、「先生たちと子どもについての話、表情がやわらかくなってきたねとか、すごく元気な様子になってきたねとか……子どもの話をするのが面白い」という秋田先生は、彼女たちが教師として重視してきたものが現在の仕事の根幹にあることを見せてくれる。江川先生は教師と子どもの幸せが「面白くて興味がわいてわかる授業」の下で成り立つと感じ、授業の質を支えるために「学校の中を見て、いい動き」をすることが校長の責務だと考えている。佐伯先生も教室や子どもの状態を理解するために頻繁に校内を「まわって」いる。彼女たちは教職と断絶した管理職ではなく、教師としての記憶と経験を保持したままに校長の役割を果たしている。

しかし現在の管理職登用のシステムは、こうした校長のあり方を必ずしも重視しない。教室の経験の蓄積が管理職昇進に不可欠な要件とは考えられていないようで、男性の中からは学級担任や教科担任の経験の短い管理職が現われている。ある女性校長は若年の男性管理職について、「全然担任をしていないんだから……困るけど」と不信感を込めて語った。一教師としての経験を軽視する昇進システムが、一方で管理職を期待される男性教師から教室の経験を奪い、他方で授業や学級経営に没頭する女性教師から管理職への展望を剥奪している。

女性校長たちのキャリアと管理職としての実践は、管理と経営を基軸とする校長像に対して、「教師としての校長」というオルタナティブを提示している。教育の専門家としての実践が正当に評価される登用システムの構築によって、能力をもった女性が活躍の場を与えられ、教師としての日常的な仕事が尊重される魅力的な学校づくりが行われる可能性があるといえよう。

もう一つの示唆は、家庭責任の位置づけを再考する必要性である。これまでの女性教師のキャリア研究の文脈では、家庭責任は家父長制により女性に課された負担であるとの前提があった。確かに女性校長のキャリアの達成の多くは、家庭責任を委託共有してその負担から解放されることで可能となっていた。しかしその一方で、積極的に家庭責任を担い、そこに肯定的な価値づけを行ってきた女性も存在した。従来の研究の枠組みでは、彼女たちの家庭責任の経験を捉えきれない。佐伯先生は、「自分の子どもに何もしないで……学校の子どもだけっていうのは、やっぱりこれは変な話でしょう」と語る。家族の理解や協力の下、自ら子どもに「出来るだけやっぱり関われるように努力」していた。彼女にとって家庭への関与はキャリアに対する負の経験ではなく、教師として「親の心もわかる」ようになる契機であった。江川先生は職業生活が忙しい中でも家族の時間を確保していると語った。この語りに私たちが「大事ですよね」と相槌を打ったところ、彼女は「大事っていうか、楽しいからやってるんです」と言葉を修正した。彼女にとって、家庭は「大事」という義務や責務に関する言葉では語れない。家族と共に過ごす時間は「楽しい」、育児をすることは「喜び」である。「日本の人たちっていうのは、育児とか家事とかを大変なことだってふうに捉えるじゃないですか。そこにもしかしたら間違いがあるかもしれない。子どもを授かったということは幸せなことだし、その面倒を見られるということはとても幸せなことだし」との彼女の言葉は、家庭を「責任」としてのみ捉える視点を批判している。

秋田先生が家庭を語る言葉は、もう少し揺れている。彼女の語る「私」は、二つの顔をもっている。一方の「私」は、家庭を女性の幸せと結びつけることが古い規範に基づいていると感じている。頭ではもっと自由に生きられると考えてはいても、女性であることの規範から完全には自らを解放しえないということへの困惑が表明される。もう一方には、家庭責任を積極的に担おうとする「私」がいる。彼女は江川先生と同じように、家庭の幸せ、とりわけ子どもを育てることの幸せを繰り返し語る。同様に学校の仕事に対しても、心底から「面白さ」を感じている。家庭と学校とをともに「喜び」で語る「私」は、教師としての充実を感じながらも、キャリアによって家庭への関与を失うことに抵抗する女性の一つの生き方を示している。

価値が存在している。彼女たちは性別役割分業には抵抗しながらも、家庭責任に喜びという意味を見出しそこに積極的に関与することを選んだ。従来の女性教師のキャリア研究では、足枷としての家庭責任とそれを支える家父長制社会を批判することに焦点を向けてきたが、彼女たちの語りは、その批判すらも家庭生活を職業生活の下位に位置づける観念に囚われていることに気づかせてくれるのである。

女性教師のキャリアにおいて家庭責任からの解放は一つの価値をもつが、同時に家庭責任への従事にも

補論　―女性管理職研究のこれまでとこれから―

本章は、二〇〇四年に執筆提出された論文に加筆修正したものである。それから一〇年の歳月が経過し、当時は国内で研究の蓄積の薄かったこの領域についてもさまざまな調査研究が進んできた。本補論では、現在までの日本および海外の女性管理職研究の動向を補足し、これまでとこれからの研究の展開について論じる。

女性管理職をめぐる状況

国内の公立学校における女性校長の割合は一〇年間で上昇した。二〇一四年の学校基本調査では、公立の小学校長一万九九九六人のうち女性三八〇九人（一九・〇%）、中学校長九三三一人のうち女性五三七人（五・八%）、高等学校長四七九一人のうち三五〇人（七・三%）となっている。一方、副校長・教頭職にお

いては小学校で二二・〇%、中学校で八・五%、高等学校七・七%となっており、中学校・高等学校の伸びを見て取ることができる。しかし、これらの数値はまだ十分低いといってよいだろう。二〇〇三年には政府によっていわゆる「二〇二〇年三〇%の目標」が掲げられていたが[5]、最も女性管理職率の高い小学校ですらまだ三〇%には届かない現状がある。国際的に見てもこの数値は低く、OECDによる第二回国際教員指導環境調査(TALIS 2013: Teaching and Learning International Survey)において、日本の中学校の女性校長の割合が三四参加国中で最も低い結果であったことが示されている[6]。

日本における研究の進展

わが国の女性学校管理職に関する研究は、一九九〇年代までは蓄積が薄かったが、二〇〇〇年代になって大きく開花してきた。

高野良子は、各県の学校管理職における女性進出のパイオニア期を担った女性校長に焦点を当てた研究を展開してきた[高野 2001ab 2006 2010 2014]。また、女性校長のキャリア形成の様相が自治体ごとに大きく異なっているという私たちの知見は、女性学校管理職の先進県として富山県の事例分析を行った楊川の研究に引き継がれている[楊 2007 2008 2009 2011]。また、関東八都県の公立・小中学校の女性校長五五四人から有効回答を得た女子教育問題研究会(2009)による大規模調査もある。史的検討、大規模調査、ライフコースインタビューなどさまざまな方法によって、女性管理職のキャリア形成過程や、彼女たちが管理職になることを促進した条件、ほかの女性教師が直面しうる障壁の検討が進められてきた。管理職になった女性たちのキャリア形成過程から、教職の初期における昇進に対する見通しの希薄さ、主任経験や、研修や自主的な勉強会の機会の重要さや、役割モデルやメンターの存在の重要さ、一方で家庭責任がどのように管理職の道に対する制約として働くかについても、多数の証拠が集められてきた。

あまりに少数であるためにこれまで研究の対象とならなかった高校の女性管理職にも、ようやく焦点が当てられるようになってきた。河野らは、数量的調査と全国一〇以上の都道府県における男女公立高校長へのインタビュー調査を通して、『高校の「女性」校長が少ないのはなぜか』(2011)などの一連の研究を進めてきた[河野ら 2011 2012]。これらの研究は、河上の指摘する「システム内在的差別」[河上 2001]が、各県における管理職養成・登用を支える暗黙のシステムの中に存在していること、それが女性の管理職輩出を妨げている実態を浮かび上がらせてきた。

女性管理職研究の布置を捉える

女性管理職研究を概観するうえで、『学校管理職研究ハンドブック 第二版』(1999)に収められたシェイクシャフト(Shakeshaft, Charol)のレビュー「よりジェンダー・インクルーシブな専門職を生み出すための闘い」における女性管理職研究の展開の整理は有効である。女性の学校管理職に関する研究の展開を、①女性の研究の不在、②管理職である(になった)女性研究、③女性の不利で従属的な立場を描き出す研究、④女性自身の言葉を通した女性の研究、⑤理論を問い直すものとしての女性、⑥理論の変革、という六つのステージに整理している(表10)。各ステージにおける問いへの答えが次のステージへの展開を生み出してきたが、ステージが進んだとしても、それまでのステージの問いに完全に答えを出し終えることは不可能である[Shakeshaft 1999]。

一九七〇年代から八〇年代初頭にかけて登場した女性管理職の研究は、その実態を問う数量的研究にはじまり、男女の比較を通して女性が管理職になる障壁を明らかにするもの、女性自身の語りを通して女性の世界とその経験の複雑さを描き出すものへと展開した。女性自身の経験への注目は、これまでの理論が男性中心に組み立てられてきたことを逆照射し、理論の再構築の必要性を提起してきた。第4章で参照してきたグラント、イヴェッツをはじめとする女性の経験の描出や、それをもとに女性の経験を含み込む理論を再構築する研究は、上記のステージ4から5や6を射程に入れた研究だといえよう。こうした新しいステージにある研究は、とくにイギリス、オーストラリア、カナダにおいて発展してきており、二〇〇〇年代以降もその傾向は持続している。

新しいステージの研究が進められる一方で、もちろん初期ステージの数量的な調査による女性管理職の実態把握や、女性の管理職昇進を妨げる障壁についての研究などは、今なお生み出され続けている。これらの研究は、社会構造的要因の継時的変化に応じて女性の状況が作られていくため、常にアップデートされながら蓄積されていくことに重要な意義があるだろう。初期ステージと新しいステージ双方の研究が生み出されていくことが重要である。

以下、二〇〇〇年代以降の研究を中心に、海外の研究でどのような展開があったかを概観したい。

海外の女性管理職研究が明らかにしてきたこと

① 女性の昇進を妨げる障壁を明るみに出す

女性が管理的立場に立つことを妨げるものはなにか。この問いへの答えを女性の態度といった内的要因

表10　女性とジェンダーの研究のステージ（Shakeshaft, 1999）

ステージ	問い	アプローチ	結果
ステージ1 女性の研究の不在	女性学校管理職はどれだけいて、そのポジションは？	数量的調査	管理的ポジションごとの女性の数の記録
ステージ2 管理職である（管理職になった）女性の調査	学校管理職になる女性の特徴は何か？女性の学校管理職の歴史は？	女性管理職の調査、「偉大な」女性を掘り起こす歴史研究	女性管理職の人口統計学データ、態度の記述。先人である管理職の物語
ステージ3 不利、従属的な立場に置かれるものとしての女性	なぜ学校には女性のリーダーがこれほど少ないのか？	女性に対する態度、女性の態度の調査。女性の経験の調査。差別の経験的、準経験的研究	女性が管理職へと昇進することを妨げる障壁の同定
ステージ4 女性自身の言葉を通した女性の研究	女性はどのように自分の経験や人生を語るのか？	実態調査、インタビュー調査、観察研究	女性のパースペクティブからの世界の見え方
ステージ5 理論を問い直すものとしての女性	女性の経験を包含するには、理論はどのように変わるべきか？ ジェンダーは組織の動きや有効性にどのような影響を及ぼすのか？	女性に適合するような理論や方法の分析	必ずしも理論が女性に適切なものとなっていないという現実
ステージ6 理論の変容	組織における人間の行動の理論はなにか？	実態調査、理論分析、アクション・リサーチ、観察研究、インタビュー研究	女性の経験を含めるための理論の再概念化

出典：Shakeshaft (1999), p.113より作成。

と社会的構造的にもたらされる外的要因のそれぞれに探ろうとしていた初期の研究を超えて、現在は女性の意欲や自信を通して選択そのものに影響を与える構造的要因の探究が中心となっている[Shakeshaft et al. 2007]。研究対象とされる管理職の範囲も、女性の進出につれて、副校長や校長のような一校の管理職から、教育長のようなより広範な影響を及ぼしうる管理職にまで拡大してきている。

女性が管理的職務に向いていないとするステレオタイプは、未だに直接間接に女性の道を閉ざす働きをする。性によるあからさまな差別は減ってきているものの、当局やゲートキーパーなどの間に古い考えは残っている［Young & McLeod 2001］。

女性たちが管理職を目指すときに支援や、励まし、カウンセリングなどを家庭、同僚、上司、制度から十分に得られないことは、彼女たちの管理職昇進を阻害する大きな要因であり続けている［Grogan 2000, Grogan & Brunner 2005］。女性の疎外は男性によって引き起こされるのみならず、同性によって足を引っ張られる「水平的暴力」によっても強化される。女性教師や、女性教育長から否定的な扱いを受けた経験をもつ女性管理職も少なくない［Funk 2002］。

女性たちには、ロールモデルや、アドバイスやネットワークの提供者、さまざまなキャリア発達を支えるメンター、インフォーマルなネットワークなどが不足している。政治的現実、プロジェクトの動かし方、官僚の扱い方、上手に予算を組み上げる方法、コミュニティとの付き合い方など管理職としての仕事の手法は、主にメンターから学ぶことだった［Hill & Ragland 1995］。管理職としてのフォーマル／インフォーマルな規範を身につける社会化のプロセスが、女性には必要である。また女性にとって管理職の仕事が魅力的に映らなければ、女性はあえて管理職を目指そうと思わないだろう。その意味で、適切なロールモデルは重要であるし、管理職の仕事そのものが支援を得やすい環境にあると感じられる必要がある。

管理職の育成プログラムにも焦点は当てられてきた。たとえば管理職準備のプログラムが、平等の問題に対して無関心で、ジェンダーの視点を欠いた偏った知識にもとづいていることが指摘されている［Irby & Brown 1995］。プログラムの内容や問題関心について、男性管理職が役に立つと考える内容が、より現場ベースの知識、ケーススタディに高い価値を見出す女性管理職たちにとってはほとんど役立つと感じられていなかったという指摘［Iselt, Brown & Irby 2001］は興味深い。管理職になろうとする女性たちの意欲を削ぎ、実際の職務遂行とのミスマッチをも招いてしまう可能性が垣間見える。

②「異なる」キャリアからキャリア概念を問い直す

女性の言葉やパースペクティブを通した研究の蓄積から、女性が従来想定されていたキャリア概念、キャリアパスとかなり異なる世界を生きていることが明らかになった。既にみたように、女性のキャリアはしばしば子育てや親の介護による中断を含み、家庭生活と職業生活とは分離されず不断に交渉しながらそこを生きていく。キャリアの選択は、状況依存的、文脈依存的になされ、男性のようには計画されておらず見通しをもたない。女性たちの経験が照らすのは、これまでのキャリア概念、キャリアパスが白人男性のそれを標準として作られてきたということだった。

家庭責任だけが女性のキャリアを規定しているのではないことにも注意が必要だ。女性のキャリアの軌跡を理解するには、より複雑なアプローチが必要になる。職業的、社会的、歴史的に複雑な構造の中で交渉する個人を、階級、性別、人種、年齢などの多様性のなかで理解する必要がある［Acker 1989 1994 1995］。個人の経験に寄り添って描かれた事例は、学校をめぐる多様な社会構造的な要因の相互作用によって女性のキャリア選択がなされていることを示す［Boulton & Coldron 1998］。さらに標準と異なるキャリアへの着目は、ゲイ・レズビアン・バイセクシュアルなど、さまざまなマイノリティの経験するキャリアの複雑さへも視野を拡げる。キャリアの研究は、かつて見落とされてきた多様な人生の軌跡に分け入り、それぞれの複雑さを描き出す方向へと深化してきた。

③「異なる」リーダーシップ行動からリーダーシップ概念を問い直す

女性管理職の発揮するリーダーシップに関する研究も進んできている。初期には男女の比較を通して、女性の発揮するリーダーシップが男性に劣るものでないこと、あるいはより優れたものであることの証明が目的となっていた。しかし、女性の経験そのものが研究の焦点となり、アプローチの中心も数量的な比較研究から女性へのインタビューや観察研究に変化すると、「女性的リーダーシップ」の独自の様相が浮かび上がってきた。これまでのリーダーシップ理論がいかに男性の行動の仕方やパースペクティブを基準にしていたかという、同じ尺度における優劣の比較では見えなかったことが発見されたのである。

女性管理職の発揮するリーダーシップは、新たなリーダーシップスタイルの存在を明るみに出した。相互作用的リーダーシップ、ケアリングなリーダーシップ、関係的なリーダーシップ、権力分散的なリーダーシップ、学習に焦点化するリーダーシップ、真正の・倫理的な・奉仕的な・価値付与的なリーダーシップ、共働的なリーダーシップなど、論者によって切り取り方や名づけ方はさまざまであるが、女性のリーダーシップ行動に含まれる共通の要素がいくつか認められる。①リーダーシップの発揮において、社会的不平等を解消したいと願い、不利を被っている集団に対するサポートを自らの使命と考え、社会的正義に奉仕すること。②精神的な側面。③コミュニケーション、チームワーク、協働、共同体のつながりなどを優先する関係的な側面。④権力が自身にあり、その権力を周囲に及ぼすと考えるよりも、周囲と分有しようとする権力分散的な側面。⑤教師に子どもへの指導能力を強調し、教育プログラムの達成に関心を払うなど、子どもの指導を重視すること［Dobie & Hummel 2001, Holtkamp 2002, Grogan & Shakeshaft 2011］。

これらのリーダーシップ行動を、「女性的リーダーシップ」と名づけてよいのかという批判もある［Billing

& Alvesson 2000]。アッカーは女性のリーダーシップスタイルを本質主義的に捉え、一枚岩のものとして捉えることを、過去の男性中心主義的なリーダーシップ研究と「同じ過ちを犯すもの」と警鐘を鳴らした。脱文脈的にリーダーシップを研究するのではなく、それぞれの学校・コミュニティの社会経済的文脈の個別性に注目すべきではないかとも示唆している［Acker 1999］。

強調すべきは、次の二点である。一つは、これまでのリーダーシップ理論にはほとんど登場しなかった効果的なリーダーシップの発揮の仕方があり、それは女性管理職に注目することで見えてきたものだということだ。男性がそのようなリーダーシップを発揮できないわけではないが、男性の行動とパースペクティブを中心に組み立てられた理論では周辺的なものとして十分に価値づけられてこなかった。男女のリーダーシップの優劣を問題にするのではなく、効果的なリーダーシップのありかたについての視点から、女性のリーダーシップ行動を積極的に評価していく必要がある。もう一つは、リーダーシップを育成するために提供されるプログラムについての問題である。従来のリーダーシップ育成プログラムは、異なるリーダーシップの発揮の仕方を志向する人に対しては、魅力的なリーダー像を提案できず、同化あるいは排除の装置となっていた。公的なリーダーシップ養成プログラムは、そこに候補者たちを「適合させる」か「屈服させる」機能を果たしてきた［Coleman & Fitzgerald 2008］。「よい」リーダー、「よい」リーダーシップというのが誰のリーダーシップのあり方をモデルにしてきたかを不問にしてきたことと、女性管理職の少なさとは無関係ではない。リーダーシップ育成や登用のシステムは、オルタナティブな志向をもった教師をも、リーダーとして育成することに開かれたものになっていなければならない。

女性管理職研究の今後に向けて

海外の研究の蓄積を踏まえつつ、国内におけるこれからの研究展望を述べて補論を閉じたい。

まず、シェイクシャフトのいうステージ1からステージ3の研究は、今後も継続的に求められる。海外においてこれらの研究が継続的に蓄積されているのは、教員世界の中に、未だ女性が「不在」であり、一部のスーパーウーマンのみが活躍できる領域が存在し続けていることを表している。日本の女性学校管理職の割合は既にみたとおり海外の水準を大きく下回っている。二〇〇〇年代にこれらの数量的、質的な把握を試みる研究は増加したが、まだ十分であるとはいえないし、今後継続的に調査していくことも重要である。その時代時代の教育政策や社会的要因に応じて、女性管理職の割合だけでなく、管理職になった女性たちのキャリアパス、管理職にならなかった（なれなかった）女性たちの経験する障壁も変化していくと考えられるからである。

その一方で、女性管理職の数がある程度は確保されてきたことによって、ステージ4にあたる女性の言葉やパースペクティブに関心を向ける研究もいよいよ重要性を増している。そもそも女性「不在」の状態ではこうした研究は進まない。女性が増えてきたことで、はじめて男性を標準としない形で彼女たち自身の「声」が聞かれるようになり、彼女たち自身がキャリアをどのように形作ってきたかが捉えられるようになる。また海外では、女性の発揮するリーダーシップに関する研究が蓄積されてきたが、日本ではジェンダーを加味したリーダーシップについてはほとんど議論されてこなかった。女性ならではのリーダーシップを無条件に是とするわけではなく、そうしたリーダーシップ行動が女性に本来的に備わっているとする本質論に帰するのでもなしに、今求められる学校管理職のリーダーシップとはいかなるものなのかをジェンダーの視点を組み込んで議論することは可能だろう。
さらに、ステージ5、6にあたる理論の再照射や変革は、こうした女性の経験や「声」を通して可能になるものである。女性のキャリアやリーダーシップ行動の複雑さを踏まえると、従来の管理職育成、昇進のシステムや、それを支える理論や制度は、ある人々にとってとても「生きにくい」ものである可能性が見えてくる。昨今、学校管理職をめぐっては、管理職候補の育成につながる主幹制の導入、教職大学院や教員研修センター等における管理職育成プログラムの整備などが各自治体で進められているが、こうした制度改革の時代において、これらの制度や理論が多様な個人を排除するものなのか、包摂するものなのか、それぞれにとっての意味を考える研究が必要であるといえる。これらの研究は、アカデミックな議論に留まることなく、多様なキャリア志向やキャリアパスの経験、多様なリーダーシップ志向をもつ個人にとって、働きやすく成長しやすいシステムをデザインするアクション・リサーチへとつながっていく必要があるだろう。

注

1 以下の女性比率の算出は、文部科学省「学校基本調査」による。

2 中学校校長に占める女性の割合についても、山口の九・八%から福井の〇・〇%まで著しい差が見られる。ただし中学校については、校長も女性校長も絶対数が少ないため、女性が一人増減することによる数値の変動が大きく、割合を比較することにはあまり意味がない。

3 Hilsum, S., Start, K. B.（1974）、Lyons, G.（1981）などにおけるキャリアの概念。

4 データは、井上輝子・江原由美子編『女性のデータブック　第3版』（有斐閣、一九九九年）および津布

楽喜代治『栃木の女教師』（栃木県連合教育会、一九八四年）を参照。

5 平成一五年六月二〇日、男女共同参画推進本部により「社会のあらゆる分野において二〇二〇年までに指導的地位に女性が占める割合が少なくとも三〇％程度になるよう期待する」との数値目標が定められた。

6 TALIS 2013において、日本は前期中等教育段階（中学校と中等教育学校前期課程の計）を対象としたコア調査のみの参加であり、初等教育段階、後期中等教育段階を対象としたオプション調査には参加していない。

column

世界の女性教師／男性教師⑧

アメリカの初等学校の教師

教職は女性の仕事

アメリカは、教職の女性化が進んでいる国のひとつである。初等学校の女性教師の比率は八七％、中等学校の女性教師比率は六七％であり、他の国と比べると女性教師の比率が高いのが特徴である（表①、30頁）。そして、教職の大多数を「白人の女性」が占めているのも特徴的である。表⑮に示したように、公立の初等中等学校における教師の割合は、白人が八割を超え、黒人が六・八％、ヒスパニックが七・八％である。しかし、都市部では、白人以外の人種・民族の生徒（黒人やヒスパニック）が多数を占める学校も多い。その点で、白人女性だけではなく、さまざまなバックグラウンドをもつ教師が求められている現実がある。

表⑮　公立の初等・中等学校の教師の割合（2011-12年）

カテゴリー	割合（%）
女性	76.3
男性	23.7
白人	81.9
黒人	6.8
ヒスパニック	7.9
アジア系	1.8

出典：National center for education statistic, Table 209.10. Number and percentage distribution of teachers in public and private elementary and secondary schools, by selected teacher characteristics: Selected years, 1987-88 through 2011-12より筆者作成。

女性管理職の増加

初等学校の女性化については、本書の2章・5章でも述べられているが、一九世紀から教職が「白人の女性職」として発展してきた歴史の影響がある。女性が初等学校の教師としての地位を確立しつつも低賃金で雇われ、一九世紀後半には、初等学校の低学年を女性が担当し、高学年の担当や管理者としての役割を男性が担う構図がすでに存在していたという。

しかし、女性管理職は増加しており、二〇一一年度のデータによると、公立学校における女性校長比率は、小学校では六三・八%、ミドル・スクールでは四二・三%、高校では三〇・一%である［Wallance 2015］。この比率は、日本の女性校長の登用の状況から見ると非常に高い。しかし、女性教師の多いアメリカにおいてもなお男性校長の比率が高い。また、各学区における女性の教育長の比率も年々増加しており、二〇一二年には教育長全体の二三%を女性が占めている。女性の教育長を増やすにはどうしたらよいかという点に研究の関心も移っている。

男性小学校教員は珍しい存在

初等学校に注目してみると、データにも示されていたように一三%弱しか男性教師がおらず、その少なさが際立つ。そのうえ、小学校の男性教師の多くは、体育や情報・コンピュータ担当の教師であり、低学年担当の男性教師は極めて少ない。小学校に一人しか男性教師がいないという地域もある。今でも、小学校の低学年を男性教師が担当すると、その珍しさから、保護者が授業の参観を希望することが多いのだという。

たとえば、二〇〇九年度のコロラド州のデータでは、初等学校全体の男性教師比率は一五・六%であったが、一年生担任は三・四%、二年生担任は五・七%のみであった［The Denver post 2011］。このことは、低学年教育が養育と結びついた女性職であるとの認識や、地位と賃金の低さ、加えて、小児性愛者ではないかとの疑いによって、現在も男性教師が小学校の教師になることから遠ざけられていることを示している。実際に、男性はより給与の高い高校の教師になることが多く、初等学校に留まり低学年の担任であることは一般的なことではない。

男性教員の不足とリクルート活動

男性の初等学校の教師の少なさは、男性の教員志願者の少なさにも起因する。加えて、教師教育プログラムの女性化も男性に影響を与えている。初等学校の免許取得プログラムには、もともと男性のプログラム履修者が少なく、指導教員も女性が多い現実がある。カリキュラム開発や教室経営に関心をもつ男性学生と、女性的な特徴としてあげられる養育やケアリングを求める女性のスーパーバイザーとの食い違いは、男性学生が教職を諦める原因ともなる。ただし、近年は、教師教育プログラムを履修する男性学生が増加しており、教育学を主専攻とする初等学校の教員を目指す学生が増えつつある。

しかし、男性教師が不足している状況はそれほど変わりがない。初等学校の男子生徒に対するロールモデルの必要性や、教職での「ジェンダー・エクイティ」の求めなどに応じて、男性教師の不足についての研究が行われ、実際に男性教師をリクルートする取組みがいくつかある。

たとえば、一九七九年に創設された「MenTeach」は、男性教師の不足に関する研究や教職希望の男性に情報の共有を行う。ミズーリ大学によって組織された「Mizzouri Men for Excellence in Elementary Teaching」は、男性教師への情報提供と支援を目的として、セミナーやミーティングを行っている。「Call Me Mister」は、サウス・カロライナ州のクレムゾン大学で創設された教師のリクルート組織であり、教職の「多様性の実現」を目指している。「Troops-to-Teachers」は、低所得家庭の多いコミュニティや危機にさらされている子どもたちが多く在籍する学校に、質の高い教師をリクルートする軍のプログラムである。軍人の八割以上を男性が占めるため、このプログラムの対象の多くは男性であり、男性教師のリクルートに貢献している［Johnson 2008］。

専門職としての教師の仕事

教職の女性化が進むアメリカの教師をめぐる問題には、女性職として教職の地位の低さが依然としてある。イージーワークとみなされ、養育やケアと結びついた女性職として定着している初等学校において、「教師の専門性とは何か」といった議論が慎重に重ねられる必要があるだろう。加えて、近年のテスト政策の影響によって、効果的に成績を上げることのできる教師が求められるようになっている。このような状況ゆえになおさら、専門職としての教師の仕事を、丁寧に検討する必要があるだろう。

（黒田友紀）

引用・参考文献

The Denver Post（2011）Increasingly, male teachers found at head of elementaly class. 2011.2.8.

Johnson, P. Shasun（2008）The status of male teachers in public education today, *Education Policy Brief*, Vol. 6, No.4.

Wallance, Teresa（2015）Increasing the proportion of female superintendents in the 21st century, *Advancing women in leardership*, Vol. 35, pp. 42-47.

column

世界の女性教師／男性教師⑨

多文化社会カナダの教師とジェンダー

カナダの教育システムと教師

カナダも、ＯＥＣＤに加盟する欧米諸国の多くと同様に、女性教師の割合が高く、初等学校の男性教師の比率の低い国の一つである。

カナダは、一〇の州と三つの準州からなり、一〇〇以上の民族が暮らす多民族国家である。日本の文部科学省にあたる連邦教育機関をもたず、州の自治権の強い国である。それゆえ、教員の給与や労働時間などの勤務条件等も州によって異なる。たとえば教員給与のシステムは、日本のように教職歴によって年々上昇するシステムではなく、教職に就いてから一〇年、一五年で給料がアップする。すべての州の給与はＯＥＣＤ平均を上回るものの、入職から一〇年間は給与額が一定で、かつ州によって二万カナダドル以上の給与額の差が存在する［Statistics Canada 2014］。また、国土の多くが北極圏の極寒地域にあるため、人口の四〇％がオンタリオ州に集中しており、カナダ北部は常に教員が不足している状況にある。

男性教師の少なさ

ＯＥＣＤのデータでは、女性教師の割合が七三％であるが、幼児教育と初等学校では、男性教師が少ない。校長を含む学校管理職も、初等中等学校では、六一・九％を女性が占めている。たとえば、オンタリオ州トロント市近郊の学区では、初等学校の教師のうち、女性教師が八〇％を超えており、男性教師は二割に満たない状況が続いている。実際に、教職に就く若い男性が減少しているという［Waterloo region district school board 2014］。

男性教師の少なさを問題とする他の国と同様に、カナダでも男性教師を増やすことが課題とされ、二〇〇〇年代前半に大きく取り上げられた。その直接的な理由はいくつかある。一つは、欧州およびオーストラリア等とも共通するが、国際学力テストの結果、男子生徒の試験結果が女子生徒よりも劣っていた事実から、男子生徒が「ジェンダー問題の課題」となり、教職の女性化を問題としたことである。もう一つは、教職に就く若い男性が減り、男性教師がだんだん減少している事実であった。オンタリオ州の教員の年齢構成は、男性教師の四〇%近くが五〇歳を超えており、三〇歳以下の幼児教育および小学校の男性教師は一割以下であり、この先の一〇年後には、男性教師が大幅に減ることが想定されている。

男性教師を増やすこと

オンタリオ州では、二〇〇四年に「ジェンダーギャップの縮小―男性を教職に惹きつけるために（Narrowing the gender gap: Attracting men to teaching）」という報告書が提出されている。男性教師を増やすために、州の教育局、学区、教員組合、大学などが連携して男性教師をリクルートすることや、新任男性教師のメンター・システムを整備すること、そして男子生徒の成績と男性教師の関係について研究を行うことなどが勧告されている。男性教師を育成するという観点から、大学の教師教育プログラムにおいて、男性教師を増やすためのプロジェクトが進められることになった。

この報告書において重視されたのは、男子生徒の成績向上と男性教師の関係であり、女性化された学校の中で男性教師が男子生徒の良きロールモデルとなることにある。また、美徳とされる道徳的価値を育む人格教育の推進のために、男子生徒には同性の男性教師が必要であり、学校に男性を配置すべきという提案もなされており、男性教師を増やすという動きの中には、保守的な思惑も見え隠れする。

男性教師の少なさを問題とし、男性教師を増やせという要求は、今に始まったことではない。これまでにも、男性教師研究では、女性化された教職により男子生徒が不利益を被っているという議論や、給与の低さによって教職に転職する男性が少ない労働条件の問題や、女性職としてみなさている教職における男性性に関する議論、低学力の男子生徒をめぐる問題が挙げられてきた。しかしながら、「女性化された教職」の中で男性教師がロールモデルとして必要であることの実証性は、必ずしも明らかではない。また、単に幼児教育や小学校に男性教師を増やすことが本当に適切であるかどうかも問われねばならない。

教職の専門性とジェンダーの問題

興味深いのは、二〇〇〇年代に始まった男性教師を増やすためのキャンペーンに対する反応である。カナダ教員連盟（Canadian Teachers' Federation）のレポートによると、州教育長の、「男子生徒の低学力不振は男性教師の不足によるものである」という発言に対して、トロント大学オンタリオ・インスティテュート教育学部長が、「それは教育の問題というよりも、労働問題である」と指摘している［Canadian Teachers' Federation 2004］。すなわち、本来、教職からの大量退職、教師の給与の低さ、過重で複雑な仕事にこそ問題をみるべきである。歴史的に、教職と女性が結び付けられてきた事実があるが、現在の男子生徒の成績の低さを教職の女性化と結びつけることこそ、教職がジェンダーによって差別化された職業であることを示している。

また、良い教師はジェンダーとは関係がなく、教師の質やコミットメントや能力に関係する、というオーストラリア教員組合の女性役員の発言も取り上げられている。もちろん、ジェンダー問題としてではなく、教師の仕事や専門性の中身が重要であるという議論はもっともである。しかし、ジェンダーは全く関係がないという立場や、ジェンダー中立であることを求める「ジェンダー・ブラインド」の議論の危うさにも注意したい。なぜなら、現実として、教職は女性化されてきた歴史と文化が存在するからである。戦後の日本において、教師の中性化の進行によって女性教師を問うことが困難になったことを思い起こすなら、ジェンダー・ブラインドによって、これまで女性が経験してきた差別や経験が見過ごされたり、現在の職場環境や労働条件が悪化したりすることは、避けられねばならない。

現在のカナダの議論は、男性教師を増やすという議論に、原住民や増加する移民のための多文化に対応する視点が加えられている。オーストラリアなどと並んで多民族国家であるカナダの教員政策や教員文化の研究や動向は注視したい。

（黒田友紀）

引用・参考文献

Canadian Teachers' Federation（2004）Educating boys: Tempering rhetoric with research, *Perspectives*, Vol. 4, Issue 4.
Statistics Canada, 81-604-X chapter D: The learning environment and organization of schools.
Waterloo region district school board（2014）Report to committee of whole or board: Hiring of male elementary teachers.

5章 教職の女性化と脱性別化の歴史

1 はじめに

日本の小学校の教職は女性化の歴史をたどっている。近代学校が制度的に成立した当初、教師は基本的に男性の職業だった。学制発布の翌一八七四年の時点で、小学校教師に女性が占めていた割合はわずか一・五％に過ぎない。ところが女性教師の比率は一九〇〇年前後から飛躍的に拡大し、一九二〇年に三〇％を超え、第二次世界大戦下では五〇％にいたる。戦後は一旦低下したものの、一九七〇年には再び五〇％を超え、一九八〇年代半ばには六〇％を超えた（図４）。アメリカにおける教職の女性化の様相を検討したストローバーとランフォードは、ほとんどの職業が固定的な性割合を示す中で、一九世紀に男性占有職から女性占有職に移行した初等教育の教師は特異な事例だと指摘している［Strober and Lanford 1986］。日本の小学校教師も、男性職として成立した近代的職業には稀有な女性化を経験したといえよう。

このことは教職の特徴が女性の進出によって構成されてきたことを意味している。本章で検討するのは、その女性化の過程における教職の変容とジェンダー化の様相である。女性教師の歴史については一定の研究が蓄積され、女性の増加の要因や、女性教師に対する差別の様相が明らかにされてきた。[1] しかし教職のジェンダーを理解しようとするならば、さらに、以下のような問いに答える必要がある。男性職として成立した教職において、どのような論理で女性の雇用が推進されたのか。その論理によって、女性教師と男性教師はどのように小学校に配置され、どのような仕事を配分されたのか。そしてその過程は、教師の仕事をどのように変化させたのか。

着目すべきは、一九一〇年代の「女教員問題」の議論と、一九七〇年代の「女教師問題」の議論である。前者は女性と男性に異なる仕事を配分する小学校教師のジェンダーを構成し、後者はその異なる配分を否定することによって教職のジェンダーを再編している。

一九一〇年代の「女教員問題」では、女性教師の比率の高まりが初等教育の危機として語ら

図4　教員数に占める女性教員の割合

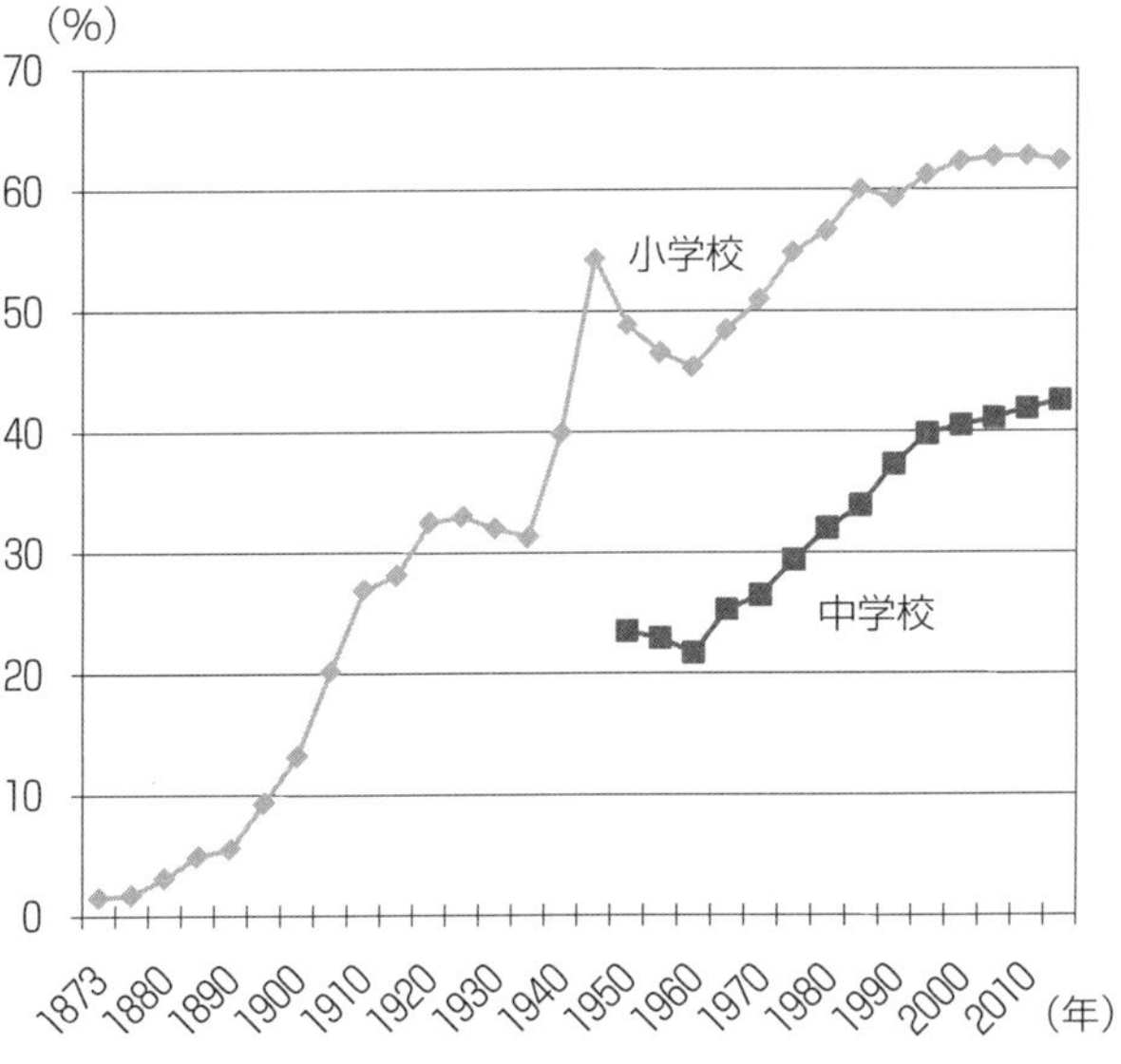

れた。女性教師は男性教師に比して身体、精神、知性において劣っているとの前提のもとで、女性教師そのものが「問題」として表象された。とはいえ、女性を劣等な教師として位置づける議論しか存在しなければ、教職の女性化は生起しない。もう一方には、教師としての女性を称揚し美化する議論がある。女性こそが教師にふさわしいとする主張は、学制とほぼ同時に登場し、一九〇〇年頃から一九二〇年頃にかけて定着した。その特徴は、家庭で子どもを養育するという女性の性役割を根拠に、女性教師を「母性」を中心とする女性性の保持者として表象した点にあった。重要なのは、そのような家父長制の家族を参照する女性教師の位置づけが、教職との関係において葛藤を孕んでいた事実である。男性は外で賃金労働に従事し女性は家で家事育児に携わるという近代家族の性別役割分担は、教職の女性化を推進する論理として機能する一方で、女性を職場から排除し家庭に押しとどめる論理としても機能した。また女性教師に学校の雑務や母親的な関わりを配分する性別役割分担が形成された半面で、女性教師に男性なみの学力や修養や、学校の業務への没頭を求める声も大きかった。学校と家庭、教育と養育の間で錯綜する女性教師の位置づけは、公的領域と私的領域を切断した近代日本のジェンダーの矛盾を内包している。

一九七〇年前後に再び女性教師の増加が「問題」として浮上した際の「女教師問題」の議論は、一九一〇年代の「女教員問題」において形成されたジェンダーを再編した。「女教師問題」の議論も、出発点は「女教員問題」と似た論理で展開されていた。すなわち女性教師の増加に教育の危機が見出され、女性教師の自己変革の必要性が主張された。しかし一九七〇年代に入ると、ことさらに女性教師を主題化することへの批判が目立つようになり、労働条件が整えば女性教師も「教師」として男性教師と同じ仕事を担うことができるとの主張が主流となる。戦前の「女教員問題」が性別に基づく役割を女性教師に配分したとするならば、戦後の「女教師問題」は教師を脱性別化した。しかしそのことは、教職の性差別が解消したことを意味しない。男性教師を標準とする教職の脱性差別の推進と、教師の仕事における「母性」の否定は、教職の養育的側面のシャドウ・ワーク化をもたらしている。

以下、2節では、二〇世紀前半における小学校の教職の女性化の過程を叙述し、性差別や性別役割分担を含むジェンダーの歴史的な構造を解明する。3節では、戦後の女性教師をめぐる議論を検討し、女性教師の脱性別化の過程を叙述するとともに、その歴史的な意味を考察する。

2　教職の女性化の過程　一八七〇年代〜一九四〇年代

本節では明治から昭和初期の教職の女性化の過程を記述する。第一に、一八七〇年代から八〇年代における教職の女性化の論理を検討する。第二に、一九〇〇年代後半にはじまる「女教員問題」の言説を、「家庭」や「母」といった概念の布置に留意して分節化する。第三に、一九一〇年代の「女教員問題」の議論を検討し、そこで構成された女性教師の理想とその矛盾を明らかにする。

教職の成立とその女性化

女性であることと教師であることは、近代的な学校制度が成立した当初から両義的な関係にあった。小学校の教職は男性職として成立したが、女性こそ教師にふさわしいとする論理もまた、近代学校の成立時から存在していた。

女性教師の養成を提起する一八七〇年代から八〇年代の議論は、既に女性化を経験していた欧米の初等教育、なかでもアメリカの初等教育を範としていた。アメリカ出身の文部省学監デイビッド・マレーは、一八七三年の第一報告書（「ダビッド・モルレー申報」）において女性教師の積極的な養成を主張している。その提言を受けた文部省は、一八七五年に最初の女子師範学校を東京に設置した［吉家 1998：145］。その後、一八七五年には石川、一八七六年には岡山、富山、石川第二、一八七七年には愛媛、石川第三など府県の女子師範学校が誕生する。着目したいのはマレーが女性教師の養成を主張する際に用いた論理である。欧米では女性が「最良ノ教師」であり、日本の「教育進歩」も女性に期待されるとし、「夫レ女子ハ児童ヲ遇スルニ其情愛忍耐アルコト男子ニ優レリ。且能ク児童ノ情ヲ酌ミ、及児童ヲ扶養スルニ至テハ、男子ヨリ能ク之ヲ熟知セリ」と続けている。女性こそ教師にふさわしいとする根拠は、子どもに接する際に「情愛忍耐」があり「情ヲ酌」むこと、子どもの「扶養」を「熟知」していることに求められていた［明治文化研究会 1967：129–130］。

初代文部大臣の森有礼は、イギリスとアメリカへの留学経験を有し、マレーと似た論理によって女性教師の増加を企図した。彼は一八八六年の九州における演説で次のように述べている。


蓋シ女教員ノ親切ニシテ注意ノ周到ナルハ決シテ男教員ノ及フ所ニ非ス殊ニ其幼稚ノ児童ヲ教育スルハ男子ヨリモ大ニ優レリトスルハ欧米ニ於テモ既ニ通論ト成リタル程ノ事ナレハ尋常小学校ニテハ成ルヘク女教員ヲ用ヒタキモノナリ是レ女教員ノ学力ヲ薄トシ之ニ幼稚生徒ヲ托セントノ意ニアラス幼

稚者ヲ教育スルハ至難至重ノ事ニシテ特ニ女子ノ長所ニ係ルカ故ニ之ヲ女教員ニ托セント欲スルナリ但未タ女子師範生徒ノ卒業セサル間ハ先ツ相当ノ女子ヲ擇ヒテ授業生ニ充テ以テ男子授業生ヲ廃スルノ工夫アリタキモノナリ〔森 1888：54〕。

森は「親切」であることと「注意ノ周到」であることに女性教師の優位を指摘し、「幼稚ノ児童」の教育については女性が優れているとする欧米の通説を参照しつつ、小学校ではできるだけ女性教師を雇用するよう促している。九州の師範学校では女子部の設置が少ないという事情を鑑み、資格のない「授業生」をすべて女性にするとの具体案さえ提示している。ここに示された女性化の企図は、教師の仕事の質的な転換を伴っている点で興味深い。森は続けて、従来の教師は「生徒ニ読書算ノ芸ヲ教フル」ことのみを職務としていたが、「家庭ノ教育」が十分ではない「本邦」では、教師が「父兄ニ代リテ子弟ヲ薫陶シ十分ノ教育ヲ施シ善良ノ人ヲ養成スル」ことが必要だと述べている。森にとって女性教師の積極的な雇用は、「読書算」の教育を「善良ノ人ヲ養成」する人間形成の教育に転換し、「欧米」に実現している近代的な教育を「本邦」に具体化するための方途だった。

森の女性教師像が母親のイメージを基盤としていることは、「女子ハ男子ト異ニシテ子ヲ産ムトキハ天然ノ教員ニシテ家庭ノ教育ハ全ク慈母一人ノ手ニアリ」という著名な言葉が示しているとおりである〔森 1888：156–157〕。しかし同時に、森が一八八七年一一月に全国各地で行った演説において、「国家」と女性教師の関係に幾度も言及している事実に着目する必要がある。京都の演説では、女性は「天然ノ教員」であり教師として優れているとの主張に続けて、「我帝国ノ独立」を「維持」するという困難な課題を遂行するための「手段」が「教育」であり、その「教育ノ基礎」は「女子教育」であると述べている［森 1888：159–167］。女性教師の養成方法に具体的に言及した岐阜県の演説では、やはり女性は「天然ノ教員」であるとしながらも、ただ「優美」に育てるのではなく「国家ノ為メヲ思フ分子ヲ包含セシムル」ことが必要だと述べた。具体例としては、「教場」に「母カ孤児ヲ教育スル図、子ヲ教ル図、丁年ニ達シテ軍隊ニ入ルノ前母ニ別ル、ノ図、国難ニ際シテ子ノ勇戦スル図、子ノ戦死ノ報告母ニ達スル図」を掲げることが提案されている［森 1888：167–172］。森が描く「教員」としての資質を備えた女性は、単なる「慈母」ではなく、お国に子どもを差し出す軍国の母の相貌を帯びている。

マレーや森の主張は、広く受け入れられたとは言い難い。小学校における女性教師の比率は一八九〇年代後半まであまり高まらず、ようやく一八九六年になってから一〇％を超える。一八八〇年代後半から一八九〇年代前半には、卒業者への需要がないことを理由とする女子師範不要論が高まり、各地で女子師範学校の統廃合さえ行われた［深谷・深谷 1971：257–260］。そもそもこの時期には、子どもの養育者である女性に教師としての優位性を見出す論理は、近代的な家庭の成立という前提を満たしていなかった。明治期の雑誌を調査した牟田和恵は、夫が外で働き妻が家庭で家事育児を担う近代家族のイメージは一八九〇年代の中産階級向けの雑誌において成立したと述べている［牟田 1996］。また沢山美果子によれば、「愛育」の担い手としての母親の育児責任が説かれたのは一八九〇年代から一九〇〇年代である［沢山 1990：108–131］。森の文相当時、母子関係を中核とし情緒的な結びつきを特徴とする家庭は、実体がないばかりかイメージさえいまだ一般化していなかった。

「天然ノ教員」としての女性、「国家ノ為メ」に子どもを育てる「慈母」がいまだ存在しないことを、森はおそらく知っていた。彼は一夫一婦制近代家族の先駆的な提唱者であり、実践者であると同時に、挫折者でもある。一八七〇年代半ばの『明六雑誌』上で、彼は母親による育児の重要性を根拠として、家庭における妻の地位を向上させる必要性を主張していた。しかしその「夫婦同等論」に基づく彼自身の婚姻は、約一〇年後の一八八六年に離婚という結末を迎えている。この過程を検討した大越愛子は、森らのジェンダー論が西洋を範とする「知識人男性の観念の産物」であるがゆえに女性に犠牲を強いるものだったこと、その犠牲は「女性の未熟さ」の証として感受され女子教育による解決が志向されたことを指摘している［大越 1997］。「天然ノ教員」を論拠に女性教師の養成を訴え女子教育の振興を説くとき、森は家庭の「慈母」と学校の「女教員」を同時に創出しようとしていたのだろう。

女性教師が急激に増加するのは一九〇〇年前頃からである。女性の小学校教師の比率は一九〇五年に二〇%を超え、一九一〇年には二五%を占めるにいたる。一八九九年には〇校、一九〇〇年には三校だった女子単独の師範学校も、一九〇五年には一六校にまで増加した［山田 1974：143］。この時期の教育雑誌には女性教師の雇用を訴える論考は必ずしも多くない。しかし数少ない論考を参照するならば、家庭の母子関係に依拠して女性に教師としての優位性を付与する議論以上に、女性教師を雇用することによる経済的な利益を強調する議論が目につく。その論理は二通りある。

一つめは、女性教師の雇用によって教育費の増大を抑えることができるとの論理である。清水直義は小学校教師が不足する理由として「待遇」の悪さを指摘し、「欠乏」を補う解決策として「女教員養成」を提案している。女性は「俸額少なくして可なる」ばかりか、男性と異なり教職が「最高等の職業」であるため「他の社会」に転じる心配がないとの理由である［清水 1896］。実際に一九〇六年の義務教育年限延長に際しては、「教員の増加に伴う経費の膨張」を防ぐために「比較的月給低廉なる女教員を採用」するという文部省の方針が報じられている［教育時論 1906］。

もう一つは、女性が教職に就くことで男性が他の職業に従事できるという論理である。女子高等師範学校教諭の篠田利英は、「女子は先天的に児童を取扱うことに適して居る」と述べつつも、積極的には「経世上」の観点から男子は「殖産興業」「海外殖民事業」に向かい小学校教育は女子に任せるべきだとしている［篠田 1904］。同校校長の中川謙二郎は、女性教師を増やす根拠として、「男子には他に更に、有益な事業が沢山にある」「新事業の開拓ということは、大体上男子に待つ」と述べている［中川 1912］。日清戦争、日露戦争を経て明確な輪郭を帯び始めた軍事的経済的な膨張主義は、男性の動員を要請する半面で、女性に任せることの可能な職業として小学校教師を名指していた。

「女教員問題」の議論の展開

女性教師の比率の高まりは、彼女たちの存在を「問題」として可視化した。一九〇〇年代から一九一〇年代にかけて、「女教員問題」と総称される一連の議論が行われ、女性教師の長所と短所、男女教師の適切な割合、女性教師の果たすべき役割が論じられている。その女性教師を有徴化する議論は、母親の相貌を帯びた女性教師像を定着させ、男性教師と女性教師に異なる仕事を配分する小学校教師のジェンダーを組織化した［石戸谷 1967：252–262, 木戸 1968：64–80, 深谷・深谷 1971：273–315, 中内・川合 1974：53–94, 海原 1977：213–240, 齋藤 2014, 河上 2015］。

「女教員問題」の議論の嚆矢となったのは、一九〇七年九月に大日本教育団が提起した研究問題である。

問われたのは女性教師の長所と短所、および小学校における女性教師の適切な割合だった。雑誌『教育界』に発表された女性教師の長所と短所は、「生理的」「心理的」「社会的」の三つの側面に分類されている。生理的な長所は記載がなく、妊娠と月経による脆弱さが短所とされている。心理的な長所には「愛情に富む」「従順なり」といった項目が、短所には「心情の偏頗」「理解力に乏し」といった項目が挙げられている。社会的な長所とされたのは「低き報酬」で雇える点、短所とされたのは「家事上の煩務」が多い点である。女性教師の割合については、三分の一に留めるのがふさわしいと結論されている［教育界 1907］。

この調査結果を受けた『教育界』の社説「女教員養成者に望む」は、女性教師の急増が国民教育の危機として感受されたことを伝えている。筆者の三件訥堂は、男性教師の生徒と女性教師の生徒を比較した調査の結果をとりあげ、「女教員に属したる生徒の方は、国民として将た臣民として普通に心得べき事柄に就き、往々之を理解せず、且之を理解し得ざるもの多きを発見せり」と報告していた。女性教師が「国民」あるいは「臣民」を育て得ない理由は、「女子の本務」が「一家の内政に従事すること」にあり「国家的、公共的、社交的の経歴に乏しい」という点に指摘されている［三件 1907］。家庭という私的領域と国家や社会といった公的領域を区分し、女性を私的な領域へと閉じ込める家父長制家族のジェンダーの成立が、国民教育の担い手としての女性教師に対する不信を醸成していたことがわかる。ただし女性教師は、単に不完全な教師として表象された訳ではない。もう一つの社説「女教員問題に就いて」は、むしろ女性教師の固有の意義の存在を強調している。著者の復軒は、賃金の安さという消極的な理由から女性教師を容認する議論を退け、たとえ女性教師の俸給が男性教師より高くても「女教員の必要は決して、消滅するものでない」という。そして「女教員問題」は「経済問題」ではなく「教育問題」として論じられるべきだと主張している［復軒 1907］。

一九〇八年二月に帝国教育会評議員会が「女教員問題調査案」を可決し、同年五月の第二回小学校教員会議では男性教師と女性教師の比較を求める二つの諮問案が文部省から提出されるなど、「女教員問題」の議論は拡大していった。議論の主流は、女性と家庭の結びつきを参照しつつ、女性教師に固有の役割を見出す方向へと展開する。『日本之小学教師』が一九一四年八月に企画した「女教員号」の特集を参照すると、二〇を超える論考のほとんどが「家庭」「主婦」「妻」「母」といった言葉を使用しつつ、女性教師に学校における女性的な役割の遂行を期待している。巻頭に掲げられた湯原元一の論考は、「良妻賢母」と「女教員」の関係について、「女としては良妻賢母は当然到達すべき目的であり、自然の要求であるから此れに関係ある職業をとるべきで、此の点より考えて、女教員は女子としての目的にも矛盾しないのである」と述べていた［湯原 1914］。

女性教師に要求される役割は、家庭における妻や母の仕事と関連したものが多い。一つ目は「女児」の教育である。ここには「裁縫」や「家事」といった主婦の仕事の教育が含まれ、「良妻賢母」による「良妻賢母」の再生産が企図されている。二つ目は教室の子どもの母のように振る舞うことである。「慈母の愛」をもって子どもに接すること［戸野 1914］や、「母の立場」に立つこと［浜田 1914］が期待されている。三つ目は学校の「主婦」として雑務をこなすことである。小学校長の湯沢直蔵は「一学校の職員間」が「家族的生活に接近」することを称揚しつつ、女性教師は「主婦とも母ともなして其の方面に必要なる任務を尽さしめたい」と述べる。具体的には、会合時の「装飾、接待、場所の整理」や「物品の購入」といった仕事を女性教師に割り振っている［湯沢 1914］。

「未婚者」と「既婚者」のどちらが教師にふさわしいかという議論になると、論者の意見は二つに割れる。実際に主婦として家事を行っていること、母親として子どもを育てていることは、ある者の議論では望ましく、他の者の議論では仕事の障害である。東京女子高等師範学校附属小学校主事の藤井利誉は、「未婚者であれば男子に似たもの」であり「家あり子あるが故に女教員としての真の意義が見出される」と述べ、既婚者の雇用を主張している［藤井 1914］。それに対して小学校長の池本信雄は、既婚者は「家事の係累が多く、勤務上故障を生ずる」ため未婚者が適当だと述べている［池本 1914］。黒崎悦子は、「慈悲親愛の念」をもつことは未婚の女性でも可能だと主張し、家庭と教育を両立できる者は少ないがゆえに「家庭に重きをおかざる教育者」が必要だと結論している［黒崎 1914］。議論の錯綜を最も如実に体現しているのは、愛知県女子師範学校長の郷野基厚による「半日勤務」の提案である。郷野は「理想の女教員」を「普通の家庭に主婦として妻母の実務を執りつつ教職に在りて忠勤する者」とし、女性教師の「半日勤務」を主張するとともに、その役割を「裁縫」「女児」「養護」に置き、女性教師に「一校の主婦たるの覚悟」を求めている［郷野 1914］。「半日勤務」という提案が表現しているのは、家庭における主婦の仕事と学校における教師の仕事の双方をこなすことの物理的な困難と、主婦の仕事と教師の仕事を重ねることによって生じる良き主婦が良き教師たりうるとの論理との妥協だった。

一九一〇年代の女性教師をめぐる言説の布置は複雑である。女性教師は男性教師に比して「国民教育」を行ううえで欠点を抱えた存在として有徴化され、教師としての能力や資質の向上を要請された。しかし同時に、自らの家庭でも学校でも女性として振る舞うことが求められている。女性の家庭における主婦役割は、女性教師の十全な勤務を妨げる要因になると同時に、女性教師を学校に受容する方途にもなっている。しかも主婦役割を通して女性教師を学校に位置づける論理は二重化している。一方では裁縫や家事など主婦仕事の教育が女性に割り振られ、他方では学校を家庭になぞらえ女性教師を主婦になぞらえる比喩が機能している。前者は学校における女子教育に「良妻賢母」の再生産が託されたことを示している。そして後者は、教職に近代的な家庭の性別役割分担が織り込まれたこと、そのことを通して学校における教育の営みが家庭における子育てとの連続性や共通性において把握されたことを意味している。

教師と母親の狭間

「女教員問題」の議論がピークをむかえるのは、一九一六年の帝国教育会による「女教員問題に関する調査」においてである。帝国教育会は師範学校長と小学校長を対象として女性教師の長所短所とその適切な割合を問うアンケートを行い、その結果を八月号の『帝国教育』に発表した。大日本教育団が一九〇七年に提起した問いをほぼそのまま踏襲するこの調査は、約一〇年にわたる「女教員問題」の議論が学校を家庭になぞらえる比喩を定着させたことを示していて興味深い。小学校における女性教師の適当な割合について、現状では三分の一が妥当だが将来的には二分の一にしたいとし、その根拠を「家庭に於ては父母健在し両者の力相待ちて始めて家庭教育の効果を全うし得る如く小学教育に於ても男女教員の力略均等に活動し互いに相助け相補いて始めて堅実円満なる国民教育を完成し得るものとなる」と述べている［帝国教育会調査委員 1916］。現状の三分の一と将来の二分の一という数字の差は、現在は女性教師の質が低いという理由によって説明されている。アンケートの結果では男女同数を支持する意見は一割強にすぎない。にもかかわらず男女同数を理想とする根拠は、学校を家庭になぞらえ男女教員を父母になぞらえる比喩にあった。経済的な観点は後景に退いている。調査結果に解説をよせた帝国教育会会長の沢柳政太郎は、女性教師の雇用による「小学教育の経費」の節減と「女子の職業」の確保を、調査報告から抜けている論点として指摘した［沢柳 1916］。

師範学校長と小学校長が列挙する女性教師の長所と短所は、既存の女性教師の表象を反復するものだった。師範学校長の回答における多数意見は、長所が「忠実に指揮命令に服従すること」「愛情に富めること」「細事に注意届くこと」、短所が「研究創作の才に乏しきこと」「愛情偏頗に陥り易きこと」「応用の才足らざること」である。小学校長の回答も、項目の表現は若干異なるが、ほぼ同じ結果となっている。長所と短所がともに女性教師に対する要請や希望を表現しているとするならば、彼女たちには、「忠実」に「服従」する受動的な存在であることと「創作」や「応用」を行う能動的な存在であること、子どもに公平に「愛情」を向ける女性的な存在であることと「研究」という男性に占有されてきた領域に進出することが、同時に求められていた。

帝国教育会による調査は多くの反響を生み出した。とりわけ興味深いのは、女性教師たち自身が積極的に「女教員問題」を語りはじめた事実である。一九一七年八月の『帝国教育』には、東京府女子師範学校同窓会研究部による「女教員問題」の調査結果が報告されている。この議論は帝国教育会の調査報告が男性のみの意見によって構成されている点を批判しており、男性からの一方的な表象への抵抗としての意味を有していた。

ただし女性教師たちの言葉は、自らが「問題」として表象されることに対して抗うよりも、表象された問題を自分の問題として語りなおし我が身に引き受けるものとなっている。帝国教育会の調査で指摘された短所のうち、彼女たちは「児童の取扱苛酷に失す」という項目に最も強い反発を示し、「愛を重大要素として行うべき教育事業に従事する女教員が、其天性に反して苛酷なるとは甚だ不可思議の事」と述べている。彼女らによれば自分たちの短所は「学力の不充分」にある。学力さえ「進歩向上」すれば、「高学年の男児に男子的特性を発達せしめ」ることは無理でも、「天然の教育者たる女性」が「国民教育」を担当するのは当然である。そうすれば男性は「世界的競争の方面に其全力」を注ぐことができるだろうという。議論は「常に社会国家が信頼して国民教育を一任するに足るべき者」たろうとする決意表明でしめくくられていた［東京府女子師範学校同窓会研究部 1917］。ここでは「天然の教育者」という女性の表象と、対外的膨張主義に基づく教職の女性化の論理を同時になぞりつつ、低学年教育と女子教育の担当者としての女性教師像が提示されている。

ところで、女性教師に輻輳する要請は、男性を基準とする教師に対するものと女性固有のものをともに含み、まっとうに引き受けるならば過剰負担となる性格をもっている。後藤静香は女子師範学校教諭の立場からそのことを指摘した。彼は帝国教育会の報告を受けて記した『女教員の真相及其本領』（一九一七年）で、女性教師が「男子と同様の教員であれ」と「女子であれ」という「二重の注文」の板ばさみになっていると指摘し、「女子であれ」という「注文」に絞り込み、女性教師に「本領」を発揮させよと主張している［後藤 1917 : 111–127］。確かに「女教員問題」に関する議論の主流は、女性教師に「二重の注文」を行っていた。大阪女子師範学校教諭三橋節の『女教師の為に』（一九一八年）に典型的な議論を確認できる。彼によれば、教師は「男女の区別なく等しく教則に拠って独立的に国民教育の責任を負う者」である［三橋 1918 : 7］。ここでは女性教師が男性教師と同等に「国民教育」を担う存在として位置づけられているかのようである。しかし同時に彼は、「賢母の行績に学べ」あるいは「賢母たる資格あるものにして始めて真の女教師たるを得べし」と述べ、女性教師と母親を重ね合わせる［同上：27-46］。女性教師の短所長所の議論を反復し「短所の矯正と長所の発揮に努力」することを求める一方で、女性教師に「尋常第一、二、三学年の男女児童教養」「高学年女児の訓練」「家事作法裁縫の教授」を割り振るという厳密な性別役割分担を採用する［同上：50-52］。女性教師への助言として自らの「修養法」を得々と述べる三橋の語りに、彼女らの担う家庭責任への配慮はない。

それに対して後藤は、確かに女性教師に対して共感的である。『女教員の真相及其本領』は「女教員側の叫びを代表」することを目的の一つとして掲げ、女性教師による「感想録」を収録している。その女性教師の声は、仕事の帰りが遅く「風呂」さえ入れないこと、学校への気兼ねのため出産の「前々日」まで勤務したこと、「新聞」や「教育雑誌」を読む時間がとれないことなど多忙な日常を生々しく伝えている［後藤 1917：82-110］。夫や子どもをもつ女性教師が教職と家事育児の二重負担に苦しんでいた事実をふまえるならば、女性教師の「勤務時間」と「俸給」の双方を減らせという後藤の主張は正当性を帯びてみえる。また研究不足や学力不足を責めずに「女子の本領」を発揮させよという主張は、男性に比して不十分な教師として表象されてきた女性教師を、男性教師とは異なる仕事を担う十全な教師として位置づけているようにみえる。しかし学校で女性が発揮すべき「本領」として後藤が提示したのは、「学校の主婦としての本領」と「児童の母としての本領」だった。前者は掛図の繕い、便所掃除、テーブル掛けのアイロンがけ、客の接待など、後者は子どもの散髪、つめきり、衣服の洗濯や繕い、汚物の始末などを含む。子どもの知的な成長を促すことは、全くといっていいほど期待されていない。女性に共感的な後藤の議論は、女性教師を教育から排除して世話と雑務に押し込め、とりわけ強固な学校の性別役割分担を構成するものとなっている。沢柳が本書に寄せた序文は、「思うに本書を看る女教員は嬉し涙を以て神聖なる又重要なる国民教育に努力せんと覚悟するに至るであろう」と述べていた［沢柳 1917：序1-7］。実際に後藤は後に、女性教師を主要なメンバーとする修養団体希望社を主宰し、機関誌『希望』が最大八万部を発行するほどの人気を博している［齋藤 2004：74-82］。

女性教師への要請が孕んでいたもう一つの問題は、教職と子育ての質的な差異にある。教室の子どもへの「母性愛」を懐疑した坂本増次郎の『女教員論』（一九二九年）を参照しよう。彼は「教育に愛の必要なることは今更言うまでもない、所謂母性愛も尊いものには相異ない」としながらも、次のように述べる。

> 然し母性愛とは、母たる親が我が子に対する愛であって、自由に他人の子供にまで、その愛が及ぼせるものであろうか。……（中略）……若し他人の子供にまで一律に及ぼし得るものとすれば、その母性愛たるや誠に薄ペラなもので、取り立てて母性愛などと騒ぎ立てる程のものとも思われぬ。母性愛の母性愛としての尊さは、母たる唯一者が、我が子に対しての唯一の愛であって、絶対に他に流用し得ぬ所にその尊さがあるのである［坂本 1929：108］。

坂本は母親でもある女性教師にとって我が子が特別な存在であるということ、教室の子どもたちとは異なるということを、遠足に自分の子を連れて行った女性教師を例に主張している。彼によればその女性教師は、引率していた教室の子どもたちを放り出し、迷子になった自分の子どもを探しに行ってしまったという。坂本の議論は、母子関係を美化する傾向にありながらも、以下のような事実を浮き彫りにしている。学校を家庭に教育を養育に喩える比喩が定着する中で、女性教師が課され引き受けようとしていたのは、家庭であるかのように職場である学校を生き、自分の子どもであるかのように多人数の教室の子どもと関わるという奇妙な課題だった。女性化の推進をうったえる時に、坂本の議論は矛盾を抱え込む。彼は一方で、女性教師がさらに増加し「女教員を以て、国民教育の中堅をなす時代」が到来することを希求する。しかしもう一方で、「有夫女教員」は子どもが生まれたら退職して「我が子の教養」に従事すべきだと述べている。

小学校における女性教師の比率は一九二〇年代のはじめにおおよそ三分の一にまで達した。さらに一九三五年から一九四〇年の五年間には三一%から四〇%へと飛躍的な増大をみる。男性が軍隊や戦時産業に動員される中で、教師不足を埋めるために雇用されたのは教員免許を持たない若い女性だった。教育評論家の上田庄三郎は『女教師論』（一九四一年）において、「男教師の転退職や全国的な人間資源の払底は、女教師をして、遂にその量においては次第に男教師に匹敵せしめ、その年齢においては喧嘩相手にふさわしいほどに児童に肉薄せしめている」と、皮肉まじりに述べている。着目したいのは、「量的にも質的にも女教師の役割を本格化するような組織を構成」すべき、あるいは「女教師を人類の母性的役割、女性的役割から見直し、その女としての深みにおいて発展させる」べきという彼の主張である［上田 1941：108-117］。戦時期における女性教師の飛躍的な増加は、女性を十全な教師として位置づける新たな組織と教師像を要請していた。

女性教師の増加が再び「問題」として浮上するのは一九七〇年前後である。第二次世界大戦後に一旦縮小した女性教師の比率は一九六九年に五〇%を超え、女性教師の資質や態度、能力をめぐる議論を生起させた。次節では、戦後の日本の教職のジェンダー再編の過程をみていこう。

3　教職の脱性別化の過程　一九五〇年代～一九七〇年代

戦前の日本の女性教師は、女性的な特性の発揮を期待され、低学年教育や女子教育の仕事を配分されていた。そして戦後も一九五〇年代前半までは、明確に性別特性論に基づく性別役割分担が称揚されている。しかし次第に、女性教師をとりたてて主題化すること、殊更に性別を取り上げることが疑問視され、「婦人教師」ではなく「教師」を問うべきだとの議論が主流となっていく。ここには女性教師の脱性別化の過程を見出すことができる。

本節では、最初に一九五〇年代から一九六〇年代における女性教師の表象の変化を検討する。次に一九六〇年代後半から一九七〇年代前半における「女教師問題」の議論を検討し、教師における母性の可能性の模索が挫折する様相を描く。続いて、一九七〇年代の議論を検討し、女性教師をめぐる議論が労働条件の問題へと集約する過程を記述する。

退職勧奨に抵抗する論理の転換

女性教師の比率は第二次世界大戦中に飛躍的に高まった。終戦をむかえた一九四五年には、じつに小学校教師の五四・二％を女性が占めるに至る。学校にいるのは「年よりか、病弱かなんかの特別事情の男職員と、女職員」という状況だった〔山田 1952〕。その後一九五九年に四四・九％で底を打つまで、女性教師の割合は低下し続ける。初期の低下は男性が教職に復帰したことによるものだったが、後半の低下は女性の排除によるものだった。各県で教育予算削減のための人員整理が企図された際に、家計を担っていないとみなされた既婚の女性教師が退職勧奨のターゲットとなる。当時の栃木県における退職勧告の状況は、「夫婦同職の共働き女教師は機械的・一律的に退職を迫られた感があった」と表現されている〔津布楽 1984〕。一九五四年頃には「女教師の黄昏」という言葉がささやかれたという〔帯刀・城丸 1964〕。

女性教師への退職勧奨は一九六〇年代まで続いた。日本教職員組合の機関誌『教育評論』では、年に一度の「婦人運動」や「婦人教師」に関する特集において、しばしば退職勧奨に言及している。一九六五年の特集における婦人部の記事「当面の課題とたたかいの方向」も、六七年の記事「日教組婦人部の当面するたたかい」も、退職勧奨を課題の一つとして挙げていた〔奥山 1965, 日教組婦人部 1967〕。

退職勧奨に抵抗する論理は大きく分けて二つある。一つめは、女性教師の必要性を主張する議論である。愛媛県の状況を報告する一九六二年の記事は、四五歳での退職勧奨を、「子どもを生む苦しみを経、子どもを育ててみて、ほんとうの教育ができるのではないでしょうか」と批判している〔末広 1962〕。二つめは、教師の生活権や労働権の保障の問題として論じる議論である。山梨の「D項勧奨」すなわち夫が管理職である女性教師への退職勧奨に言及する一九六八年の記事には、「婦人教師のあるべき姿は教師としての姿であって、婦人教師としてとりあげるのは不合理」との言葉が見られる〔武井 1968〕。前者が女性教師の存在意義を母としての経験に求めているのに対して、後者は「婦人教師」の主題化を否定し「教師」として論じることを主張している。以下で検討するように、この二つの論理の違いは、一九五〇年代から一九六〇年代前半の女性教師論と一九六〇年代後半の女性教師論の違いを映し出している。女性教師は一九六〇年代後半から急速に脱性別化して語られるようになる。

まず一九五〇年代の女性教師論を検討しよう。一つめの特徴は、昔ながらの女性教師像からの脱却がうたわれながらも、女性性については女性自身によって肯定的に擁護されている点にある。四人の女性教師によって記された『女教師』（一九五八年）は、女性教師の自己卑下の克服を主題として掲げている。筆者の品角らは、女性教師の学校における役割は男性教師の補助ではないとし、独立した人格と高い職業意識をもった女性教師像を打ち出す。お茶くみをする、男性教師に頼る、発言を控えるといったあり方は否定される。しかしながら、「なごやかな場の形成者」「母性的な愛情と繊細な思いやり」といった「女性の特性」の発揮については称揚されている［品角他 1958：82–88］。『女性教師は訴える』（一九五四年）に収録された手記「女性教師の生活記録」もまた、「女性のもつうるおいと母親のような愛情で、男教師の目のとどかないようなくぼみにまで子どもたちの上に目を注ぎ、平和と清浄を念う女性の真性を子どもたちの魂のなかに植え育てていくこと」を、女性教師の「義務」および「特権」として語っている［金久保 1954：133］。

男女教師の性別役割分担も肯定されている。戦後の小学校は男女共学となったため、女子教育者としての女性教師は語られなくなっているが、低学年教育の望ましい担当者ではあり続けている。『女教師』の「女の先生は低学年むき」と題された一節では、次のようなエピソードを通して低学年配置が肯定されている。女性教師の「A先生」は、持ち上がりを希望しても、「一年生におなれになっているから」「先生には乳呑児もあることだし」といった理由で繰り返し一年生の担任にされる。そのことを不満に感じるA先生に対して、品角らは、低学年に配置されるのは女性教師の能力が低いからでも高学年を任せられないからでもないという。

低学年の受持としては、男の先生よりも女の先生のもつ、母性的な愛情や、繊細にして、情緒的な面が、幼年向きだからで、むしろ男教師が低学年の指導に不向きであることに起因しているともいえる。婦人教師は自分が女性であることを、もっと大切にすべきであって、「低学年の指導は女先生でなければ頼りなくてまかされない」との信頼を取ることが大切で、女教師は、幼年教育の権威者であり、必要欠くべからざるものに自分を育てていってこそ道も開かれ、女性の職場としての意識の高さも生まれてくる。［品角他 1958：66–67］

品角らは女性であることを「母性的な愛情」「繊細」「情緒的」といった特質と結び付け、女性教師を「幼年教育の権威者」たるべき存在として位置づけている。『女性教師は訴える』の対談では、丸岡秀子によって低学年配置が肯定されている。彼女は高学年や進学クラスをもてない、学年主任になれないといったことを残念に思っている女性教師は多いとしながらも、「こまかい心づかいや、母親でないとわからないようなことは、女の先生でないとうまく指導できませんから。もし私が先生だったら低学年を受持つことを光栄に思いますね」と語った［金久保 1954：51］。これらの言葉は、女性性に基づく低学年への配置を女性教師の存在意義を保障するものとして捉えると同時に、低学年への配置に不満を抱く女性教師が少なからずいたこと、性別役割分担が望む仕事を妨げる慣習となっていたことを示唆している。

『女教師であること』（一九五八年）では、教師の子であり、兄であり、夫であるという古川原によって、低学年を繰り返し担任する中年女性教師の悲哀が印象的に描かれている。古川は、低学年担任を繰り返すことは女性教師の女性らしさを損ない、教育にマイナスの影響をもたらすという。

（熱心に教育を志しても、低学年の一クラス六十人というすし詰め学級においては個々の子どもの表情や行動に目を向けられないため）女教師はそれで自我を殺してしまうのであろう。そこで、中年の女教師独特の、粗雑さと冷酷さとがうまれてくるのではないだろうか。こうして「女でなくなり」「人間でもなくなった」女教師たちは、残った唯一のもの、指導技術の習練に心身をすりへらすのである。さきにのべた、六十人の子どもを目の前に、手を拍ちながら自分の教室まで、まちがわずに背面行進をつづける女教師の姿に象徴されている。［古川 1958：167］

「背面行進の女教師」とは、校庭の朝礼から一度もうしろを振り返らずに一年生を引率して教室にかえる「中年の女教師」を揶揄を込めて表現した言葉である。古川はその姿に、一年生担任の反復によって倦怠した様子、「ああすればこうなり、こうすればああなる、ということがわかりすぎてしまった悲しみ」を指摘している［古川 1958：38］。当時の女性教師たちは、女性性を期待する性別役割分担によって自らの存在意義を保障されていたが、一定の役割へ押し込められた中で女性性を発揮することは、実は容易ではなかった。

一九五〇年代の女性教師に関する議論の二つめの特徴は、仕事と家庭責任の両立、仕事と出産育児との両立が、解決の困難な、あるいは不可能な問題として語られていた点にある。家庭責任を担う女性教師の多忙と、仕事と家庭双方への皺寄せが繰り返し問題として指摘される半面で、その解決について具体的な提起はほとんどなされていない。『女性教師は訴える』の冒頭に置かれた「編者のことば」は、「女性教師たちが、女性であるために、そしてまた家庭という重荷のために、立派に教師としての活動ができないという事実はなんとしても見逃すわけにはいかない」と述べている［金久保 1954：3］。そして本文では、さまざまな統計を引用しつつ、女性教師における家庭と仕事の両立の苦心を訴えている。たとえば産休の規定があるにもかかわらず、実際には「産む日まで教壇に立つ女性教師」が最多で四五％におよぶ。また産後も、規定では授乳のための時間が保障されているが、実際には乳児を預っている祖母や子守が学校に連れて来て、守衛室や宿直室、場合によっては教室や校庭で授乳をしている。他にも、未婚者や男性と比較して、既婚の女性教師が家事に追われていること、教材研究はおろか睡眠時間すら十分にはとれないほど多忙であることが示されている［古川 1958：54-126］。『女教師であること』もまた、「女教師の仕事は、ほとんど家庭生活とは両立しがたい、といえるであろう」という。女性教師の仕事と家庭生活を両立させるためには「校務と家事とを思いきって簡素化すること」が必要だとするが、家事の機械化が主張されるのみで、校務の簡素化の具体策は示されていない。育児については、「おかあさん先生」の長所を子ども理解の深まりなどに指摘したうえで、出産育児で一旦退職し子どもが一〇歳くらいになったら復職するというプランが提示されている。この提案は、育児経験が教師としての成長をもたらすことを認めつつも、育児と教職の両立については諦めているといっていい。

それに対して一九六〇年代半ばからは、育児休業をめぐる議論が活発になる。日教組の雑誌『教育評論』は、一九六六年の二月号と五月号の二度にわたって「育児休職制度」に関する特集を組んでいる。婦人部長奥山えみ子によれば、女性教師たちの育児休職制度に対する意見は賛否両論である。賛成意見は、出産による退職を防ぐこと、自分の子どもの育児を集団保育のみに任せずにすむことをメリットとして指摘している。それに対して反対意見は、休みが増えると女性教師が歓迎されなくなる、婦人を家庭に帰そうとする反動政策に利用されるとの懸念から保育所づくりの優先を訴えている〔奥山 1966a〕。個別の教師による反対意見では、無給の育児休職が雇用調整に利用されるのではないかとの不安が大きい〔大町 1966, 北岡 1966〕。

『教育評論』における育児休業の議論では、その中心が一貫して女性の労働権の保障に置かれ、教師としての成長における育児の意義は主張されていない。奥山は二月号と五月号の双方で賛成論と反対論の整理を行っているが、育児経験の教職における意味については言及していない〔奥山 1966a, 1966b〕。二度の特集の論文でも、岡田良子が「一定の経験をへた母性愛にめざめている婦人教師が職場を去ることは社会的に大きな損失」と述べている程度である〔岡田 1966〕。そのなかで、外部者である全電通本部の岡尾昌子の指摘は印象深い。岡尾は教師の育児休業について、婦人労働者の労働権の保障というだけでは世論が納得しない、育児休業の教育上の有効性を議論する必要があると言う。そして「男の先生では扱いにくいらしい子もど《ママ》の心理をたくみにつかみ、傷つきやすい子どもたちの心を真直ぐにほぐすことができる」ということを「経験の豊富な女の先生ならではの仕事」としている〔岡尾 1966〕。しかしこのような議論は教師自身によって展開されることはなかった。

「女教師問題」における議論の展開

小学校における女性教師の割合は一九七〇年に再び五〇％を超えた。この前後には急増する女性教師に関心が集まり、数々の女教師論や女教師研究が出版され、「女教師問題」という言葉が登場する。その様相は一九一〇年代の「女教員問題」を髣髴とさせる。実際にその初期、すなわち一九六〇年代後半には、一九一〇年代と同様に女性教師の長所短所や役割を論じる議論が多く行われている。ジャーナリストのむのたけじによれば、一九六七年から一九六八年にかけて発表された三二編の「婦人教師論」のうち六割が「長所短所」や「適不適」を論じていたという［むの 1968：16］。以下、一九六〇年代の女性教師の表象を一九一〇年代の議論と比較しつつ検討する。

雑誌『児童心理』の特集「女性教師と母親」（一九六七年）では、国分一太郎が女性教師の長所を、「人間の心」への働きかけにおける「細密さ」や「綿密さ」、「弱者」であるがゆえに「弱者」である子どもの心がわかるところ、夜遊びをしないところに見出している［国分 1967］。同じ特集で宮田丈夫と古島稔は、都内の十数名の校長にアンケートを行い、「きめこまやかな教育を進めている」「きめられれば根気強くおこなう」「一般的にまじめ」といった長所と、「男教師にたよる」「無気力のものが多い」「安直に妥協しやすい」といった短所を指摘している［宮田・古島 1967］。『教育委員会月報』に掲載された奥田真丈の論考は、既存のアンケートを参照しつつ、女性教師、男性教師、管理職による女性教師の見方を紹介している。女性教師は自らの長所を「細密性」「誠実性」「情緒性」といった特性に、短所を「局所的」「消極的」「感情的」であるといった特性に見出している。男性教師もほぼ同じ結果である。校長は長所として「責任感」を、短所として「依頼的」であり「創造性」が弱い点を挙げている［奥田 1970a］。奥田は領域ごとの短所長所の議論も取り上げている。日常的な教育活動については、女性教師は「ていねい、念が入っている」との声もあるが、「専門的知識が不足である」「教育内容、方法への意識が乏しい」「教科の本質をつかんでいない」といった「欠陥」を指摘されている。生徒指導については「子どものしつけがうまい」「子どもと親密である」「愛情、母性愛、共感」といった点が長所とされる半面で、「きびしさがない」「甘くみられる」「口やかましい」といった短所が指摘されているとされる［奥田 1970b］。

以上の論考が表現している女性教師像は、一九一〇年代の「女教員問題」の議論において構成された女性教師像をかなりの部分において継承しているが、違いもある。細かく気を配ることができるという点は、一九一〇年代にも一九六〇年代にも女性教師の特徴として挙げられている。しかし一九一〇年代に頻繁に語られていた子どもへの「愛情」「母性」ということは、一九六〇年代にはあまり言及されていない。上記の奥田の論考に「教職はむしろ女子固有の特色である母性愛をもつ女性の理想的な職業である」といった言葉が見られる程度である。しかも奥田でさえも、女性教師に女子教育や低学年教育を配分する性別役割分担は肯定していない。女性教師の専門性を高めることが重視され、女性教師に高学年を担任させ管理的な役割を与える必要性を提起している。

一九一〇年代に教職の女性化を推進していた言説の大多数が、女性教師の母性的な愛情における優越を根拠としていたことを鑑みるならば、女性教師の「愛情」「母性」が強調されなくなるという変化は大きい。その歴史的な意味を考えるうえで興味深いのは国分の論考である。彼は女性教師の増加を必然と捉えている。そして「小学校で教えるぐらいな力量」ならば「主婦」として家事育児をこなしながら身につけることが可能であるから、男性教師と女性教師の「役割の差」を考えないという。そのうえで国分は女性教師に次のような「自覚的意識」を求める。

> それはどういう自覚か？学校こそは「父性的な教育」をするところだということである……（中略）……労働者・勤労者である人間をはじめる《ママ》とする男たちは、この社会と歴史のなかで自己のしごとないし事業を継続しながら、つぎの時代のにない手・生産者であるところの自分たちの子ども・若い世代のために、「学校では何を教えるべき」かを、「人間の発達としての教育」「将来の生活の準備としての教育」「人類と民族の社会と文化の進歩に寄与するものとしての教育」の観点から、要求し決定づけていくのである。だから、かりに家庭教育を母性的なものとするなら、社会的歴史的に存在する学校は「父性的」なものである。［国分 1967：22-23］

国分は続けて、女性教師は「女性あるいは母性そのままの姿で、『母性的なきもち』で、学校に来てはならない」という。国分が女性教師の長所として「細密さ」や弱者性を挙げていたことを鑑みるならば、彼は女性の特性から「母性」をそぎ落として女性教師の特性としているといえる。女性教師における母性が強調されなくなったのは、女子教育でさえも、国分がいう「父性的なもの」としての教育、すなわち次世代の「生産者」の教育として位置づくようになったからではないか。

とはいえ一九六〇年代後半の「女教師問題」の議論においても、一九一〇年代の「女教員問題」の議論に比して少数ではあるが、女性教師における女性性を積極的に肯定し、教師の仕事に位置づけようとする議論が展開されている。興味深いのは、その女性性の肯定が、女性教師の役割の規定よりも教師の仕事の再定義へと向かっている事実である。一九一〇年代の議論が「母性」を前提として女性教師に特定の仕事を配分していたのに対して、一九六〇年代の議論は「母性」の導入を通して教育そのものを変えようとしている。

一九六七年五月から一九七四年三月まで刊行された月刊の教育雑誌『婦人教師』は、女性性の教育変革における可能性を模索する舞台の一つとなった。その創刊時のスタンスは、むのたけじによる巻頭論文「〈民族の母〉たるめざめ─おんなが教師であることの意味を問え」に示されている。むのによれば「おんな」が問われねばならないのは、一つには性差別が存在しているからである。彼は「おんな」ではなく「教師」を問題にすべきだとの主張について、「理解」はできるが「肯定」はできないと述べ、現状では「おんな」の立場を踏まえなければ不当な状況を打破することはできないという。むのが「おんな」にこだわるもう一つの理由は、その可能性を探るためである。

私が感じとったように、物ごとを生活実感の重さで鋭く受けとめることにおいて婦人のすぐれていることが職場に貫徹されているとすれば、それはうたがいもなく、教育の機能においてもプラスの要素となる。それは教育内容の動向について嘆かれる枯渇を救う泉となるだけではあるまい。この民族をえぐっている痛みを一人のおんなとして、妻として、母として受け止める誠実さは、必ず教壇上の彼女を一人の〈民族の母〉たる目ざめと展望へみちびくにちがいない。[むの 1967：11]

むのは女性教師の男性教師に対する優越を「すべて物ごとを生活実感の重さで鋭く受け止める」という

点に見出し、そこに教育の変革を託そうとしている。同じ創刊号に掲載された桐山京子の論考も、むのと問題意識を共有しつつ、女性教師に「母親としてわが子を育てること」と「教師として子ども集団を育てること」との統一的把握を期待している。その具体的な内容は、「子どもを賢くじょうぶに育てたい」「一人前に生きていける人間になってほしい」といった「あたりまえの父親や母親の願い」を土台に教育を創造すること、「義理や人情にゆがめられない、非科学的な歴史観にねじまげられない母親の心の底の願い」や「貧しくて学校へもきたことのない母親の願い」に立って「ほんとの民主的民族的な教育を行う」こととして表現されている［桐山 1967］。三号に掲載された丸木政臣の論考もまた、母親であることと教師であることの重ね合わせに教師のあり方の変革を期待している。彼は「〝ひとの子の母親〟としての教師」の必要性を、教室の子どもにその親の立場で接することによって「教育対象のひとりだとわりきって考えられなくなる」という点に求めていた［丸木 1967］。

しかしながら、女性教師の女性性、とりわけ母性に可能性を模索する『婦人教師』の試みは、早々に壁にぶつかることとなる。その様相は七号の特集「母性と教育実践」に垣間見ることができる。その議論では女性教師の「母性」について、肯定する意見と否定する意見とが混在している。

出産育児と仕事の両立を問題にするときには、「母性」はマイナスのものとして捉えられがちである。橋本宏子は端的に、子どもを産むと仕事を続けていくのが苦しくなると述べる［丸木 1967］。中島茂子は「さすがはおかあさん先生だ、と言われるような実践をしてみせてよ」という同僚の言葉について「時代錯誤」との感覚を表明している。彼女にとって「母性愛」は、女性を家庭に帰し、パートタイマーにし、都合のいい労働力にするために使用される言葉だった［中島 1967］。

それに対して「母性」を肯定する議論もある。ただしそれは必ずしも母親としての子育て経験をそのまま教育に生かすことを意味しない。田中寿美子は、教育という人間形成の仕事には男性の要素と女性の要素の双方が必要だとの理由から、母性はプラスだとする。そのうえで、女性教師が「教師としての訓練と教養を十分身につけている」ならば、「母親のもつ本能的な愛情ではなくて理性によって整理された愛情」をもって、子どもの精神状態や生理状態について細かく配慮することが可能になると述べ、母親の愛情と教師の愛情を差異化している［田中 1967］。伊勢信子も「母性」はプラスだとしているが、やはり母親のあり方と教師のあり方を重ね合わせているわけではない。彼女のいう「母性」は、子どもを差別しない、子どもたちの「味方」である、子どもの可能性を伸ばすといったかたちで理想化されている［伊勢 1967］。座談会「母性と仕事」においても、「母たる性質が教育というとりわけ専門性を必要とする仕事の中でどんなふうにプラスマイナスあわせもって存在するか」との問いに対し、司会の丸木が最後に議論をまとめて「肉親愛的な母性愛をなまに持ち込んだ仕事のしぶり」はだめである、「母性愛的なものを女性がもっと高い人間尊重というようなものに昇華させなければならない」と結論づけている［婦人教師 1967］。

着目すべきは、母性の意義を語ることに対する女性教師の躊躇である。座談会において駒野陽子は、「母性」はプラスでなければならないが、それは「母親教師」自らが言うことではないとする。彼女は自らの子どもが生まれたことで、「子どもの一人一人が自分を通してではなく、他の一人の人間としてかけがえのないものだという実感」が明確化したという。しかし実際の子育ては、思うように仕事ができないという「現象的生活的なマイナス」をもたらす。「母性が教育にプラス」と自ら主張することを、彼女は、やるべきことができないがゆえのコンプレックスの裏返しだと感じていた。奥田もまた、「母性」の強さやあたたかさは「人間を抱擁していく」上で大事だと述べつつも、子育てで勉強できず「主観的」になってしまうことのマイナスに言及する。彼女たちはすでに、一九五〇年代の女性教師のようには、女性性に依拠した教育を肯定的に語ることができなくなっている。

『婦人教師』は一九七三年に廃刊となった。その展開をたどるなら、「おんなが教師であることの意味」を問う企図は挫折したといっていい。創刊の一九六七年には「教育者としての婦人」「教師として、妻として、母として」「母性と教育実践」といった女性教師へと問いを向ける特集テーマが立てられているが、一九六八年になると「年代別婦人教師の生活と意見」「独身婦人教師の手記」「婦人教師解放宣言」など、女性教師の主張をとりあげる特集が増えていく。さらに同年末からは「新学習指導要領をどうとらえるか」「現代の子ども観とその指導」「学習意欲を高める授業の方法」といったように、一般的な教育問題が特集の大部分を占めるようになる。その軌跡について編集者の桜井芳子は、最初は婦人教師をめぐる「さまざまの問題」を追い続けたが、結果的に「モーレツ教師像」を押しつける啓蒙的な内容となってしまったことを「おかしい」と感じ、「大局的な立場でいまの教育をとらえ直」すような編集方針に転換したと述べている［永畑 1977］。

一九六八年の論考「婦人教師の今日的課題」において、むのは教育における「〈母性〉」の模索の可能性を「わが子を愛するようにクラスじゅうの子を愛し、わがクラスの子を愛するように学校じゅうの子を、日本じゅうの子を愛し、日本の子を愛するように世界じゅうの子のしあわせを考えることは十分に貴重である」と表現している［むの 1968：21］。『婦人教師』の挑戦は、このような「わが子」の「しあわせ」という観点から教育を再編する可能性を内包しつつ挫折したといえよう。

女性教師の脱性別化

一九七〇年代の「女教師問題」の議論は、女性教師に対するバッシングとしての側面が色濃い。その最も戯画化された例は『女教師亡国論』（一九七二年）である。「杉田綾子」と名乗る匿名の著者グループは、体罰や暴力や職務放棄のショッキングな事例をあげつつ教育の荒廃を憂えてみせている。内容は通俗的な教師批判であり、とりたてて教師の性別とは関係のない事例が大半である。にもかかわらず著者は、女性教師は「職業意識が薄い」というステレオタイプに基づいて、教育の荒廃の要因を女性教師の増加に求めている［杉田 1972］。

この時期の議論の特徴は、女性教師を批判する場合も、批判に抗して女性教師を擁護する場合も、「女教師ハズレ論」すなわち母親たちが担任に男性教師を望むという認識に基づいている点にある。小学校教師の新居信正による『また女の先生か』（一九七六年）は、そのような母親の希望を正当なものとして捉え、四〇代女性教師の「プロ意識」のなさを批判している［新居 1976］。中学校教師の駒野による『女教師だけを責めないで！』（一九七六年）も「やっぱり女の先生はイヤ」という母親の声を議論の出発点としている。彼女は女性教師に対する母親たちの不満を詳細に取り上げ、教師の定員不足、女性が働きにくい社会の仕組み、父親不在の家庭、受験や地域環境の悪化といった社会のひずみの現れを指摘する［新居 1976］。ジャーナリストの永畑道子が母親の立場から女性教師問題を論じた『お母さんと女教師』（一九七七年）も、母親たちによる女性教師批判を議論の糸口として、女性教師問題は「日本の男と女のかかわり、今の苛酷な受験体制、この二つに深い根をおろす問題である」と述べている［永畑 1977］。

論者たちは、女性教師に対する母親の否定的なまなざしの原因を、感情的である、職業意識が薄いといったステレオタイプ化された女性教師の欠点に求め、それ以上に出産や育児による休業に求めた。村松喬は、自殺に追い込まれた産休中の女性教師の事例と、「規定いっぱい産休をとるような女教師にはうちの子どもは任せられない」という母親の声を紹介している［村松 1975］。深山正光は、「婦人教師」に対する批判が「婦人教師はやはりボロ」という印象を付与していると指摘しつつ、その批判は、女性教師の能力を本質的に低いとするものではなく、「母性保護」「定員増」「勤務内容の合理化」といった全教職員に関わる勤務条件の改善によって解決されるという［深山 1976］。ここに現れているのは、女性教師が批判される要因をその出産育児や家庭責任に求め、労働条件さえ整えば女性教師も男性教師と同等の十全たる教師でありえるという脱性別化の論理である。駒野は女性教師の労働条件の改善を訴える一方で、女性教師の立場から「私たちも、『女だから』と言われやしないかという被害者意識から抜け出そうとしています。これだけ女教師が多くなれば、『女だから』ではなく、『個人として、教師として』の自己主張なしにはやっていかれないからです」と述べ、「女」として見られることを拒絶している［駒野 1976］。

一九七〇年代には女性教師を教師として論じること、すなわち女性教師の脱性別化が主流となる。女性教師の歴史を描いた『女教師の生き方』（一九七四年）では、戦後の女性教師の課題が「女教師タイプ」からの脱皮に求められている。克服されるべき「女教師タイプ」とは、消極的で堅苦しく管理された女性教師のあり方である。それに対する女性教師への対応は三種類あるとされる。一つめは「『女であること』に自己を埋没させ、いわゆる『女らしく』という生き方に安住していく」という方途、二つめは「自己の主体性を『生かさぬよう、殺さぬよう』に自己規制していく」という方途、三つめは「『女であること』を考えずに、『当り前の一人の教師』として、自分の考えたところを実行していく」という方途である［中内・川合 1974：135–173]。口調から明らかなように、ここで望ましいと考えられているのは、三つめの「一人の教師」というあり方である。女性性の発揮は期待されず、母性的な愛情やこまやかさといった特性も積極的に評価されるべきものとはなっていない。

一九七五年に成立した育児休業法、すなわち「義務教育諸学校等の女子教育職員及び医療施設、社会福祉施設等の看護婦、保母等の育児休業に関する法律」によって、女性教師の労働条件の問題は一定の解決をみる。この「女子教育職員」「看護婦」「保母」に産後一年間の育児休業の取得を保障する法律は、日本で初めて成立した育児休業法だった。横山文野はその成立の背景について、教育や医療の専門職につく女性が育児をするために中途退職すること、あるいは育児をしながら仕事に従事することが国家にとってマイナスであると判断されたと指摘している［横山 2002］。育児休業法成立は仕事と家庭の両立の問題の緩和にある程度寄与したといっていい。翌一九七六年には、「女教師は他の婦人労働者にくらべて権利に恵まれている」という女性教師自身の言葉も見られる［和田 1976］。ただし不十分さもまた指摘されている。駒野によれば、休業中の賃金保障がほとんどないため、経済的必要に迫られた人は取得できない。一方ではこの制度によって、かえって「女の先生は育児があるから一人前に働けないのがあたりまえ」という偏見が助長される、他方では育児休業制度があるのだからと、保育所の入園を後回しにされ、せっかく保育園に入っていた上の子も下の子の出産のときには家に帰される。育児休業法はいわば「絵に描いた餅」で、育児中の女性教師の実際の生活は「地獄の様相」であり、さらなる社会的条件の改善が必要だと述べている［駒野 1976］。

着目したいのは、脱性別化が進んだ一九七〇年代後半にも、女性教師の育児経験の教育上の意義が語られていることである。むしろ以前は育児と仕事との両立の困難を訴える声が目立っていたが、育児休業法の成立によって改めて育児経験の意味が積極的に語られるようになっている。一九七五年に出版された『婦人教師のしごと』は、育児の経験は教師としての成長をもたらすと明言している。編著者の杉山らは「婦人教師は、やはり結婚して妻となり母となってこそ、人生の意義もわかり、担任する子どものいとしさも責任感も、真実生まれてくるのではないかと思います。またここから、仕事への熱意や創意も、湧き出るのだと信じます」と述べている。そして産休が明けて復帰した際に「やっと一人前の先生になれた」と思ったというK教諭のエピソードを載せている〔杉山・杉山 1975：188–193〕。暉峻淑子「女教師の権利と義務」（一九八〇年）は、女性教師に対する差別の解消を主題としながらも、女性教師の妊娠出産に積極的な意義を見出し、「もし女教師が母親になったら、私は、その人は人間的に（ということは教師として）まちがいなく進歩すると思います。女というものは、その母性によって、やはり質的に変わる（母性を経験しない人は成長しないということではありません）ものと思います」と述べている〔暉峻 1980〕。ここでは母になることに、人間と人間の間の一体感、人間の生命の尊厳、成長などを学ぶといった重要な意義が見出されている。一九八八年出版の『女性教師　その眼とこころ』でも、「お母さん先生」の存在が称揚されている。筆者の鶴丸らによれば、依然として「子育て中の母親教師にのしかかる仕事と生活の負担は、岩のように重い」。しかしその「お母さん先生」たちが頑張って学校を支えている。彼女たちは「威圧的・管理的」な男性教師のやり方ではなく、粘り強く子どもとかかわる。それは「弱いからこそ、子どもの気持ちもわかるし、その心にひびく教育ができる」という女性教師のもち味を生かした教育である。また、出世やメンツを気にせず、協力を仰ぐのも女性のもち味とされる。ここでは「管理主義による教育の砂漠化」が問題となった時代に、そのような学校文化を批判する文脈において、女性教師の育児の経験、女性性に依拠した教育の姿が改めて評価されている［鶴丸他 1988：217–232］。

女性教師を女性として論じることを否定する脱性別化の流れの中で、それでも女性教師の育児経験の意義が語られ「お母さん先生」の存在が評価される。この事実は、おそらく女性教師たちの生活実感のようなもの、自らの子どもを育てる経験が教師としてのあり方を変えたという感覚や、教育としての仕事の支えになっているといった感覚の存在を示唆しているのだろう。しかし育児休業法成立後の「お母さん先生」の称揚は何をもたらしたのだろうか。一方では脱性別化された「教師」としての意識や実力が問われ、もう一方では、出産や育児の経験が教師としての成長をもたらすものとして「母性」が評価される。育児休業法が成立して女性教師の労働条件は改善されたものの、女性教師は二重の期待を背負い、より引き裂かれた存在となったようにもみえる。

4 教職の女性化と脱性別化

本章では、女性教師についての言説と女性教師の言葉の歴史的な検討を行い、小学校の教職の女性化と脱性別化の歴史的な過程を描いてきた。

まず日本における教職の女性化の特徴を確認する。女性教師の雇用は欧米諸国、とりわけアメリカの初等教育を模倣するかたちで推進された。経済的な理由から女性教師の積極的な雇用を主張する議論は日米両国に共通している。またマレーや森有礼が主張した女性化推進の根拠、すなわち家庭の母役割に依拠しつつ女性に教師としての優越性を付与する論理は、男性が賃労働に従事し女性が家事育児を担う家父長制の家族の実体化とともに定着し、女性教師の比率の拡大を正当化する論理として機能している。興味深いのは、にもかかわらず、アメリカと日本の初等教育の女性化が異なる道筋をたどった事実である。佐久間亜紀によれば、アメリカでは一九〇五年の時点で初等教師の九七・九%を女性が占めるにいたる［佐久間 2002］。それに対して日本の小学校における女性教師の比率は、学制以来最も高い水準にある現在でも六割程度である。アメリカの初等教育がほぼ全面的な女性化を経験したとするならば、日本の場合は抑制された女性化に留まっている。

抑制された女性化であることは、日本の小学校におけるジェンダーの編成と深く関わっている。第一に、学級や教科を男女教師に割り振る性別役割分担が組織されている。一九一〇年代の「女教員問題」の議論は、女性教師を低学年、女子、家事や裁縫の担当者として位置づけ、高学年の男子の担任から排除していた。第二に、家庭における女性の役割の参照は、子どもの身体を世話する、子どもを愛するといった子どもの養育を教師の仕事として浮上させた。ただし女性教師の学力不足を批判する言説と、母である女性に教師としての優位性を付与する言説は、並存している。アメリカにおける教職の女性化が「知性」から「母性」へという変化をもたらしたのに対し［佐久間 2002］、日本の女性教師には「知性」と「母性」の双方が求められている。第三の特徴は、女性教師に期待された子どもへの「母性」の空虚さにある。裁縫や家事の教育、学校の雑用の遂行、子どもの身体の世話等の活動が要請される半面で、「母性」の教育的な意義に関する具体的な検討はほとんど行われていない。この点は「母性」による教育に宗教的道徳的な優越性が見出されたアメリカとは異なる［Sugg 1978］。日本の議論では、全面的な女性化が可能なほどの優越性が「母性」に付与されることはなかった。

次に一九六〇年代から一九七〇年代に生起した脱性別化の過程を確認しよう。一九五〇年代の女性教師は、一九一〇年代に形成された女性教師のジェンダー、家庭を参照した性別役割分担を引き継ぎ、自らの女性性を肯定的に語りつつ、低学年を担当する、子どもを愛するといった役割を積極的に担おうとしていた。それに対してその後の女性教師をめぐる議論では、女性性の称揚が抑制され、さらには否定されるようになる。その特徴は一九一〇年代の「女教員問題」と一九七〇年前後の「女教師問題」の論じられ方の違いに明白に現れている。男女の教師を比較する議論の形式は双方で共通しているが、一九六〇年代には「母性」があまり語られなくなる。さらに一九七〇年代になると、「婦人教師」を語ること、すなわち女性であることをことさらに問題化することへの躊躇が表明されるようになる。女性教師バッシングへの対応において主流となったのは、労働条件が改善されれば女性教師が忌避されることはなくなるだろう、女性も男性と同等に十全たる教師として働くことができるだろうという論理だった。

一九六〇年代後半から七〇年代前半における女性教師の脱性別化の過程は以下の三点で特徴づけられる。第一に、女性教師に関する議論は、日教組を中心に、主として労働権や生活権の問題として論じられた。女性教師の抱える問題として、一九五〇年代から六〇年代には退職勧奨が、六〇年代から七〇年代には家庭責任が焦点化され、その解決を求める際の根拠は女性教師の必要性よりも教師一般の労働条件の保障に求められた。第二に、一九七〇年代の女性教師バッシングに対して、女性教師の男性教師への同一化が志向された。十全たる「教師」として女性教師を擁護する議論は、男性教師に優越性を認める女性教師バッシングと同じ土俵で展開されることによって、結果的に女性教師の男性化としての脱性別化をもたらしている。すなわち労働条件が整えば女性教師も男性教師と同等に働けるとの議論は、男性教師を教師の標準としつつ女性教師をそこに取り込んでいく脱性別化のあり方を表現している。第二に、女性教師の女性性、とりわけ母性を積極的に導入することによって、競争的な様相を帯びていた教育を改革する論理が模索された。そのような議論の展開の可能性は、一九六〇年代後半の『婦人教師』の創刊当初の議論に見出すことができる。しかし同誌の企図はわずか一、二年のうちに、特集テーマの拡散に伴って失われていた。

脱性別化は女性教師や学校教育に何をもたらしたのだろうか。一九六〇年代までの女性教師を女性として有徴化する語りは、それ自体、女性教師への差別や偏見を助長し性別役割分担を構成するものである。しかしその語りは同時に、女性教師と男性教師を差異化することによって、性差別や性別役割分担を可視化する語りでもあった。男女教師の性別役割分担が積極的に主張されなくなったことは、必ずしもそれがなくなったことを意味しない。低学年担任の八割から九割を女性が占める状況は、現在も、問題化する言葉を失ったまま続いている。そして低学年教育において女性が担ってきた仕事や役割の意義、たとえば「母性」や「愛情」という言葉で表現された子どもへの関わりの意義も、語られる言葉を失ったままとなっている。

注

1　唐沢富太郎『教師の歴史』と石戸谷哲夫『日本教員史研究』は、教師の歴史において女性の増加をトピックとしてとりあげ、その状況の記述と背景の考察を行った［唐沢 1955, 石戸谷 1967］。その後木戸若雄『婦人教師の百年』を嚆矢として、女性教師を焦点化した研究が推進される〔木戸 1968〕。深谷昌志・深谷和子『女教師問題の研究』は、女性教師の歴史を、その「苦労」と「問題」に着目して記述した〔深谷・深谷 1971〕。中内敏夫・川合章編『日本の教師4　女教師の生き方』は、女性教師の差別の実態を解明すること、女性教師を正当に位置づけ「政策」と「運動」を中心とする教育史叙述を乗り越えることを企図している〔中内・川合 1974〕。近年は齋藤慶子『「女教員」と「母性」』や河上婦志子『二十世紀の女性教師』といった女性教師にかんする言説の歴史を検討する研究が行われている〔齋藤 2014, 河上 2015〕。

おわりに　フェミニズム教育学に向けて

一〇年の研究を振り返って

私たちが一〇年間にわたる一連の研究で取り組んできたのは、女性化と脱性別化を通してジェンダー化されてきた教職、その内部に構造的に抱え込んできたジェンダーの問題を明るみに出し、その構造の中で埋もれてしまった女性的な価値を再評価する試みだった。

教師とジェンダーの問題を扱う研究として、私たちがまず女性校長に目を向けたのは、「女性が管理職になる」ということがジェンダーの問題が比較的顕在化しやすいフィールドであったことから、自然な流れだった。女性管理職のキャリア形成に関する研究（4章）で、昇進やキャリアをめぐる女性校長たちの経験に焦点を当て、周囲を取り巻く状況の中で偶然的に形成されてきた見通しの不明確なキャリア形成のありようと、その状況を規定していた昇進の構造、家庭責任との関係を描いてきた。この研究を通して私たちは、彼女たちの複雑な経験を形作っている場の構造をもっと丁寧に描き出す必要性と、女性教師一人ひとりの多様な声に耳を傾けていくことの重要さを一層強く感じることになった。

小学校の「学年配置」の検討（1章）から、男性教師・女性教師の低学年教育の経験の検討（2、3章）へと至る過程で、私たちは自分たちが相手にしているのが思いのほか複雑な問題であることに気づいていった。ジェンダーとは無関係な論理で動いていると了解されている学年配置という装置は、女性教師と男性教師のキャリアを多様なかたちでジェンダー化する機能を果たしていた。この装置は高学年と低学年の間に非対称な関係を生み出し、またその非対称な関係を前提として動いていた。学年配置の問題を扱った私たちは、いつの間にか教師たちのキャリアをめぐるジェンダーの問題だけでなく、低学年のシャドウ・ワーク化の問題を経由して、そこで展開される実践の内容の問題にも踏み込んでいたのだった。

高学年と低学年の仕事の「責任」の違いを理由として、低学年をシャドウ・ワークとしてしまう語りが学校の中に確かにあることが明らかになった。私たちは、それを不当であると感じると同時に、その語りの中で聴こえなくなってしまっている「もうひとつの声」があることを直感していた。低学年をもつ男性教師の声の中から、そしてたくさんの女性教師の声の中からそれを拾い出そうというのが、2章、3章での私たちの取り組みだったといってよい。しかしその声を拾い出すのは困難な作業だった。同じ構造の中で、ともすれば私たち自身も大きな語りの中に飲み込まれているからだった。

低学年担任の女性教師たちの声を丁寧に聴いてみると、大きな語りの中で何が忘れられてきたかが浮かび上がってくる。それは学校教育の責任を何と捉えるか、実践の価値をどのように評価するかという問題でもある。低学年の実践を語る教師たちの声は、学校の責任や価値を語る大きな語りの中で、ケアが十分に語られてこなかったことを提起する。

フェミニズムの教育学――私たちのアイデアを形作ってきたもの

私たちが目指してきたのは、教育現場の言葉に根ざしたフェミニズムの研究を立ち上げることであったといっていい。ここで描いてきた小学校教育における高学年と低学年の分断は、これまでフェミニズムが指摘してきた公的領域と私的領域の二元論、女性とケアの従属が教育の現場においてどのように生成され続けるかを示すものだった。そして私たちは声の研究において、もっとも聞こえづらかった女性教師の声を起点としながら、この二元論を解体したその先にあるものを探ってきた。これは日本の教育とジェンダーの研究に対するチャレンジであると私たちは感じている。

教育とジェンダーの研究において、公私二元論の存在の指摘と批判についての蓄積は一定程度なされてきた。しかしその二元論を超えた先にどんなヴィジョンが描けるかについては、いまだ五里霧中のままだった。私たちはその足場を、ケアの倫理の研究に見出していった。なかでもケアの倫理からフェミニズムの政治学を構想していく岡野八代さんの研究は、私たちが女性教師たちの声の中から見出そうとしている新しい教育学の大きなヒントとなり、勇気を与えてくれるものだった。私たちの中で本書を構成する論の全体像がようやく見えてきたころ、日本教育学会のラウンドテーブルにおいて、岡野さんに私たちの研究に対するコメントをいただく機会を得た。

そもそも私たちがケアの倫理に着目し、フェミニズムの視座から教育を捉えなおす着想を得たのは、東京大学大学院教育学研究科（当時）の佐藤学先生のゼミだった。私たちはみな、佐藤先生のゼミでともに学んだ仲間であり、そこでグルメットの『苦い乳』をもとに公私二元論の支配する学校と、そこにおける女性教師の引き裂かれたジェンダーについて考え、マーティンやノディングズのリベラリズム教育批判や、ケアを学校とカリキュラムの中心へと位置づける異なる教育学の可能性を知った。私たちがこうした共同研究をはじめるきっかけとなったのも、佐藤先生の「教師文化研究」という課題研究ゼミでのジェンダーをテーマとしたグループ調査であった。マーティンは女性であるがゆえに政治学から疎外された自らの大学での経験を記した際に、ヴァージニア・ウルフの『三ギニー』やシャーロット・ギルマンの『女性と経済』がリーディングリストに入っていればそのような疎外は起きなかっただろうと述べている。私たちは、私たちのリーディングリストにマーティンやノディングズやグルメットが含まれていたことに感謝している。

描きそこなった声

私たちの研究は、研究協力者の先生方の教職の経験についての語りなしには成立しなかった。この場を借りて、改めて心より感謝を申し上げたい。

ライフストーリーに寄り添いながら女性教師と男性教師の生の経験を描き出し、そこから教職の構造に孕まれたジェンダー問題を問い直そうとする私たちの方法は、多数の経験の語りに基づく力強さを手に入れてきた。異なる声を聴くたびに、小学校の教職の構造的なジェンダー問題のありかが浮かび上がり、もっとも聴こえにくい声の語っているものに光を当てることが可能になった。まずはそこを照らすこと、そのことがこの研究を続ける大きな目標となっていった。

しかし、研究の過程で私たちが何度も迷い、さらに今も私たちの大きな心残りでありつづけるのは、それ以外の語りを本当に声として十分に聞けただろうか、ということだ。例えば男性教師たち、それも高学年を繰り返した教師の教職生活や実践を、私たちは大きな語りの一部としてさらりと扱うことしかできていない。そこで語られた実践の価値の提示を犠牲にしながら、彼らの人生の一部を切り取って分析せざるをえなかったことを、豊かに教職生活を語ってくださった先生方に対して、申し訳なく感じている。

新たな教育学に向けて

岡野さんは『フェミニズムの政治学』を、次のような問いから書きはじめている。

フェミニズム理論から新しい社会を構想することは、可能だろうか。既存の理論に対する批判的視点を提供するだけでなく、フェミニズム理論は、女性の経験から紡ぎ出された思想から、あらゆる人びとの生の可能性が広がるような社会を描き出すことができるだろうか。〔岡野 2012: 1〕

私たち教育研究者の問いは次のようになるだろう。フェミニズム理論から新しい教育を構想することは可能だろうか。女性の経験から紡ぎ出された思想から、あらゆる子どもと教師の可能性が広がるような学校教育を描き出すことができるだろうか。本書はその試みの出発点である。

特別寄稿　教育学と政治学との出会い
――平等規範のなかでのジェンダー概念の重要性

岡野　八代

1　政治学からの応答

政治思想史を専門とするわたしと、本書で展開される10年にも及ぶ研究とを出会わせてくれたのは、本書の鍵概念ともなっている「ケアの倫理」であり、本書の共著者たちが研究の出発点としても捉えている、キャロル・ギリガンの主著『もうひとつの声』である。あえて、「出会い」と表現するのは、わたしの専門とする政治（学）の世界と、彼女たちが本書で分析対象とする小学校教師たちの経験世界とは、ある意味でとても対照的な世界だからだ。

しかしながら、本研究との出会いのなかで、わたしが最も驚かされ、かつどこか既視感を覚えたのは、政治（学）の世界とは正反対といってよいほど――性差や年齢差に始まり、能力や家族的な背景が異なり、そしてなによりも、子どもと成人が密接に接する——多様性に開かれている小学校という場において、脱性別化という形で、むしろジェンダー視点を忌避しようとする傾向があり、現在でもなお、ジェンダー視点の導入が困難だということである。著者たちによれば、「性別にこだわる私たちの方が性差別を助長しているかのように感じさせられることもあった」という（11頁）。

本書では、このような素朴に過ぎるものの、それでもなお教育現場の真実の一側面を突いていると思われる意見について、過度に女性化されていく小学校教職の歴史を遡りつつ、性別特性論の克服とともに、女性である前に一人の教師としての職業意識が強化されていく様を描くことによって（5章）、あるいは、男性教師と女性教師のライフヒストリーから、従来の低学年／高学年に求められる教師像とは異なる声を聞きとることによって（2章・3章）、理論的に丁寧に答える試みがなされている。

ここに、〈男性の、男性による、男性のための政治（学）〉といってよい歴史を「誇る」政治学と、女性教師が多数を占める小学校の教職現場の〈隠されたジェンダー差別〉を明らかにしようとする本書との、当初わたしが思いもよらなかった接点が存在する。〈男性の、男性による、男性のための政治学〉において、フェミニズム理論が政治学へと浸透するまでは——日本ではまだまだ浸透していないことは、注記しておきたい——、ひと、人民、市民、国民などとさまざまな呼び方はあるだろうが、実際にはまさに男性が脱性化され論じられ続けたことに、一切の疑義がはさまれてこなかった。もちろん、たとえばフランス革命期の人権宣言を、「男性と男性市民の権利宣言」であると見破ったオーランプ・ドゥ・グージュなどの例外はあれ、彼女たちのその晴眼は、むしろ異常なものとして、長きに渡り無視されるか、そうでなければ嘲笑の的だったのだ。

5章において、女性教師たちの労働条件の改善運動のなかで、女性特性論と一般的な教師論とが分岐していく歴史に触れられるが、こうした議論はまさに、フェミニズム理論がその端緒より、そして今もなお悩まされ続ける、差異「か」平等かをめぐる議論の一変種と捉えることが可能だ。政治の領域においては、男性が圧倒的多数を占めるために、それまで女性の特性――感情的、母親役割への期待、心身の細やかさなど――が否定的に捉えられ、政治から女性が排除される理由であったことを克服するために、女性性を否定する平等論が優位であったのに対して、二〇世紀より女性教師が急激に増加し、ついに六割以上を占めるようになる小学校では、女性性の称揚と否定は、半ば拮抗する形で登場する。しかしながら、本書の魅力は、こうした差異「か」平等かといったこれまで多くの女性たち、そして女性研究者たちを引き裂いてきた二元論をいかに克服するかといった葛藤のなかから掴み取った一つの方法論にあるといえよう。「異なる声」にじっと耳を傾ける――たとえば、2章・3章のライフヒストリー・インタビュー――ことで、まず前景に立ち現れてくるのは、個々の教師が位置づけられた学校社会や家族の状況であり、そのなかでこそ、かれら/彼女たちの個別の事象が輪郭づけられることが明らかになる。そしてなによりも、彼女たち/かれらが自らの実践のなかで紡いでいく、新しい生徒との出会いや教育実践、そしてそうした経験を自ら再解釈していくといったプロセスが、まさにケアの倫理を重視する読解として提示されている。

本書における教育学という視座が、いかに一般社会に通じる視座――フェミニズムの視座/「社会変革の」視座（ex. 142）――を提供しているのかをより明確にするためにも、以下において、わたしがケアの倫理を通じて学んだ、ジェンダー概念理解とフェミニズム理論における平等論を短くではあるが概観する。そしてその後、本書においても依拠されているルディクの『母的思考』を中心に、母的実践から生まれた思考が社会科学全体に与えうる可能性に触れて、より多くの読者に本書の意義を伝える試みとしたい。

2 ジェンダー概念とは

現代思想の文脈のなかでジェンダー論の深化と拡散について考えるには、やはりJ・バトラーの『ジェンダー・トラブル』(1989)の公刊が与えたインパクトを抜きにしてはあり得ないだろう。本書における研究が最初に出会った困難である、女性が発する声を「女性らしさ」として捉えることに対する反発は、直接的であれ間接的であれ、バトラーによる有名な以下の言明と呼応しているといえる。すなわちバトラーは、〈自然のセックス/文化的・社会的に構築されたジェンダー〉という六〇年代以降共有されていたジェンダー理解を脱構築したのであった。

セックスの内的安定性やその二元的な枠組みを打ち立てるのにもっとも効果的な方法が、じつは、二元体――自然体/セックス〔引用者補〕――を言説以前の領域に追いやることだということである。セックスを前‐言説的なものとして生産することは、ジェンダーと呼ばれる文化構築された装置がおこなう結果なのだと理解すべきである〔Butler 1990 : 7/29〕。

バトラーによって提示された「セックスは、つねにすでにジェンダーなのだ」という見事な分析は、差異として認識されるなにものかの背後に、その差異を支える基盤となる実体を想定してしまうことが孕む本質主義の危険性に警鐘を鳴らした。本書の文脈でいえば、女性教員／男性教員が発する言明を、いかに社会的に構成されたジェンダー的な差異として捉えようとも——ここまでは、まさに一般的なジェンダー分析として当然なされるべき分析であるが——、それを男女の「差異」として位置づけてしまうことは、むしろ研究者自身が、そうした異なる声の背後にやはり、相変わらず女性「性」や男性「性」といった所与の実体を当然視しているのではないか、という疑念を呼び起こすことになる。

しかし、他方で、トリル・モイが批判するように、九〇年代以降、バトラーの影響を強く受けたフェミニストたちの〈セックス／ジェンダー〉理解は、あたかも〈自然／文化〉〈身体／精神〉といった対義語の対のように考えられ、かえって「女性を彼女の性差にのみ還元してしまう。こうした還元主義は、フェミニズムが意味すべきいかなるものとも相容れない。［…］性還元主義のあらゆる形態は、女性は具体的で、身体を伴う（ある特定の年齢、国民性、人種、階級に属し、まったくユニークな経験を積んだ）人間存在であることを暗に否定する」［Moi 1999：35］。モイによれば、この狭いジェンダー理解は、歴史的文脈のなかで身体をもって生きる女性たちの多様な経験を論じられないばかりか、ジェンダーと対比されたセックス概念の強い含意——前歴史的、前言説的、前社会的、固定的、身体、自然など——をむしろ構築してしまい、女性の差異に関する議論を、その差異が構築されたものか、女性固有の本質か、といった議論へと縮減してしまう傾向も生んだ。すなわち、ある集団に属する人びとを「女性」とカテゴライズしたり、セックスを自然——自然こそ、変化し捉えどころがない存在だというのに——だと考えたりすることが、本質主義として批判される傾向を生んでしまった。

そもそも、「生物学／解剖学は運命である biology/anatomy is destiny」といった社会的信念に対する挑戦として生まれた「ジェンダー」概念は、「女性の身体は、不可避的に、文化的心理学的に特定の規範を生み、それらを正当化する」生物学的決定論に反対してきたのであって［ibid.：37］、ある具体的な身体性の異なりをわたしたちが生きていること、その「異なり」が生物学的なものであれ社会的に構築されたものであれ、その事実を否定するものではなかった。しかしながら、生物学的決定論を批判するあまり、女性が（男性とは）「異なっている」という言説に対して、生物学的決定論、あるいは本質主義という批判が80年代後半、そして『ジェンダー・トラブル』公刊以後、ポスト構造主義の強い影響のなかで広がっていく。

モイは、シモーヌ・ド・ボーヴォワールや、ゲイル・ルービンに立ち返りながら［Rubin 1997（=1975）][1]、フェミニズムにとってなにが問題なのかを再度確認する必要性があると主張する。

> わたしたちは、社会的カテゴリーとして人種も階級もない社会を想像することはとてもうまくできるかもしれない。しかし、人間の子どもが無力な（helpless）小さな生物であると認めることをやめた社会を想像することは不可能である。そこで、ボーヴォワールの分析からすれば、わたしたちの生命（biology）が、子育てを念頭に人間社会を組織化するよう強いるけれども、子育てをいかにするのかについて、いかなる特定の仕方も強要しはしない、ということになるのだ［ibid.：79. 強調は原文］。

差異から関係性へ

ボーヴォワールやルービンに立ち返るモイは、「生物学的決定論に対抗する最善の防御とは、生物学が社会規範の基礎となったり、正当化したりすることを否定することである」と主張し、性差が社会的構築物であるか、自然であるのか、あるいは性差のない社会を目指すべきか、性差を称揚する社会であるべきか、といった論争は、むしろフェミニストたちがなにと闘ってきたのかを見えにくくした、と考える［ibid.: 113］。ここでは、こうしたモイの議論を、先のバトラーの指摘を想起しつつ『もうひとつの声』に対する批判をめぐって援用してみよう。『もうひとつの声』に対する本質主義的であるとの批判は、日本においても繰り返し登場する議論である［ex. 山根 2005］。

ハインツのディレンマをめぐる女児と男児の回答の違いについて、たしかにギリガンはある傾向性として、女性は道徳問題に関して関係性を重視し、男性は独立した自己利益を対立するものとして比較するという傾向にあることを指摘し、それらをケアの倫理と正義の倫理と呼んだ。だが、ギリガンは同時に、（それまで見向きもされなかった）女児の言語行為が伝統的心理学のなかで解釈される効果として、まさにバトラーが批判した、「セックスを前‐言説的なものとして生産する」ことを明らかにしたのだ。すなわち、「女性をインタビューする研究者がなにか異なるものに出会ったとき、彼女／かれらはその差異の源泉が自然か養育によるものか、あるいは語られたものが、受け入れられた周知のカテゴリーによりうまく当てはまる言語行為より優れたものか、劣ったものかといった基準で判断することに、容易に陥っていく」ことを、ギリガンは見事に描いた。だが、皮肉にもそうした傾向は、ギリガンの研究を評価する際にも繰り返され、ギリガン自身が、差異として表出するものの背後に「言説以前の領域」を見ようとしていると批判されることになった［Koggel 1998：54］。

実際にギリガン自身、『もうひとつの声』の第二版において、まさに自分が何度も正そうとしてきた問題が、自らへの批判として問い返されたことに驚いている。「女性に耳を傾け、なにか新しいことを聞き取るプロセス、異なる語りと聞き取りのあり方。その違いは即座に、思考の古いカテゴリーへと押し込められる。［…］自分の仕事が女性と男性が本当に（本質的に）違うのかどうか、どちらが優れているのか、といった観点で見られていることを聞き、声を失ったことを覚えている。というのも、それらはわたしの問いではなかったからだ。そうではなく、わたしの問いとは、［…］いかにわたしたちが知り、聞き取り、見て、語るかという、声と関係性をめぐるものなのだ」［Gilligan 1993：xiii. 強調は引用者］。

ここでギリガンが注目する関係性とは、彼女が研究生活を送ってきた発達心理学の分野で確立された規範がいかにインタビューイーの声を歪めてしまうかといった研究者とインタビューイーの関係性と、そしてなにより、ある「異なり」がどのような社会的背景のなかで生まれてくるかを注視する、関係性中心の構造的な事象理解の二つの関係性を意味している。

たとえば、上述のモイの引用からも明らかなように、ボーヴォワール、そして再生産労働の搾取と異性愛主義との歴史的連関を問い直したルービンらが注目したのは、社会構造のなかでどのように生産労働と再生産労働、有償労働と無償労働、公的領域と私的領域が編成され、その編成の正当化や根拠づけにいかに性差が利用されているかであった。すなわち、ジェンダー概念とは、わたしたち一人ひとりの生物学的「異なり」そのものではなく、その「異なり」が利用され、社会規範を根拠づけ、正当化し、社会を構造化していることを批判するために発案された。つまり、子育てを経験している女性たちが、そうでない女性や男性と異なる視座から自らの教育実践を見ているというその「異なり」じたいが問題にされるのではない。異なっているのは、当然だからだ。そうではなく、その「異なり」がいかに学校社会で解釈され、その女性教員を位置づけ、そして、同じ経験をもたない教師がもし低学年教育から遠ざけられているとしたら、そのことはなにを意味し、どのような影響を現在の日本における教育現場にもたらしているのか、そうしたことが問われなければならないのだ。

したがって、「異なり」を解釈し、意味づけ、その「異なり」がうみだす社会的効果に着目するジェンダー論は、「差異（の社会的意味）が関係性とコンテクストから生じるという考え方」を生み、「新しい視点と、変化のための可能性を生み出す。なぜならば、関係性とコンテクストを変えることによって、差異のあり方を変えることができるからである」［小久見 2004：96］。

こうして、人間社会が決して否定できない事実、人間の脆弱性（vulnerability）という事実、誰一人として他者のケアをまったく必要としない人生は送れないという事実を前に、ではいかに、ケア労働を再編し、ケアする者／される者たちの関係性、そうした関係性が取り巻かれる社会関係を、社会で生きる個々人がその関係性によって搾取や抑圧、そして暴力に晒されないもの（less vulnerable）へと変革していくのか。こうした問いに応えようとするのが、ジェンダー（不）平等論である。

ジェンダー（不）平等とは？

社会を分析するさいの一変数でありながら、その他のカテゴリーのなかでもより強く社会構造を決定するだけの働きをもつジェンダーに関する研究は、つねに、女性「と」男性という差異を価値づけ、女性を劣位に置こうとする議論と格闘しながら、少しずつではあれ、その成果をあげてきた。そして、ジェンダー概念を駆使しながらフェミニストたちが目指してきたのは、いかにして現在のジェンダー不平等な社会を、より公正な、とりわけ、モイも指摘したように、無力で小さな生物を育てる役割を担う者たちを不利な立場に置かない社会へと変革していくかということであった——ex. 4章における「家庭的ハードル」の克服——。

たとえば、やはり再生産労働への関心から、相互行為、社会構造のなかで差異を捉え、個人主義的な正義論を批判したアイリス・ヤングは、社会的不平等の原因とはなにかを考えるには、構造への着目が不可欠だと論じ続けた[2]。ヤングによれば、社会的不平等とは、複雑な社会関係から織り成された社会構造が、一部の者を相対的に不自由にし、機会をより制限すると同時に、その同じ構造によって、他の者は多様な行為が可能になり、自由を広げ、さらなる機会を得るといった構造上の問題である。

> ある人びとは、彼女たち／かれらの社会的地位がもたらす諸々の可能性が積み重なった効果として、自由や物質的な福祉について相対的な制約を受ける。それは、社会的地位のおかげで、より多くの利益への選択肢と開かれたアクセスをもった人びとに比して、である。［…］構造的な説明は、機会、抑圧、そして支配の不平等を理解する一つの方法を与えてくれるが、それは、個人の侵害者を追及するのではなく、むしろ、構造の産出に大なり小なり共謀するほとんどの行為者について問題にする
> ［Young 2005：21］

ここではさらに、構造上の問題としてジェンダー（不）平等問題を捉えようとしたフェミニストの一人として、エヴァ・キテイの議論を紹介しておきたい。彼女は、他者からのケアがなければ生存が危ぶまれる脆弱な存在（依存者）に対するケア労働という、「最も根源的な仕事とその周囲にできる関係性の形態は通常の理論では無視されてきたこと」を批判し、それなしには社会が成立し得ない依存労働に着目することなしに、フェミニストたちからの手から平等は逃げていくと論じた［Kittay 1999：38/95］。

キテイによれば、M・ウォルツァーが次のように定式化したように、伝統的な平等主義は、差異をなくすことによって獲得されると考えられてきた。[3]「平等は、すべての差異を取り除こうとするものではないが、何らかの差異を取り除くことを目的とする。取り除くべき差異は、時代・状況によって変わる」、と［Walzer 1983：xii, cited at Kittay 1999：8/40］。この伝統的理解から、いわゆる「平等主義フェミニスト」たちもまた、それぞれに機会の平等や、ジェンダー中立的制度や政策、アファーマティブ・アクションに賛同した。しかし彼女たちに共通するのは、「平等の要求が満たされるとき、要求者集団は集団としてそこに包摂され、それによって集団的に、また個人的に利益を享受する、という」想定である［ibid.：8/41-2］。

そうした伝統的な平等主義に対して、差異にむしろ価値を見いだすことによる批判、差異は支配者が支配と不平等を正当化するための権力の隠れ蓑であると批判する支配批判、そして男女間の不平等以外にも存在する不平等に着目する多様性批判がフェミニスト内には存在している。加えて、キテイの提唱する平等論は、現行の依存関係の構造を批判することで平等を達成しようとする、依存批判と位置づけられる。依存関係を中心にする既存の平等論批判によれば、「平等者集団への女性の包摂、これまで男性が掌握してきた権利と特権に女性がアクセスできるようになるための包摂を要求」する最も積極的なアファーマティブ・アクションでさえも［ibid.：14/50］、平等を求めるには不適切である。その理由として、キテイは以下の三点を指摘する［ibid.：14-5/51-3］。

第一に、男性を基準として想定された福祉、利益では、人間社会は存続しない。つまり、自律した平等な者たちから社会が成立しているという考え方そのものが批判されなければならない。人間にとって不可欠・不可避の依存と不均等が隠されてしまうからだ。第二に、人間の相互行為は、たとえ法的に対等であると認められている間においてさえも、決して対称的ではない。わたしたちが考えるべきは、どのような非対称が道徳的に許容されるか、である。最後に、これまでの平等は、いかに特権者が独占していた領域、権利、仕事に、特権を剥奪されていた者――その多くは女性たち――を包摂するかを問題にしていたが、今後は、剥奪状態にあった女性たちの多くが担っていた労働をどう社会的に配分するかを考えなければならない。

キテイの平等論が本書においてとりわけ示唆的なのは、無力な存在、他者に一方的に依存しなければならない存在は、あらゆる人間存在にとっての現実であり、人間関係のこの非対称性から、社会を構想することをキテイが論じていることである。そして、彼女の視線は、依存する者をケアする存在――本書においては、たとえば4章における子育て経験のある女性校長――が、そのことによって、自らも誰かに頼らなければ生存できない状況、つまり、二次的依存へと陥らないために、どのような社会的支援、そしてそれに伴うわたしたちの意識改革が必要かを考えることである。「みな誰かお母さんの子ども」という主張によって、社会の構成原理にケアの倫理を導入しようとするキテイの試みは、平等規範が形式的にではあれ原理とされている教育現場にもまた多くの示唆を与えてくれるはずだ。

3 実践としてのケア、倫理としてのケア

最後に、本書でも幾度も参照される「母的」という概念とケア概念について論じて、本稿の結論としたい。すでに著者たちが言及しているように、いくつもある本書の意義の一つは、2章の男性教員へのインタビューであろう。そこで鮮明になるのは、低学年の授業は楽であり、高学年になれば負担も重いという、日本に固有の、時間的・物理的な教師の過重負担と、幼い子どもたちの——女性が歴史的に担ってきたのだから——教育は、誰にでもできる楽なものだ、というジェンダーによる強い先入観とが交錯している状況である。

先述した「みな誰かお母さんの子ども」という否定し得ない人間世界の現実によって、キテイは、女性のみが出産することを礼賛しようとしているのではない。そうではなく、どんなひとであっても——もちろん、ネグレクトや虐待などの事例は数多くあるとはいえ——、ほとんどのひとは、母語で語りかけられ、乳を与えられ、不安を和らげるためにあやしてもらうといった、そうした経験のなかで、一個の人間へと育てられてきた、そうした経験のうえに生きている。そうであるならば、そうした営みがしっかりと位置づけられ、公的な価値が見いだされ、あらゆるひとが経験してきたはずの育ち合いの周囲に張り巡らされた障害をできるだけ取り除くような政策が必要なのではないか。ケア関係を中心とする社会を構想するためにこそ、「みな誰かお母さんの子ども」とキテイは主張するのだ。

この経験を大切にするのであれば、母親業は誰にでもできる仕事だからといって経験もせずに片付けて

しまうのではなく、むしろ、誰もが経験すべき価値ある仕事として、社会的に位置づけ直される必要があるのではないか。あるいは、低学年教育を繰り返すなかで男性教員たちが自ら発見していくように、成人した自分とはまったく異なる時間を生きる子どもたちとの出会いのなかで、自らのこれまでの先入観を解いていく、〈新しい存在〉との出会いとして、教職のなかにしっかりと位置づけられるべきではないだろうか。

母的思考／母的実践とは

やはりギリガンに影響を受け、西洋政治思想の伝統における男性中心主義を軍事的思考として批判するなかで、母的思考の重要性を説いたセイラ・ルディクは、その主著『母的思考――平和の政治を求めて』のなかで、母子関係をあたかも母と胎児との関係のように一体化、あるいは調和的共存として捉える男性中心的な思考に対して、母親たちはつねに思考していると訴える。

> 母親たち some mothers は、子どもたちとともに、その間で、非暴力的な生き方を創造しようと格闘している。彼女たちは、憤慨、疲労困憊、さらに突然攻撃的になったり無抵抗になったりしそうな様々な誘因にもかかわらず、暴力的なコントロールというやり方を否定しながら、他者の暴力に抵抗することを学んでいる［…］。母親たちは、傷つきやすい身体的存在の、いらいらする気まぐれ、異なり、脆さ、助けを求めねばならないほどの弱さにもかかわらず、自らの責任において、身体的生に対して歓迎を込めた応答を創造しようと努めている［Ruddick 1989.：xix. 強調は引用者］。

ルディクがここにおいてなにより批判するのは、女性たちがこれまで公的な存在として認められてこなかった第一の理由であった子育てや家事の負担と、彼女たちの労働搾取を正当化あるいは自然視してきた母性愛といったイデオロギーである。母性愛イデオロギーに対してルディクが着目するのは、実践としての母親業である。彼女によれば、母親業とは、つねに刻々と変化する子どもたちの変化に応じて自らも学び、そして時に自らの先入観が裏切られ、あるいは自らの欲求や欲望を圧倒されるような経験をした時に、その経験をいかに喜びへと転換していくか、そうした自らがコントロールできない他者に対する非暴力的な応答のあり方を学びとっていく実践である。

その意味で、本書で分析される博先生や孝弘先生の経験と実践については、低学年の子どもとの新たな出会いと学びが感動的に描きだされると同時に、「男性教師として」弱さや小ささといかに接するかといった自らのジェンダー規範との葛藤がもっとも鮮明に描かれる。あるいは、直人先生の「ほかの子に通用するかどうかわかりませんけど、感動的に僕はうれしかったね」という女の子との関わりから発せられる語りは（115頁）、世界は一つの解ややり方で統一されているのではなく、むしろ個別具体的な異なる存在のなかで初めて意味をもって浮かび上がるといった、ケアの倫理に通じる語りである。再びルディクを参照してみよう。

自らのコントロールを越えた世界において、謙虚であることとは、自らの行為の限界と、自らの仕事の結果は予期できないことについての、深い意識を持つことである。マードックの言葉を引用するならば、「自分の精神や、［自分自身の子どもまでも含んだ］すべての「自然」物、それは、思いがけない出来事 chance に晒されているということである。［…］思いがけない出来事の一部、それは死であるかもしれない。［…］わたしたちは、世界を支配することができない」［ibid.：72. See also Murdoch 1971：75-101/121-161］。

容易に想像されることだが、高学年の子どもに比べ、たとえば六歳児と七歳児といった低学年の子どもの成長差は、個々の子どもたちの学びにも大きく影響する。まして、幼稚園や保育所からいきなり、まったく異なる環境へと強制的に移動させられ、しかも大勢の子どもたちと一人の先生と過ごす時間は、相当に長く過酷とさえいえる。そうした子どもたちをいかに、高学年での授業に耐えうるだけの存在へと「トレーニング」していくのか。ルディクもまた、母親業の実践の一つとしてトレーニングを挙げている。しかし、本書2章では男性教員たちがあまり語らなかった――おそらく単調な繰り返しだと認識されたのであろう――トレーニングの意味は、3章で試みられているように、今後さらにフェミニズム教育学のなかで、その意味を捉え直されるべきだろう。そこには、創造性や個性といったものに市場価値を見いだすことをよしとする、新自由主義的な価値観に対抗しうる「ケアの倫理」の現代的な意味が内包されているように思われるからである［ex. ブルジェール 2014］。

ケアを中心とした教育学へ

わたしは、母親業の経験から紡ぎだされたケアの倫理を政治思想史のなかに位置づけようと、これまでの研究において格闘してきた。そのさい、抽象的な倫理的問い――重病の妻を抱えるハインツ氏は、妻の命を助けるために、高価で手の届かない薬を盗むべきかどうか——を、時空間の境界を越えるようにして問おうとする、インタビュアーの骨だけのような設問に対して、肉付けをしていく少女の語りを評価しようとするギリガンの挑戦に、目が覚める思いがした。

個別の事例の影に潜んでいる社会構造の歪み——ハインツさんは、友達や親戚にお金を借りられないのか、ハインツさんが捕まったら誰が奥さんの世話をするのか、そもそもどうして、人を助けるために開発された薬代がそんなに高価なのか——を見抜く少女の声は、グージュがあまりに異常だとしてギロチンにかけられたように、ギリガン以前では、質問の意味を理解できない、瑣末な事象に囚われる、道徳的発達が遅れた子の声だと理解されてきたのだ。

政治の世界では日本だけでなく、世界的に自己責任論が席捲し、経済的格差が広がるのと反比例するかのように、社会的に弱い立場にある者たちは、自らの努力不足でそうなったかのように意識されるための操作が、強力な政治勢力を伴って遂行されている。

本書が低学年教育、女性教員のキャリア形成に着目したもう一つの現代的意義は、そこで語られた経験に、スピードや決断力や効率、そして競争を原理とする新自由主義的な価値に抵抗する倫理が浮かび上がっていることである。残念ながら、現在の日本政治の様相は、わたしたち市民の声を奪うような無法状態が続いているが、教育の現場におけるより弱く小さな存在を見つめる教員たちの実践には、いまだ、強い者の声しか通らない政治を根底から批判できる倫理が息づいている。政治学を専攻するわたしが、本書の研究から受け取った政治学とは異なる声は、そうした、小さな息遣いにこそ価値を見いだそうとする教育実践に宿る倫理から発せられている。

本書によって聞き取られる声の数々が、教育学やフェミニズムといった領域を超えて、多くの読者と出会うことを願うことで、拙論の結びに代えさせていただきたい。

注

1　ゲイル・ルービンに関しては、ケアの倫理との関連を論じた［岡野 2014a］を参照。

2　70年代から彼女の遺稿集までの、一貫したヤングの社会構造への関心については、［岡野 2014b］を参照。

3　そうであるために、多くの「平等主義的」フェミニストたちも差異にこだわり、その差異が社会的に構築されたものだと指摘してきたが、そこに孕まれる両義性は、バトラーの議論によって見てきたとおりである。

参考文献

ブルジェール、ファビエンヌ 2014 原山哲・山下えり子訳『ケアの倫理――ネオリベラリズムへの反論』（白水社文庫）。

Butler, Judith 1990 *Gender Trouble: Feminism and the Subversion of Identity* (NY: Routledge). 竹村和子訳『ジェンダー・トラブル――フェミニズムとアイデンティティの攪乱』（青土社、一九九九年）。

Gilligan, Carol 1993 *In a Different Voice: Psychological Theory and Women's Development* (Cambridge: Harvard U.P., 1982).

Kittay, Eva 1999 *Love's Labor: Essays on Women, Equality, and Dependency* (NY: Routledge). 岡野八代・牟田和恵監訳『愛の労働あるいは依存とケアの正義論』（白澤社、二〇一〇年）。

Koggel, Christine M. 1998 *Perspectives on Equality: Constructing a Relational Theory* (Oxford: Rowman & Littlefield Publishers).

Moi, Toril 1999 *What is a Woman? And Other Essays* (Oxford: Oxford U.P.).

Murdoch, Iris 1971 *The Sovereignty of Good*（London: Routledge）．菅豊彦・小林信行訳『善の至高性——プラトニズムの視点から』（九州大学出版会、一九九二年）。
小久見祥恵 2004「差異と平等——マーサ・ミノウの理論を手がかりに」『同志社法学』56巻1号。
岡野八代 2014a「ケアの倫理の源流へ」『倫理学研究』44号。
——2014b「訳者あとがき」アイリスM・ヤング『正義への責任』所収。
Rubin, Gayle 1997（=1975）"The traffic in Women: Notes on the "Political Economy" of Sex" in Linda Nicholson（ed.）The Second Wave: A Reader in Feminist Theory（NY: Routledge）．長原豊訳「女たちによる交通——性の「政治経済学」についてのノート」『現代思想』Vol. 28、No. 2（二〇〇〇年）。
Ruddick, Sara 1989 *Maternal Thinking: Toward a Politics of Peace*（Boston: Beacon Press）．
Walzer, Michael 1983 *Spheres of Justice: A Defence of Pluralism and Equality*（NY: Basic Books）．
山根純佳 2005「「ケアの倫理」と「ケア労働」——ギリガン『もうひとつの声』が語らなかったこと」『ソシオロゴス』No. 29。
Young, Iris M. 2005 *On Female Body Experience: "Throwing Like a Girl" and Other Essays*（Oxford: Oxford U.P.）．
——2011 *Responsibility for Justice*（Oxford: Oxford U.P.）．岡野八代・池田直子訳『正義への責任』（岩波書店、二〇一四年）。

初出一覧

本書の各章の初出は以下のとおりである。いずれも大幅な加筆修正を行っている。

序章　書き下ろし

1章　船山（柴田）万里子・玉城久美子・杉山二季・黒田友紀・浅井幸子・望月一枝 2014「小学校における女性教師のキャリア形成—学年配置に着目して」『東京大学大学院教育学研究科紀要』第53巻 213–223

黒田友紀・杉山二季・望月一枝・玉城久美子・船山（柴田）万里子・浅井幸子 2009「小学校における学年配置のジェンダー不均衡」東京大学大学院教育学研究科『東京大学大学院教育学研究科紀要』第49巻 317–325

2章　玉城久美子・船山（柴田）万里子・浅井幸子・望月一枝・杉山二季・黒田友紀 2013「小学校の男性教師における低学年教育の経験–性分業とその教育実践上の課題」日本質的心理学会編『質的心理学研究』第12号 100–118

黒田友紀 2013「教師文化研究におけるジェンダー問題—男性教師研究に焦点をあてて」日本大学教育学会『教育学雑誌』第48号 1–14

3章　浅井幸子・船山（柴田）万里子・杉山二季・黒田友紀・玉城久美子・望月一枝 2014「女性教師の声を聞く—小学校の女性教師のライフヒストリー・インタビューから」『東京大学大学院教育学研究科紀要』第53巻 181–204

4章　杉山二季・黒田友紀・望月一枝・浅井幸子 2005「小中学校における女性管理職のキャリア形成」

『東京大学教育学研究科紀要』第44巻 281-299

補章　杉山二季 2012「ジェンダーの視点を通した学校管理職研究の展開」成城大学共通教育研究センター『成城大学共通教育論集』129-139

5章　浅井幸子・玉城久美子・望月一枝 2011「戦後日本の小中学校における女性教師の脱性別化—『婦人教師』から『教師』へ」和光大学現代人間学部『和光大学現代人間学部紀要』第4号 21-36

浅井幸子 2005「近代日本における初等教育の女性化—教職におけるジェンダーの形成過程」和光大学人間関係学部『人間関係学部紀要』10号 29-42

特別寄稿　書き下ろし

教師の声を聴く
—教職のジェンダー研究からフェミニズム教育学へ—

2016年10月20日　第１版第１刷発行

　　　　浅井　幸子　　黒田　友紀
編著者　杉山　二季　　玉城久美子
　　　　柴田万里子　　望月　一枝

発行者　田中　千津子
発行所　株式会社 学文社

〒153-0064　東京都目黒区下目黒３-６-１
電話　03（3715）1501 ㈹
FAX 03（3715）2012
http://www.gakubunsha.com

印刷　新灯印刷（株）

ISBN978-4-7620-2637-9

執　筆　者

（＊は編者）

＊浅井　幸子（あさい さちこ）
東京大学大学院教育学研究科総合教育科学専攻博士課程修了。現在，東京大学大学院教育学研究科准教授。専門は，ジェンダーと教育，教育実践史，保育史。著書に，『教師の語りと新教育』（東京大学出版会，2008年），『保育と家庭教育の誕生』（藤原書店，2012年，共著）など。

＊黒田　友紀（くろだ ゆき）
東京大学大学院教育学研究科学校教育高度化専攻博士課程単位取得退学。現在，日本大学理工学部准教授。専門は，教育方法学，学校教育学，米国の公立学校改革，ジェンダーと教育。著書に，『教育と今とこれからを読み解く57の視点』（教育出版，2016年，共著），『アメリカ教育改革の最前線』（学術出版会，2012年，共著）など。

＊杉山　二季（すぎやま ふたき）
東京大学大学院教育学研究科学校教育高度化専攻博士課程単位取得退学。現在，埼玉県立総合教育センター指導主事，東京大学・大学発教育支援コンソーシアム推進機構（CoREF）協力研究員。専門は，授業研究，ジェンダーと教育。著書に，『高校の「女性」校長が少ないのはなぜか』（学文社，2011年，共著），『協調学習とは』（北大路書房，2016年，共著）など。

＊玉城　久美子（たまき くみこ）
東京大学大学院教育学研究科学校教育高度化専攻博士課程単位取得退学。現在，お茶の水女子大学附属高等学校他非常勤講師。専門は，教師のジェンダー，国語科教育。著書に，『教育の今とこれからを読み解く57の視点』（教育出版，2016年，共著）など。

＊柴田　万里子（しばた まりこ）
東京大学大学院教育学研究科学校教育高度化専攻博士課程単位取得退学。現在，青山学院大学他非常勤講師。専門は，青年期教育，授業研究。著書に『高卒5年どう生き，これからどう生きるのか』（大月書店，2013年，共著）など。

＊望月　一枝（もちづき かずえ）
お茶の水女子大学大学院人間文化研究科人間発達科学専攻博士課程修了。現在，日本女子大学客員研究員。専門はシティズンシップ教育，家庭科教育学。著書に，『シティズンシップ教育における教師のポジショナリティ』（勁草書房，2012年），『生きる力をつける学習』（教育実務センター，2013年，共著）など。

佐藤　学（さとう　まなぶ）序文
東京大学大学院教育学研究科博士課程修了。現在，学習院大学文学部教授。専門は教育学。著書に『学校改革の哲学』（東京大学出版会），『専門家として教師を育てる――教師教育改革のグランドデザイン』（岩波書店）など。

岡野　八代（おかの やよ）特別寄稿
同志社大学大学院グローバル・スタディーズ研究科・教授　博士（政治学）
専門は，西洋政治思想史，フェミニズム理論。著書に，『戦争に抗する―ケアの倫理と平和構想』（岩波書店，2015年），『フェミニズムの政治学―ケアの倫理をグローバル社会へ』（みすず書房，2012年）など。

コラム執筆者

申　智媛（しん ちうぉん）
東京大学大学院教育学研究科学校教育高度化専攻博士課程修了。現在，帝京大学短期大学講師。専門は，学校教育学，教育方法学，日本と韓国の学校改革・教師文化。

張　建（ちょう けん）
東京大学大学院教育学研究科学校教育高度化専攻博士課程修了。現在，東アジア教育研究所所員。専門は，教育社会学，教師教育，創造性教育。

中園　有希（なかぞの ゆき）
東京大学大学院教育学研究科学校教育高度化専攻博士課程単位取得退学。現在，学習院大学文学部教育学科助教。専門は，教科書研究，教育方法学，カリキュラム論。

林　寛平（はやし かんぺい）
東京大学大学院教育学研究科学校教育高度化専攻博士課程単位取得退学。現在，信州大学大学院教育学研究科助教。専門は，比較教育学，スウェーデンの教育改革，グローバル教育政策市場の動向。

中田　麗子（なかた れいこ）
東京大学大学院教育学研究科学校教育高度化専攻博士課程単位取得退学。現在，ベネッセ教育総合研究所アセスメント研究開発室研究員。専門は，比較教育学，ノルウェーの教育改革，世界のアセスメント動向。

引用・参考文献

欧文文献

Acker, Sandra 1989 "Rethinking teachers' careers", in Acker, S. ed. *Teachers, Gender and Careers*, Falmer Press, pp.7–20.

Acker, Sandra 1994 *Gendered Education –sociological reflections on women, teaching and feminism*, Open University Press.

Acker, Sandra 1995a "Gender and teachers' work", in Michael W. Apple ed. *Review of Research in Education 21*, American Educational Research Association, pp.99–162.

Acker, Sandra 1995b "Carry on caring: The work of women teachers", *British Journal of Sociology of Education*, 16(1), pp.21–36.

Acker, Sandra 1999 "Caring as work for women educators", in Smyth, Elizabeth, Acker, Sandra, Bourne, Paula and Prentice, Alison eds. *Challenging Professions: Historical and Contemporary Perspectives on Women's Professional Work*, University of Toronto Press, pp.277–295.

Billing, Yvonne Due & Alvesson, Mats 2000 "Questioning the notion of feminine leadership: A critical perspective on the gender labelling of leadership", *Gender, Work & Organization*, 7(3), pp.144–157.

Boulton, Pam & Coldron, John 1998 "Why women teachers say 'Stuff it' to promotion: A failure of equal opportunities?", *Gender and Education*, 10 (2), pp.149–161.

Butt, Richard, Raymond, Danielle, McCue, G. & Yamagishi, L. 1992 "Collaborative autobiography and the teachers' voice", in Goodson, Ivor ed. *Studying Teacher's Lives*, Routledge, pp.51–98.

Casey, Kathleen 1990 "Teachers as mother: Curriculum theorizing in the life histories of contemporary women teachers, *Cambridge Journal of Education*, 20(3), pp.301–320.

Casey, Kathleen 1992 "Why do progressive women activist leave teaching?: Theory, methodology and politics in life-history research", in Goodson, Ivor ed. *Studying Teachers' Lives*, Routledge, pp.187–208.

Casey, Kathleen 1993 *I Answer With My Life: Life Histories of Women Teachers Working for Social Change*, Routledge.

Casey, Kathleen & Apple, Michael W. 1989 "Gender and the conditions of

teachers' work: The development of understanding in America", in Acker, Sandra ed. *Teachers, Gender and Careers*, Falmer Press, pp.171-186.

Coleman, Marianne & Fitzgerald, Tanya 2008 "Gender and Leadership Development", in Lumby, Jacky, Crow, Gray and Pashiardis, Petros eds. *International Handbook in the Preparation and Development of School Leaders*, Routledge, pp.119-135.

Coulter, Rebecca & McNay, Magaret 1993 "Exploring men's experiences as elementary school teachers", *Canadian Journal of Education*, 18(4), pp.398-413.

Cushman, Penni 2005 "Let's hear it from the males: Issues facing male primary school teachers", *Teaching and Teacher Education*, 21(3), pp.227-240.

Cushman, Penni 2008 "So what exactly do you want? What principals mean when they say 'male role model'", *Gender and Education*, 20(2), pp.123-136.

Drudy, Sheelagh, Martin, Maeve, Woods, Mairide & O'Flynn, John 2005 *Men and the classroom: Gender Imbalances in Teaching*, Routledge.

Dobie, Deborah F. & Hummel, Brenda 2001 "Successful women quperintendents in a gender-biased profession", *Equity & Excellence in Education*, 34(2), pp.22-28.

Elbaz, Freema 1991 "Research on teacher's knowledge: The evolution of a discourse", *Journal of Curriculum Studies*, 23(1), pp.1-19.

Elbaz, Freema 1992 "Hope, attentiveness, and caring for difference: The moral voice in teaching", *Teaching and Teacher Education*, 8(5/6), pp.421-432.

Elbaz-Luwisch, Freema 2005 *Teachers' Voices: Storytelling & Possibility*, Information Age Publishing.

Evetts, Julia 1987 "Becoming career ambitious: The career strategies of married women who became primary headteachers in the 1960s and 1970s", *Educational Review*, 39(1), pp.15-29.

Evetts, Julia 1988 "Returning to teaching: the career breaks and returns of married women primary headteachers", *British Journal of Sociology of Education*, 9(1), pp.81-96.

Evetts, Julia 1989 "The internal labour market for primary teachers", in Acker, S. ed. *Teachers, Gender and Careers*, Falmer Press, pp.187-202.

Forrester, Gillian 2005 "All in a day's work: Primary teachers 'performing' and 'caring'", *Gender and Education*, 17(3), pp.271-287.

Foster, Michele 1993 "Othermothers: Exploring the educational philosophy of Black American women teachers", in Arnot, Madeleine and Weiler, Kathleen eds. *Feminism and Social Justice in Education; international perspectives*, Falmer Press, pp.101-123.

Funk, Carole 2002 "Cutting down the tall poppies: Horizontal violence", *ERIC document (ED469273)*.

Gilligan, Carol 1977 "In a different voice: Women's conception of the self and of morality", *Harvard Educational Review*, 47(4), pp.481-517.

Gilligan, Carol 1982 *In a Different Voice: Psychological Theory and Women's Development*, Harvard University Press. ［キャロル・ギリガン『もうひとつの声―男女の道徳観のちがいと女性のアイデンティティ』岩男寿美子訳 1986 川島書店］

Goodson Ivor F. 1992 "Sponsoring the teacher's voice: Teachers' lives and teacher development", in Hargreaves, Andy & Fullan, Michael G. eds. *Understanding Teacher Development*, Cassell, pp.110-121. ［アイヴァー・F. グッドソン『教師のライフヒストリー―「実践」から「生活」の研究へ』藤井泰・山田浩之編訳 2001 晃洋書房 25-48］

Goodson, Ivor F. & Sikes, Pat 2001 *Life History Research in Educational Settings: Learning from Lives*, Open University Press. ［グッドソン & サイクス『ライフヒストリーの教育学―実践から方法論まで』高井良健一・山田浩之・藤井泰・白松賢訳 2006 昭和堂］

Grant, Rosemary 1989a "Heading for the top: The career experiences of a group of women deputies in one LEA", *Gender and Education*, 1(2), pp.113-125.

Grant, Rosemary 1989b "Women teachers' career pathways: Towards an alternative model of 'career'", in Acker, S. ed. *Teachers, Gender and Careers*, The Falmer Press, pp.35-50.

Grogan, Margaret 2000 Laying the groundwork for a reconception of the superintendency from feminist postmodern perspectives, *Educational Administration Quarterly*, 36(1), pp.117-142.

Grogan, Margaret & Brunner, C. Cryss 2005 "Women leading systems: What the latest facts and figures say about women in the superintendency today", *School Administrator*, 62(2), p.46.

Grogan, Margaret & Shakeshaft, Charol 2011 *Women and Edu*cational

Leadership, Jossey-Bass.
Grumet, Madeleine 1976 "Another voice", in Piner, William and Grumet, Madeleine, *Toward a Poor Curriculum*, Kendall/Hunt Publishing Company, pp.147–170.
Grumet, Madeleine 1987 "Women and Teaching: Homeless at home", *Teacher education Quarterly*, 14(2), pp.39–46.
Grumet, Madeleine 1988 *Bitter Milk: Woman and Teaching*, The University of Massachusetts Press.
Grumet, Madeleine 1990 "Voice: The search for a feminist rhetoric for educational studies", *Cambridge Journal of Education*, 20(3), pp.277–282.
Gudmundsdóttir, Sigrún 2001 "Narrative research on school practice", Richardson, Virginia ed. *Handbook of Research on Teaching, 4th ed.*, American Educational Research Association, pp.226–240.
Hargreaves, Andy 1996 "Revisiting voice", *Educational Researcher*, 25(1), pp.12–19.
Henry, Annette 1992 "African Canadian women teachers' activism: Recreating communities of caring and resistance", *Journal of Negro Education*, 61(3), pp.392–404.
Hill, Marie Somers & Ragland, Joyce C. 1995 *Women as Educational Leaders: Opening windows, pushing ceilings*. Corwin Press.
Hilsum, Sidney & Start, K. Brian 1974 *Promotion and Careers in Teaching*, NFER Nelson Publishing Co Ltd.
Holtkamp, Leslie A. 2002 "Crossing borders: An analysis of the characteristics and attributes of female public school principals", *Advancing Women in Leadership Journal*, 10(1), *ERIC Document* (ED469221) and on-line journal (http://awljournal.org/winter2002/holtkamp.html) [2016.3.1. 確認].
Hoagland, Sarah Lucia 1990 "Some concerns about Nel Noddings' Caring", *Hypatia*, 5(1), pp.109–114.
Houston, Barbara 1990 "Caring and exploitation", *Hypatia*, 5(1), pp.115–119.
Iselt, Claudia, Brown, Genevieve & Irby, Beverly J. 2001 "Genderdifferencesin superintendents' perceptions of superintendent preparation programs", in Brunner, C. Cryss & Bjork, Lars G. eds. *The New Superintendency: Advances in Research and Theories in School Management and Educational Policy*, Elsevier Science, Ltd., Press, pp.55–71.

Irby, Beverly J. & Brown, Genevieve eds. 1995 *Women as School Executives: Voices and Visions*, Texas Council of women school executives. ERIC document (ED401252).

Jim, Allan 1993 "Male elementary teachers: Experiences and perspective", in Williams, Christine L. ed., *Doing "women's work": Men in Nontraditional Occupations*, Sage Publications, pp.113-127.

Jim, Allan 1994 "Anomaly as exemplar: The meanings of role-modeling for men elementary teachers", *ERIC Document (ED378190)*.

Jim, Allan 1997 "The persistent fewness of men elementary teachers: Hypotheses from their experiences", Paper presented at the annual meeting of the Midwest Sociological Society, *ERIC Document (ED418064)*.

King, James R. 1998 *Uncommon Caring: Learning from Men Who Teach Young Children*, Teachers College Press.

Lotie, Dan 1975 *Schoolteacher: A sociological study*, University of Chicago Press.

Lyons, Geoffley 1981 *Teacher Careers and Career Perceptions: Teacher Careers and Career Perceptions in the Secondary Comprehensive school*, Delmar Pub.

Martin, Jane Roland 1985 "Becoming educated: A Journey of alienation or integration?", *Journal of Education*, 167(3), pp.71-84.

Martin, Jane Roland 1992 *The Schoolhome: Rethinking Schools for Changing Families*, Harvard University Press. [ジェーン・ローランド・マーティン『スクールホーム―〈ケア〉する学校』生田久美子監訳 2007 東京大学出版会]

Nias, Jennifer 1989 *Primary Teachers Talking: A Study of Teaching As Work*, Routledge.

Nias, Jennifer 1999a "Primary teaching as a culture of care", in Prosser, Jon ed., *School Culture*, Sage Publication, pp.66-81.

Nias, Jennifer 1999b "Teacher's moral purposes", in Vandenberghe, Roland and Huberman, A. Michael eds. *Understanding and Preventing Teacher Burnout: A Sourcebook of International Research and Practice*, Cambridge University Press, pp.223-237.

Noddings, Nel 1984 *Caring: A Feminine Approach to Ethics and Moral Education*, University of California Press. [ネル・ノディングズ『ケアリング―倫理と道徳の教育　女性の観点から』立山善康・林泰成・清水重樹・宮崎宏志・新茂之訳 1997 晃洋書房]

Noddings, Nel 1990 "Feminist Critiques in the Professions", *Review of Research in Education*, 16, American Educational Research Association, pp.393–424.

Noddings, Nel 1992 *The Challenge to Care in Schools: An Alternative Approach to Education*, Teachers College Press. [ネル・ノディングズ『学校におけるケアの挑戦―もう一つの教育を求めて』佐藤学監訳 2007 ゆみる書房]

Noddings, Nel 1995 *Philosophy of Education*, Westview Press. [ネル・ノディングズ『教育の哲学―ソクラテスから〈ケアリング〉まで』宮寺晃夫監訳 2006 世界思想社]

OECD 2010 OECD PISA 2009 at a glance, OECD Publishing (http://dx.doi.org/10.1787/9789264095298-en) [2016.3.1. 確認].

OECD 2011 Education at a glance 2013: OECD Indicators, OECD Publishing (http://dx.doi.org/10.1787/eag-2013-en) [2016.3.1. 確認].

Oyler, Celia, Jennings, Gragory T. & Lozada, Philip 2001 "Silenced gender: The construction of a male primary educator", *Teaching and Teacher Education*, 17(3), pp.367–379.

Ruddick, Sara 1989 *Maternal Thinking: Toward a Politics of Peace*, Becon Press.

Sargent, Paul 2000 "Real man or real teacher?: Contradictions in the lives of men elementary teachers", *Men and Masculinities*, 2(4), pp.410–433.

Sargent, Paul 2001 *Real man or real teacher?: Contradictions in the lives of men elementary school teachers*, Men's Studies Press.

Shakeshaft, Charol 1999 "The struggle to create a more gender-inclusive profession", in Murphy, Joseph & Louis, Karen Seashore eds. *Handbook of Research on Educational Administration Second Edition: A project of the American Educational Research Association*, Jossey-Bass, pp.99–118.

Shakeshaft, Charol Brown, Genevieve, Irby, Beverly J., Grogan, Margaret & Ballenger, Julia 2007 Increasing Gender Equity in Educational Leadership, in Klein, Susan S., Richardson, Barbara, Grayson, Dolores A., Fox, Lynn H., Kramarae, Cheris, Pollard, Diane S. & Dwyer, Carol Anne eds. *Handbook for Achieving Gender Equity through Education Second Edition*, Routledge, pp.103–130.

Sikes, Pat 1997 *Parents Who Teach: Stories from Home and from School*, Cassells.

Sikes, Patricia, Measor, Lynda & Woods, Peter 1985 *Teacher careers: Crises and Continuities*, Falmer Press.

Smith, Janet 2008 *Male primary teachers: The experience of crossing-over into pink-collar work*, VDM Verlag Dr. Müller Aktiengesellschaft & Co. KG.

Smedley, Sue 2007 "Learning to be a primary school teacher: Reading one man's story," *Gender and Education*, 19(3), pp.369–385.

Strober, Maya H. & Lanford, Audri Gordon 1986 "The Feminization of Public School Teaching: Cross-sectional Analysis, 1850–1880", *Journal of Women in Culture and Society*, 11(2), pp.212–235.

Sugg, Redding S. Jr. 1978 *Motherteacher: The Feminization of American Education*, University Press of Virginia.

Tyack, David and Hansot, Elisabeth 1992 *Learning Together: A History of Coeducation in American Public Schools*, Russel Sage Foundation.

Williams, Christine L. 1992 "The glass escalator: Hidden advantages for men in the "female" professions", *Social Problems*, 39(3), pp.253–267.

Williams, Christine L. 1995 *Still a Men's World: Men Who Do Women's Work*, University of California Press.

Wiest, Lynda R., Olive, Melissa. L. & Obenchain, Kathryn. M. 2000 "Men's perception of their experiences as K–2 teachers," *Equity & Excellence in Education*, 36(1), pp.82–95.

Young, Michelle D. & McLeod, Scott 2001 "Flukes, opportunities, and planned interventions: Factors affecting women's decisions to become school administrators", *Educational Administration Quarterly*, 37(4), pp.462–502.

和文文献

青木朋江 2000「女性が管理職になるうえでむずかしいこと」『教職研修』増刊号，158–161

明石要一・高野良子 1993「『上席』女教員のライフスタイルの研究」『千葉大学教育学部研究紀要　第１部』41巻，57–76

浅井幸子 2005「近代日本における初等教育の女性化―教職におけるジェンダーの形成過程」『和光大学現代人間学部紀要』10号，29–42

浅井幸子・玉城久美子・望月一枝 2011「戦後日本の小中学校における女性教師の脱性別化―『婦人教師』から『教師』へ」『和光大学現代人間学部紀要』４号，21–36

浅井幸子・船山万里子・杉山二季・黒田友紀・玉城久美子・望月一枝 2014「女性教師の声を聞く―小学校の女性教師のライフヒストリー・インタビューから」『東京大学大学院教育学研究科紀要』53巻，181-204
天野正子・伊藤公雄・伊藤るり・井上輝子・上野千鶴子・江原由美子・大沢真理・加納実紀代編 2009『新編日本のフェミニズム12　男性学』岩波書店
新居信正 1976『また女の先生か』昌平社
新井淑子 1972「『埼玉県小学校女教師会』の創設と活動について」『日本の教育史学』15号，4-20
新井淑子 1982「戦前における女教師の地位向上をめぐる動向について―全国小学校女教員大会を中心に」『教育学研究』49巻３号，265-274
池木清 1999「公立学校女性管理職進出度の都道府県ランキングとその考察」『女子教育研究』24，1-26
池木清 2000「各都道府県教委は学校管理職への女性登用を進めているか―99年の進出度ランキングと96年以降の各県の実績を検証」『女子教育研究』27，1-30
池木清 2001「都道府県間格差著しい公立学校女性管理職登用の実態」『女子教育研究』31，1-28
池本信雄 1914「小学校長より視たる女教員」『日本之小学教師』16巻188号，1914年８月，44-45
石戸谷哲夫 1967『日本教員史研究』講談社
伊勢信子 1967「マイナスの克服をこそ！」『婦人教師』７号，1967年11月，10-14
井谷惠子 2003「女性体育教師への面接調査からみた学校体育のジェンダー・サブカルチャー」『スポーツとジェンダー研究』１号，27-38
井谷惠子 2005「体育教師の男女不均衡を生み出すジェンダー・カルチャー」『教育学研究』72巻１号，27-40
伊藤博美 2006「正義対ケア論争」中野啓明・立山善康・伊藤博美編著『ケアリングの現在―倫理・教育・看護・福祉の境界を越えて』晃洋書房，105-118
今津孝次郎 2000「学校の協働文化―日本と欧米の比較」藤田英典・志水宏吉編『変動社会のなかの教育・知識・権力―問題としての教育改革・教師・学校文化』新曜社，300-321
上田庄三郎 1941『女教師論』啓文社
大越愛子 1997『近代日本のジェンダー―現代日本の思想的課題を問う』三一書房

大町多喜子 1966「きびしい合理化攻勢を正しくみきわめよう」『教育評論』181号，1966年２月，58-59
岡野八代 2003「境界のフェミニズム」『現代思想』第31巻第１号，146-163
岡野八代 2012『フェミニズムの政治学―ケアの倫理をグローバル社会へ』みすず書房
奥山えみ子 1965「当面の課題とたたかいの方向」『教育評論』171号，1965年６月，28-31，81
奥山えみ子 1966a「経緯と問題の所在　育児休職論討議の発展のために」『教育評論』181号，1966年２月，54-58
奥山えみ子 1966b「育児休暇をめぐる討論とその後の情勢」『教育評論』185号，1966年５月，57-59
奥田真丈 1970a「学校教育における女教師の現状と役割」『教育委員会月報』21巻11号，1970年２月，30-42
奥田真丈 1970b「学校教育における女教師の現状と役割（二）」『教育委員会月報』21巻12号，1970年３月，103-116
岡尾昌子 1966「全電通の場合と日教組の場合」『教育評論』185号，1966年５月，64-65
岡田良子 1966「母親の育児機能の回復をつよく主張しよう」『教育評論』185号，1966年５月，60-61
海原徹 1973『明治教員史の研究』ミネルヴァ書房
海原徹 1977『大正教員史の研究』ミネルヴァ書房
金久保通雄編 1954『女性教師は訴える』福村書店
唐澤富太郎 1955『教師の歴史―教師の生活と倫理』創文社
河上婦志子 1990「システム内在的差別と女性教員」『女性学研究』１号，82-97
河上婦志子 1999「女性教員たちは平等になったか？」『女性学研究』５号，83-96
河上婦志子 2000「女性教員「問題」論の構図」亀田温子・舘かおる編著『学校をジェンダー・フリーに』明石書店，265-285
河上婦志子 2001「教員像のオルタナティブを探る―イギリスの女性教員研究」神奈川大学人文学研究所編『ジェンダー・ポリティクスのゆくえ』勁草書房，93-122
河上婦志子 2015『二十世紀の女性教師―周辺化圧力に抗して』御茶の水書房
河野銀子・村松泰子編著，村上郷子・高野良子・池上徹・木村育恵・田口

久美子・杉山二季著 2011『高校の「女性」校長が少ないのはなぜか―都道府県別分析と女性校長インタビューから探る』学文社
河野銀子・池上徹・高野良子・杉山二季・木村育恵・田口久美子・村上郷子・村松泰子 2012「学校管理職モデルの再検討―公立高校の女性校長を取り巻く状況に着目して」『山形大學紀要　教育科學』15巻３号，243-258
北岡照子 1966「『休職制』ではなく保育所づくり育児条件の確立に全力を」『教育評論』181号，1966年２月，64-65
木戸若雄 1968『婦人教師の百年』明治図書
木村涼子 1999『学校文化とジェンダー』勁草書房
教育界 1907「大日本教育団の決議」『教育界』６巻12号，1907年10月，105
教育時論 1906「二部教授と女教員」『教育時論』779号，1906年12月，37-38
桐山京子 1967「教育者としての婦人」『婦人教師』１号，1967年５月，18-25
黒崎悦子 1914「我国現代の女教員について」『日本之小学教師』16巻188号，1914年８月，58-60
黒田友紀 2013「教師文化研究におけるジェンダー問題―男性教師研究に焦点をあてて」『日本大学教育学雑誌』48号，1-14
黒田友紀・杉山二季・望月一枝・玉城久美子・船山万里子・浅井幸子 2009「小学校における学年配置のジェンダー不均衡」『東京大学大学院教育学研究科紀要』49巻，317-325
紅林伸幸 2007「協働の同僚性としての《チーム》―学校臨床社会学から」『教育学研究』74巻２号，174-188
コーネル，ドゥルシラ 2003『脱構築と法―適応の彼方へ』仲正昌樹・望月清世・藤本一勇・西山達也・岡野八代・久保田淳・郷原佳以訳，御茶の水書房
国分一太郎 1967「教育者としての男教師と女教師」『児童心理』21巻９号，1967年９月，18-28
駒野陽子 1976『女教師だけを責めないで！』読売新聞社
小山静子 1991『良妻賢母という規範』勁草書房
小山静子 1999『家庭の生成と女性の国民化』勁草書房
郷野基厚 1914「半日勤務と希望」『日本之小学教師』16巻188号，1914年８月，18-20
後藤静香 1917『女教員の真相及其本領』洛陽堂

齋藤慶子 2014『「女教員」と「母性」―近代日本における〈職業と家庭の両立〉問題』六花出版
齋藤智哉 2004「女教員の修養における身体の表象―後藤静香の希望社運動」『日本教師教育学会年報』13号，74-83
酒井朗 1998「多忙化問題をめぐる教師文化の今日的様相」志水宏吉編著『教育のエスノグラフィー―学校現場のいま』嵯峨野書院，223-248
坂本増次郎 1929『女教員論』柳正堂書店
佐久間亜紀 2002「キャサリン・ビーチャーにおける教師教育の思想―19世紀米国における教職の専門職化と女性化をめぐって」『日本教師教育学会年報』11号，88-98
笹原恵 2003「男の子はいつも優先されている？」天野正子・木村涼子編『ジェンダーで学ぶ教育』世界思想社，84-101
佐藤学 1995「ケアリングとしての教育」『学びその死と再生』太郎次郎社，161-172
佐藤学 1996『教育方法学』岩波書店
佐藤学 1999「ジェンダーとカリキュラム」『教育学年報』７号，91-108
佐藤学 2002「学びの共同体の系譜―フェミニズムとのクロスロード」『国立女性教育会館研究紀要』６号，15-25
佐藤学 2007「訳者あとがき」ネル・ノディングズ『学校におけるケアの挑戦』ゆみる出版，337-341
沢柳政太郎 1916「小学校の女教員」『帝国教育』409号，1916年８月，1-6
沢柳政太郎 1917「序」後藤静香『女教員の真相及其本領』洛陽堂，序1-7
沢山美果子 1990「教育家族の成立」編集委員会『叢書〈産む・育てる・教える〉―匿名の教育史１ 〈教育〉―誕生と終焉―』藤原書店，108-131
三件訥堂 1907「女教員養成者に望む」『教育界』７巻１号，1907年11月，12-13
座談会 1967「母性と仕事」『婦人教師』７号，1967年11月，33-50
品角小文・服部道子・中村芳子・辻本道子 1958『女教師』三一書房
篠田利英 1904「小学女教員問題」『日本之小学教師』６巻63号，1904年３月，7-8
清水直義 1896「小学校教員の欠乏に処する一策」『教育時論』406号，1896年７月，21-23
女子教育問題研究会編 2009『女性校長のキャリア形成―公立小・中学校校長554人の声を聞く』尚学社
椙山正弘 1997『アメリカ教育の変動―アメリカにおける人間形成システム』

福村出版
末広八重子 1962「ある女教師の生活と意見—愛媛における退職勧奨年齢の切り下げをめぐって」『教育評論』123号，1962年３月，40-41
杉田綾子 1972『女教師亡国論』日進報道出版部
杉山正一・杉山愛子編 1975『婦人教師のしごと』日本文化科学社
杉山二季・黒田友紀・望月一枝・浅井幸子 2004「小中学校における女性管理職のキャリア形成」『東京大学大学院教育学研究科紀要』44巻，281-299
多賀太・天童睦子 2013「教育社会学におけるジェンダー研究の展開—フェミニズム・教育・ポストモダン」『教育社会学研究』93号，119-150
高井良健一 1994「教職における中年期の危機—ライフヒストリー法を中心に」『東京大学教育学部紀要』34，323-331
高井良健一 2005「欧米における教師のライフヒストリー研究の諸系譜と動向（Ⅱ）—フェミニズムによる事例研究の展開」『東京経済大学人文自然科学論集』120号，3-25
高井良健一 2007「教師研究の現在」『教育学研究』74巻２号，251-260
高野良子 1999「女性校長低率要因に関する一考察」『日本女子大学大学院人間社会研究科紀要』第５号，105-118
高野良子 2001a「戦後女性公立小学校長第一号の登用と役割受容—四〇都道府県六八人の分析をとおして」『国立女性教育会館研究紀要』第５号，89-99
高野良子 2001b「女性校長のキャリア形成史—「女性校長冬の時代」を中心として」『日本女子大学大学院人間社会研究科紀要』７号，53-67
高野良子 2006『女性校長の登用とキャリアに関する研究—戦前期から1980年代までの公立小学校を対象として』風間書房
高野良子 2010「戦後初の女性公立小学校長の誕生：地方紙の取り上げ方に着目して」『植草学園大学研究紀要』２号，31-39
高野良子 2014「公立中・高等学校の女性校長の登用：47都道府県第１号の分析に基づいて」『植草学園大学研究紀要』６号，37-46
高野良子・明石要一 1992「女性校長のキャリア形成の分析—職業生活と意識に関する全国調査を中心として」『千葉大学教育学部研究紀要　第１部』第40巻，139-156
武井幸子 1968「団結と純粋の勝利—退職勧奨排除と民主的職場づくりの成功」『教育評論』216号，1968年６月，22-24
立山善康 1995「正義とケア」杉浦宏編著『アメリカ教育哲学の動向』晃洋書房，348-364

帯刀貞世・城丸章夫 1964『現代女教師論』明治図書
田中寿美子 1967「母性は教育実践にプラスかマイナスか」『婦人教師』7号，1967年11月，5-9
田中義章 1991「管理職（校長）志向に関する男女教員格差―東京都・長野県・福岡県・山口県の公立小学校の場合」『社会学論叢』112，283-297
田中義章 1994「現代女教師の職業意識に関する覚書―平成六年山形県下小学校の場合」『山形県立米沢女子短期大学紀要』29，21-32
玉城久美子・船山万里子・浅井幸子・望月一枝・杉山二季・黒田友紀 2013「小学校の男性教師における低学年教育の経験―性分業とその教育実践上の課題」『質的心理学研究』第12号，100-118
塚田守 1997「高校教師のライフヒストリー研究(1)―中年期後の男性教師の聞き取りから」『椙山女学園大学研究論集　社会科学編』28号，241-259
塚田守 1998a『受験体制と教師のライフコース』多賀出版
塚田守 1998b「高校教師のライフヒストリー研究(2)―組合活動を中心に」『椙山女学園大学研究論集　社会科学編』29号，149-166
塚田守 2000「高校教師のライフヒストリー研究(3)―戦後民主主義一期生の女性教師の事例」『椙山女学園大学研究論集　社会科学編』31号，137-150
塚田守 2002『女性教師たちのライフヒストリー』青山社
塚田守 2005「インタビュー調査の反省的検討―理論枠組みと方法論をめぐって」『椙山女学園大学研究論集　社会科学編』36号，25-34
津布楽喜代治 1972「アメリカ教員史研究（その一）―女教師雇用政策」『宇都宮大学教育学部紀要　第1部』22巻，71-85
津布楽喜代治 1984『栃木の女教師―昨日と今日と明日』栃木県連合教育会
鶴丸濤子・野口美代子・坂田和子・野崎忍・佐川愛子 1988『女性教師その眼とこころ』高文研
帝国教育会調査委員 1916「女教員問題に関する調査」『帝国教育』409号，1916年8月，7-23
暉峻淑子 1980「女教師の権利と義務」『児童心理』34巻5号，臨時増刊1980年5月，176-184
東京府女子師範学校同窓会研究部 1917「女教員問題の研究」『帝国教育』421号，1917年8月，67-78
戸野みちゑ 1914「小学校の女教師諸君に呈す」『日本之小学教師』16巻

188号，1914年８月，25-27
中内敏夫・川合章 1974『日本の教師４　女教師の生き方』明治図書
中川謙二郎 1912「女教員の待遇」『教育時論』962号，1912年１月，35-36
中島茂子 1967「母性愛的女教師論への疑問」『婦人教師』７号，1967年11月，27-32
中田奈月 1999「性別職域分離とその統合―男性保育従事者の事例から」『奈良女子大学社会学論集』第６号，285-296
中田奈月 2000「男性保育者のライフコース―キャリアの実態を通して」『奈良女子大学社会学論集』第７号，67-78
中田奈月 2001「男性保育者のライフコース―コーホート分析」『奈良女子大学社会学論集』第８号，51-67
中田奈月 2002「『男性保育者』の創出―男性の存在が職場の人間関係に及ぼす影響」『保育学研究』第40巻２号，196-204
中田奈月 2003「女性保育者のライフコース」『社会学論集』第10号，103-125
中田奈月 2004「男性保育者による「保育者」定義のシークエンス」『家族社会学研究』16(1)，41-51
中田奈月 2006「女性保育士における専門性と女性性―主観的キャリアの分析から」『奈良女子大学社会学論集』第13号，129-144
永井聖二 1977「日本の教員文化―教員の職業的社会化研究(1)」『教育社会学研究』32，93-103
永井聖二 1988「教師専門職論再考―学校組織と教師文化の特性との関連から」『教育社会学研究』43，45-55
永畑道子 1977『お母さんと女教師』文化出版局
日教組婦人部 1967「日教組婦人部の当面するたたかい」『教育評論』201号，1967年６月，48-53
ハーグリーブズ，アンディ，西躰容子訳 2000「二十一世紀に向けてのティーチングの社会学―教室・同僚・コミュニティと社会変化」藤田英典・志水宏吉編『変動社会のなかの教育・知識・権力―問題としての教育改革・教師・学校文化』新曜社，262-299
橋本宏子 1967「母性と仕事」『婦人教師』７号，1967年11月，15-20
浜田国松 1914「小学校長より視たる女教員」『日本之小学教師』16巻188号，1914年８月，45-46
蓮尾直美 1993「女性教員のキャリア形成に関する調査研究(1)」『三重大学教育実践研究指導センター紀要』第13巻，115-127
蓮尾直美 1994「小・中学校女性教員のキャリア形成に関する事例研究」

『三重大学教育学部研究紀要　教育科学』第45巻，141-153
バフチン，ミハイル 1996『小説の言葉』伊東一郎訳，平凡社
林竹二 1981『問いつづけて―教育とは何だろうか』径書房
林泰成 1998「ケアリング倫理と道徳教育―ネル・ノディングズのケアリング論を中心に」『上越教育大学研究紀要』17巻２号，589-601
林泰成編著 2000『ケアする心を育む道徳教育―伝統的な倫理学を超えて』北大路書房
深田博己 1991「小学校における担任学年配置に関する女性教師のステレオタイプ的態度」『広島大学教育学部紀要　第１部』40号，87-94
深谷昌志・深谷和子 1971『女教師問題の研究―職業志向と家庭志向』黎明書房
深山正光 1976「婦人教師問題の性質と教師の課題」『国民教育』28号，1976年５月，49-60
藤井利誉 1914「女教員問題」『日本之小学教師』16巻188号，1914年８月，10-12
藤田英典・名越清家・油布佐和子・酒井朗・紅林伸幸・結城恵・秋葉昌樹・山田真紀・Suk-Ying Wong・島原宣男 1996「教職の専門性と教師文化に関する研究（その２）―PACT 質問紙調査を中心にして」『日本教育社会学会大会発表要旨集録』48，82-87
藤田英典・名越清家・油布佐和子・紅林伸幸・山田真紀・中澤渉 2003「教職の専門性と教師文化に関する研究―日本・中国・イギリスの三ヵ国比較」『日本教育社会学会発表要旨集録』55，224-229
藤原顕 2013「教師のライフヒストリー研究に関する方法論の検討」『福山市立大学教育学部研究紀要』１巻，79-94
藤原顕・遠藤瑛子・松崎正治 2006『国語科教師の実践的知識へのライフヒストリー・アプローチ―遠藤瑛子実践の事例研究』溪水社
復軒 1907「女教員問題に就いて」『教育界』７巻１号，1907年11月，13-16
船山万里子・玉城久美子・杉山二季・黒田友紀・浅井幸子・望月一枝 2014「小学校における女性教師のキャリア形成―学年配置に着目して」『東京大学大学院教育学研究科紀要』53巻，213-224
麓博之・杉井潤子 2005「男性家庭科教師の現状と教育効果―ジェンダーの視点から」『奈良教育大学紀要　人文・社会科学』54巻１号，193-200
古川原 1958『女教師であること』明治図書
ブルーナー，ジェローム 1998『可能世界の心理』田中一彦訳，みすず書房

堀内かおる 2001『教科と教師のジェンダー文化』ドメス出版
堀内かおる 2005「高まる女性教員率，少ない女性管理職―小・中・高校教員の状況」井上輝子・江原由美子編『女性のデータブック―性・からだから政治参加まで　第4版』有斐閣，98-99
丸木政臣 1967「母親教師　あなたたちこそ」『婦人教師』3号，1967年7月，5-10
三橋節 1918『女教師の為に』隆文館
宮田丈夫・古島稔 1967「学校経営における男教師と女教師との人間関係の調和―その着眼点と方法について」『児童心理』21巻9号，1967年9月，37-43
牟田和恵 1996『戦略としての家族―近代日本の国民国家形成と女性』新曜社
むのたけじ 1967「〈民族の母〉たるめざめ―おんなが教師であることの意味を問え」『婦人教師』1号，1967年5月，5-11
むのたけじ 1968「婦人教師の今日的課題」『教育評論』216号，1968年6月，16-21
村田美穂 2003「ノディングスのケアリング論の問題点と意義―ノディングス批判を基にして」『早稲田大学大学院教育学研究科紀要』別冊10号-2，75-84
村松喬 1975『なぜ女教師だけが』学陽書房
明治文化研究会 1967『明治文化全集第十八巻　教育篇』日本評論社
森有礼 1888『文部大臣森子爵之教育意見』日下部三之介編，金港堂
文部省 1977『昭和52年学校教員統計調査報告書』
文部科学省 2010『平成22年学校教員統計調査報告書』
文部科学省 2013『平成25年学校教員統計調査報告書』
山﨑準二 1995「教師のライフコース研究―モノグラフ：女性教師の場合」『静岡大学教育学部研究報告（人文・社会科学篇）』45号，143-160
山﨑準二 2002『教師のライフコース研究』創風社
山﨑準二 2012「教師教育改革の現状と展望―『教師のライフコース研究』が提起する〈7つの原罪〉と〈オルタナティブな道〉」『教育学研究』79巻2号，182-193
山田とき 1952『路ひとすじ―女教師の記録』東洋書館
山田昇 1974「明治国家の教師像と養成機構の整備」中内敏夫・川合章編『日本の教師6　教員養成の歴史と構造』明治図書
湯原元一 1914「女子教育と女教員」『日本之小学教師』16巻188号，1914年8月，5-8

湯沢直蔵 1914「小学校長より視たる女教員」『日本之小学教師』16巻188号，1914年８月，47-48
油布佐和子・紅林伸幸・川村光・長谷川哲也 2010「教職の変容―『第三の教育改革』を経て」『早稲田大学大学院教職研究科紀要』２号，51-82
楊川 2007「公立小・中学校における女性校長のキャリア形成に関する実証的研究」『九州教育学会研究紀要』35巻，61-68
楊川 2008「公立小学校における女性教員のキャリア形成に関する事例分析」『教育経営学研究紀要』11巻，17-26
楊川 2009「公立小学校女性校長のキャリア形成の促進要因の検討―先進自治体富山県の事例分析」『教育経営学研究紀要』九州大学大学院人間環境学府（教育学部門）教育経営学研究室／教育法制論研究室，12巻，25-33
楊川 2011「学校経営参画が教員のキャリアに与える影響―女性校長のキャリア形成に着目して」『九州教育経営学会研究紀要』17，125-133
横山文野 2002『戦後日本の女性政策』勁草書房
吉家定夫 1998『日本国学監デイビッド・マレー―その生涯と業績』玉川大学出版部
吉野真弓・深谷和子 2001「男性家庭科教師の意義と役割」『日本家庭科教育学会誌』第44巻第３号，242-252
和田章子 1976「女教師が変わるとき」『教育』328号，146-150